数据要素市场治理

GOVERNANCE OF THE DATA FACTOR MARKET

丁波涛 著

上海社会科学院出版社
SHANGHAI ACADEMY OF SOCIAL SCIENCES PRESS

目　　录

第一章　绪论

第一节　我国数据要素市场建设进展 / 1
第二节　数据要素市场治理的目标 / 10
第三节　概念界定 / 12
第四节　研究现状 / 19
第五节　本书主要内容 / 22

第二章　数据要素市场的框架结构

第一节　数据要素市场主体 / 26
第二节　数据要素市场的交易对象 / 36
第三节　数据要素市场的交易规则 / 41

第三章　数据要素市场生态及演进

第一节　信息生态与数据要素市场 / 53
第二节　数据要素市场的信息生态系统构成 / 57
第三节　数据生态系统的演进 / 62
第四节　生态系统视角下的数据要素市场发展 / 67

第五节　数据要素市场生态治理的对策建议 / 71

第四章　数据要素市场治理模式

第一节　数据要素市场治理的意义与作用 / 74
第二节　数据要素市场的治理模式 / 76
第三节　我国数据要素市场治理的现状与瓶颈 / 83
第四节　结论与建议 / 90

第五章　数据要素市场规模统计

第一节　数据要素规模统计测算方法 / 92
第二节　基于成本法的数据要素规模测算 / 97
第三节　基于收益法的数据要素规模测算 / 104
第四节　数据要素统计测算的对策建议 / 113

第六章　数据要素市场的价格治理

第一节　数据定价的难题 / 115
第二节　数据定价方法 / 119
第三节　动态定价机制 / 127
第四节　公共数据定价机制 / 131

第七章　数据质量的治理与保障

第一节　数据质量治理的背景与概念 / 137
第二节　数据质量评估方法 / 141
第三节　企业数据质量治理框架 / 148
第四节　数据质量治理的保障体系 / 155

第八章 数据要素市场建设中的信任问题

第一节 概念界定与文献综述 / 158
第二节 数据要素市场中的信任问题 / 162
第三节 数据要素市场中信任的内涵与层次 / 165
第四节 数据交易主体的信任管理 / 171
第五节 交易平台和政府部门的信任治理 / 175

第九章 数据要素市场中的数据安全与合规

第一节 数据要素市场中的数据安全新挑战 / 182
第二节 数据要素市场中的数据安全风险 / 186
第三节 数据交易合规的主要内容 / 191
第四节 数据交易合规治理体系 / 202

第十章 数据要素市场的垄断与规制

第一节 文献综述与概念界定 / 208
第二节 数据要素市场的反垄断规制对象 / 215
第三节 数据要素市场的反垄断规制手段 / 221

后记 / 227

第一章 绪 论

随着互联网的深入应用和各类智能感知设备的日益普及，全球的数据总量迅猛增长，据估计每年增长约50%，每两年翻一番[①]，其作为社会基础性资源，蕴藏着巨大潜力和能量，日益成为重要的战略资产。根据国际数据公司（International Data Corporation，IDC）估计，2025年仅美欧日的数据资产总规模就可达到6100亿美元。因此，数据如同农业时代的土地、劳动力，工业时代的技术、资本一样，已成为数字经济时代的生产要素，而且是最核心的生产要素，对引领经济社会高质量发展的重要性越来越突出。

第一节 我国数据要素市场建设进展

数据是数字时代的重要资源，积极发展以数据为关键要素的数字经济已成为社会共识并上升为国家战略。党的十八大以来，党中央高度重视发展数字经济，数据要素价值愈加凸显。为激活数据要素潜能，加快发展数据要素市场，中国不断探索符合国情的数据基础制度，完善相关法律制度，推动数智时代的顶层设计，加快数字中国建设。从大数据首次被写入政府工作报告，到数据被

---

① 李国杰.数字经济干部读本［M］.北京：国家行政学院出版社，2017.

纳入生产要素范畴，再到数据基础制度体系"四梁八柱"的构建，最后到数据要素被纳入数字中国建设方案，随着党中央对数据要素作用的认识不断加深，数字经济发展的中国道路也更加清晰，建设数字中国成为推动中国式现代化的关键引擎。

一、我国数据要素市场发展的基本阶段

早在20世纪90年代，美国就有专家提出了大数据的概念，但未引起广泛关注。2011年麦肯锡全球研究院发布报告《大数据：创新、竞争和生产力的下一个前沿》（Big data: The next frontier for innovation, competition, and productivity），首次系统分析大数据的商业价值，将其推向公众视野。2012年，美国政府启动"大数据研究与发展计划"，标志着大数据上升为国家战略。同年，《哈佛商业评论》（Harvard Business Review）称"数据科学家"为"21世纪最性感的职业"。其后，Web 2.0时代到来，用户生成内容（如社交媒体、视频平台等）导致数据量呈指数级增长，全球加速进入大数据时代。在此背景下，我国大数据产业也迅速跟上世界潮流，数据要素市场开始孕育和发展，其历程大致可以分为三个阶段：

（一）孕育形成阶段（大致为2007—2015年）

关于大数据概念的起源众说纷纭，但一般认为最早提出大数据时代已经来临的是全球著名咨询企业麦肯锡。2011年，麦肯锡在题为《大数据：创新、竞争和生产力的下一个前沿》一文中指出，数据已经渗透到每一个行业和业务职能领域，逐渐成为重要的生产要素，人们对于海量数据的运用将预示着新一波生产率增长和消费者盈余浪潮的到来。随后这个概念被迅速引入我国，并掀起持续至今的数据热潮。

我国政府高度重视大数据发展。2014年3月，"大数据"首次被写入《政府工作报告》，提出"设立新兴产业创业创新平台，在新一代移动通信、集成电路、大数据、先进制造、新能源、新材料等方面赶超先进，引领未来产业发

展"；2015年8月，国务院发布《促进大数据发展行动纲要》，系统部署大数据发展工作，内容可概括为"三位一体"，即围绕全面推动我国大数据发展和应用，加快建设数据强国这一总体目标，从政府、产业、安全等方面确定三大重点任务。这是我国发展大数据产业的战略性指导文件，也是指导大数据发展的国家顶层设计和总体部署；2016年3月，《中华人民共和国国民经济和社会发展第十三个五年规划纲要》发布，首次单独设立"实施国家大数据战略"篇章，包括"加快政府数据开放共享""促进大数据产业健康发展"两个章节，标志着我国正式启动国家大数据战略。在政府的大力推动下，我国大数据产业得到迅猛发展。根据国家网信办发布的《数字中国发展报告（2022年）》，2022年我国大数据产业规模达1.57万亿元，同比增长18%。[①]

大数据产业的快速发展，一方面促进了海量数据的采集、创造与积累，形成了巨大的数据资源供给，另一方面提升了社会各界的数据开发利用意识与能力，催生了巨大的数据资源需求，从而为数据要素市场的形成奠定了基础。

（二）实践探索阶段（2015—2020年）

这一阶段的主要任务是：从政策法规上确立数据的生产要素地位及市场化配置方向，同时各地积极探索数据要素市场建设。

在国家政策层面上，2016年12月，国家工信部印发《大数据产业发展规划（2016—2020年）》，再次强调数据是国家基础性战略资源，数据作为数字经济的关键要素地位得以确立，数据基础制度建设日益铺开并逐步推进；2017年10月，党的十九大报告提出，"推动互联网、大数据、人工智能和实体经济深度融合"。同年12月，中共中央政治局就实施国家大数据战略进行第二次集体学习。中共中央总书记习近平在主持学习时指出，"要构建以数据为关键要素的数字经济"；2019年10月，党的十九届四中全会首次将数据确立为生产要素，按贡献

[①] 国家互联网信息办公室发布《数字中国发展报告（2022年）》[EB/OL]. [2024-3-1]. https://www.cac.gov.cn/2023-05/22/c_1686402318492248.htm

参与分配。

在此背景下，围绕数据交易的市场体系快速构建。数据交易可通过供求主体"点对点"交易（场外交易）和平台交易（场内交易）两种模式开展，[①] 由于场外交易容易滋生灰色交易而影响数据安全，因此近年来各地大力推进专业化数据交易场所建设。2015 年 4 月，我国第一家数据流通交易场所——贵阳大数据交易所正式挂牌运营，开启了数据要素市场培育的率先探索，其后全国各地纷纷跟进，成立了数十家数据交易场所[②]（见表 1-1）。这些数据交易机构的发展大致可分为三阶段：1.0 阶段——以 2015 年 4 月贵阳大数据交易所挂牌为代表，主要是发挥交易中介作用，实现数据资源的供需撮合；2.0 阶段——以上海数据交易中心为代表，通过"数控分离"和"算法前置"模式，实现数据技术服务的交易；3.0 阶段——以上海数据交易所、深圳数据交易所等为代表，通过制度健全和机制创新，实现数据集、数据产品、数据服务的规范化交易。

表 1-1　部分知名数据交易场所成立时间

交 易 机 构	所在省份	成立时间（年份）
贵阳大数据交易所	贵　州	2015
西咸新区大数据交易所	陕　西	2015
东湖大数据交易中心	湖　北	2015
华东江苏大数据交易平台	江　苏	2015
哈尔滨数据交易中心	黑龙江	2016
上海数据交易中心	上　海	2016

---

① Hayashi T, Ohsawa Y. The Acceptability of Tools for the Data Marketplace Among Firms Using Market Research Online Communities [J]. Procedia Computer Science, 2020, 176 (1): 1613-1620.
② 姜奇平. 数据要素市场化向何处去 [J]. 互联网周刊, 2023 (11): 6.

续　表

交 易 机 构	所在省份	成立时间（年份）
浙江大数据交易中心	浙　江	2016
北京国际大数据交易所	北　京	2021
上海数据交易所	上　海	2021
深圳数据交易所	广　东	2022
苏州数据交易所	江　苏	2022

（三）全面推进阶段（2020年至今）

自2019年开始，国家密集出台了一系列关于数据要素市场培育与建设的政策法规，包括：2019年10月，党的十九届四中全会《中共中央关于坚持和完善中国特色社会主义制度 推进国家治理体系和治理能力现代化若干重大问题的决定》首次提出数据可作为生产要素按贡献参与分配；2020年3月，《中共中央 国务院关于构建更加完善的要素市场化配置体制机制的意见》发布，这是中央第一份系统性、完整性地阐述要素市场改革思路的重要文件，也是全球第一个将数据作为与土地、劳动力、资本、技术并列的生产要素的国家层面文件；2022年12月，《中共中央 国务院关于构建数据基础制度更好发挥数据要素作用的意见》（简称"数据二十条"）发布，以数据产权、流通交易、收益分配、安全治理为重点，系统性布局了数据基础制度体系的"四梁八柱"，历史性地绘制了数据要素发展的长远蓝图，具有里程碑式的重要意义。与此同时，相关组织机构的建设同步推进。2023年3月，中共中央、国务院印发《党和国家机构改革方案》，提出组建国家数据局。2023年10月25日，国家数据局正式揭牌，将负责协调推进数据基础制度建设，统筹数据资源整合共享和开发利用，统筹推进数字中国、数字经济、数字社会规划和建设等。

在政策利好的强力推动下，近几年来我国数据要素市场得到飞速发展。据国家工信安全中心统计，2020年我国数据要素市场规模为545亿元，2021年约为815亿元，2022年约1 000亿元，"十四五"期末可达到2 000亿元。① 截至2023年8月底，全国数据交易机构已达53家，一些数据交易机构运行较活跃，其上架的数据产品超12 000种。② 数据交易机构大致可分为政府主导的交易机构、企业主导的交易机构和产业联盟性质的交易平台三种类型。③ 上海数据交易所等机构发布的《2023年中国数据交易市场研究分析报告》显示，2022年中国数据交易行业市场规模为876.8亿元，占全球数据市场交易规模的13.4%，占亚洲数据市场交易规模的66.5%。④ 总体上看，我国的数据要素市场规模和发育程度已处于世界领先地位。

二、数据要素市场面临的瓶颈

（一）产业层面的短板

自2015年成立第一家数据交易所以来，我国数据交易机构数量激增，行业发展势头迅猛，数据市场规模不断扩大，业务模式、数据产品服务领域呈现多样化的特点，但也存在以下方面的发展短板。

一是市场规模仍然偏低。虽然我国数据要素市场发展迅速，近5年年均复合增长率为48.95%，而且未来几年有望保持这一增长速度⑤。但与我国超过1万亿元的大数据产业规模相比，数据要素市场规模只有数百亿元，这说明大

---

① 曾燕.数据要素行业市场未来发展前景分析 到2024年数据要素市场市场规模将增至1 591.8亿元［EB/OL］.［2024-8-11］.https://www.chinairn.com/news/20240506/154907331.shtml
② 中国信息通信研究院.数据要素白皮书（2023年）［EB/OL］.［2024-5-21］.http://www.caict.ac.cn/kxyj/qwfb/bps/202309/P020240326629585758237.pdf
③ 梁宇，郑易平.我国数据市场治理的困境与突破路径［J］.新疆社会科学，2021（1）：161—167.
④ 李晔.数交市场规模逾870亿［EB/OL］.［2024-6-15］.https://www.shanghai.gov.cn/nw4411/20231127/4e24c83bcd9245398bf8c01e1a2198aa.html
⑤ 中商情报网.2024年中国数据要素市场规模及行业发展趋势预测分析［EB/OL］.［2024-12-2］.https://baijiahao.baidu.com/s?id=1785483672907224295&wfr=spider&for=pc

部分数据仍然由企业或机构独自占有,并没有进入流通领域成为共享资源。从国际上看,根据 IDC 等机构的估计,我国数据资源总量已超过全球 20%,居世界第一[1],但我国数据交易行业规模占全球数据市场交易规模的 13.4%[2],明显少于数据资源总量占比,说明我国数据资源的流通水平偏低,不仅低于美国等发达国家,也低于全球平均水平。

二是场内交易比例过小。由于目前我国数据交易场所在法定地位、服务能力等方面仍不完善,对数据市场主体的吸引力有限,因此真正进入场内的数据交易量并不高。中国信息通信研究院数据称,我国数据交易中,以数据交易所为主导的场内交易占比仅为 2%,由企业等主导的场外交易占比 98%[3]。大量数据交易走场外渠道甚至灰色及黑色渠道,既存在巨大的安全隐患,也不利于形成成熟的数据交易模式和定价机制。

三是交易场所过于分散。相比于数据交易规模,目前国内数据交易场所不是太少,而是太多。2023 年,全国数据交易机构开展的场内交易规模约为 100 亿元,交易场所则高达 50 家以上;作为对比,证券 A 股市场的日交易额约为 1 万亿元(见表 1-2)。数据交易场所过于分散,既带来重复建设和资源浪费,也造成市场碎片化,不利于数据要素市场的健康发展,同时也造成大量数据交易所难以维持正常运转。因此实际中,不少数据交易所在开张几年后,或停止运作,或直接关闭。未来数据交易场所将逐步整合,最终出现少数几个国家级数据交易中心。

---

[1] Reinsel D,武连峰,Gantz J F,等. IDC:2025 年中国将拥有全球最大的数据圈 [EB/OL]. [2024-2-11]. https://www.seagate.com/files/www-content/our-story/trends/files/data-age-china-regional-idc.pdf
[2] 郑莹莹. 报告称 2022 年中国数据交易市场规模达 876.8 亿元占全球 13.4% [EB/OL]. [2024-6-20]. https://www.chinanews.com.cn/cj/2023/11-26/10118324.shtml
[3] 向定杰. 数据交易所轮番"上新"释放数据价值 [EB/OL]. [2025-3-1]. http://www.xinhuanet.com/tech/20230518/cc4763a274d94aceaebdf9203ecea2c9/c.html

表 1-2 我国主要交易场所的交易额与场所数量

交易场所类型	年交易额（亿元）	场所数量（家）
证券交易（A股）	257 万	2
金融期货交易	581 万	6
黄金交易	42 万	9
技术交易	5 万	40+
碳排放权交易	144	3
数据交易	估计 100	50+

（数据来源：笔者网上采集，截止时间为 2023 年 12 月）

（二）制度层面的瓶颈

上述问题的存在，主要原因在于当前数据要素市场存在诸多制度缺失，使得数据市场主体不懂流通交易、不敢流通交易、不愿流通交易，具体体现在以下几"难"：

一是确权难。产权制度是市场经济的基础，发展数据要素市场首先要明确数据产权规则。但数据确权十分困难，原因在于数据这种新要素的权属确定，现有各种确定权属的法规都不适用。2022 年 6 月，中央全面深化改革委员会第二十六次会议审议通过了"数据二十条"，要求建立数据产权制度，数据产权的路径和机制有了清晰的顶层设计。2022 年 12 月，中共中央、国务院发布的"数据二十条"提出"建立数据资源持有权、数据加工使用权、数据产品经营权（简称"数据三权"）等分置的产权运行机制"，其对数据权利进行了新的定义，为解决数据要素市场发展中的确权难题提供了重要指导。然而数据产权问题仍未得到完全解决，一是"数据二十条"只涉及数据的产权，而未涉及数据的其他权利；二是"数据三权"没有上位法作为支撑，现有任何法规中都没有"数据三权"的表述或规定，导致在制定细化法规政策的过程中面临无法可依的窘境；三是"数据二十条"只给出了思路，没给出具体的方案，包括三种权属的内涵、取得权利的方式、各权利的权能等，也没有给出三种权利的边界及相互之间的关系，尤其是数据资源持有权与另外两权的关系，导致三权难以实施。

二是合规难。交易合规主要为解决"哪些数据可以卖、哪些数据可以买"的问题。其产生的原因在于，目前除了对涉密数据、个人信息等有明确规定外，数据交易领域还存在大量模糊的灰色地带。一方面，传统的数据安全技术与规范往往针对静态数据，难以适应数据交易场景中数据流通的安全问题；另一方面，技术演进和新型数据类型的出现带来许多数据安全新挑战，如在数据要素化的场景中，数据由静止变成流动、由分散变成融合。特别是数据交易造成数据价值链延伸，带来多个后续环节中的不可控风险；在人工智能背景下，许多去标识化后的数据，仍可通过人工智能和大数据技术对个人身份进行还原；许多去隐私化后的数据，通过智能化加工处理，仍然会呈现一定的隐私化特征，因此数据安全的标准变得模糊化，传统上那些去隐私化、去标识化的技术手段已无法充分保障数据安全。同时，我国数据相关的法制还不健全，导致数据开发利用相关的责任与义务不明确，使得相关主体风险很大。

三是定价难。数据产品不同于大多数商品可以先了解后使用，多数数据产品需要在使用过程中了解，无法事先确定数据可用性，对于数据价值的评估买卖双方有不同认知，存在"双向不确定性"[1]。同时数据具有"服务品"特征，其交易价格不仅与价值有关，也与其消费过程（使用过程）密切相关。因此，数据的价格具有更高的模糊性和不确定性，包括：数据价值具有时效性，大多数情况下随着时间的推移数据会发生贬值，也可能因为某种特别原因而突然身价百倍；数据价值具有无限性，不同于其他实物资产，数据资产可以被无限使用，所以其价值难以估算；数据价值具有场景性，在不同场景下数据所发挥出的价值是不同的，即便对于同样的数据，不同的使用方法、不同人使用，其产生的价值也是不一样的；数据价值具有潜在性，目前人类对大数据的开发利用才刚

---

[1] 李文军. 健全我国数据要素市场建设的理论路径研究[J]. 价格理论与实践，2024(1): 61—66.

刚起步，未来数据资源如何创造价值、创造什么样的价值、创造多大的价值，现在还无法预判；数据价值还具有不确定性，数据的法律监管、隐私权、政策变化、国际政治等对数据价值也会产生实质性影响。

几难的存在，一方面导致数据市场上缺乏大规模的数据获利机制，造成数据交易收益少而风险高，企业入市动力不足，特别是对掌握大量数据的国企和互联网企业而言，数据交易收益相比于现有业务十分有限，难以产生足够吸引力，而且一旦出现违规将严重冲击其原有业务，因此不愿入场交易，其数据利用以点对点流通或自有生态圈内部利用为主，数据价值难以实现最大转化；另一方面，造成数据要素市场上，供方面临着"卖什么""能不能卖"的困境，需方也面临着"找谁买""能不能买"的难题，双方都对参与公开交易持谨慎态度，导致正规交易难以放量，而黑市交易、灰色流通现象较为普遍。

第二节　数据要素市场治理的目标

上述短板和瓶颈的存在，表面上看是因为产业发展不成熟、政策法规不健全、专业人才不充足等，而实质上是因为数据要素市场的治理体系不完善，造成了各类发展失衡、动能不足等问题。因此，当前我国亟须作出一系列制度性安排，建立数据要素市场健全治理体系，为市场持续健康发展保驾护航，其目标包括以下几个方面：

一是提高市场运作效率。数据要素市场治理的重点在于完善市场规则制度，通过构建完善的市场治理体系，畅通数据要素在市场中的循环流转，提高数据资源的配置效率和数据要素市场的运行效率[1]。数据要素市场是数据流通交易的场所，以及相关的交易关系和制度体系，其核心目标是实现数据要素的高效配

---

[1] 任保平，王思琛. 新发展格局下我国数据要素市场治理的理论逻辑和实践路径[J]. 天津社会科学，2023（3）：81—90.

置。完善的市场治理体系可以促进供需匹配、增强各方互信、降低交易成本。

二是促进市场公平公正。公开、公平、公正是市场活动的生命线和活力源。坚持依法行政、公正监管，加快推动市场监管领域法律法规制度完善和统一，营造稳定公平透明可预期的制度环境，是激发市场活力和维护市场主体合法权益的根本要求[1]。因数据具有外部性、依赖性、自增长性等特征，常常会引发自然垄断现象，促进市场公平公正更具有迫切性，这也是数据要素市场治理的重要任务之一。

三是促进市场安全可信。数据安全一直是全社会关注的焦点。在数据要素市场化的环境中，由于数据流通范围扩大、数据加工链条延展、数据来源与类型增长，数据安全风险大为增加。因此，数据要素市场治理必须通过"技术＋制度"两方面的措施，形成涵盖数据采集、汇聚、共享、流通、交易、开发、利用等全生命周期的数据安全保障体系，确保个人隐私、企业秘密和国家机密不受侵犯。

四是促进统一市场建设。我国数据资源开发利用一直存在因各类体制机制和既得利益而引发的"数据孤岛""信息烟囱"等难题，数据要素市场也是如此。未来我国数据要素市场治理的重要任务是通过体制机制创新和利益格局重构，从根本上解决地方保护、行政性垄断和市场分割等问题，有效破除妨碍数据资源自主流动、高效配置的各种羁绊梗阻，建立起全国统一的数据要素大市场。

五是促进政府有效监管。中国经济体制改革的主线和核心问题始终是处理好政府与市场的关系[2]。数据要素市场有效治理的核心问题亦是在数据资源配置过程中处理好政府与市场的关系，在充分发挥市场决定性作用的基础上，更好

---

[1] 章政. 加强市场秩序综合治理 营造公平竞争市场环境［EB/OL］.［2023－7－6］. https://m.thepaper.cn/baijiahao_16764977.

[2] 吴昊，吕晓婷. 经济治理现代化与产业政策转型［J］. 吉林大学社会科学学报，2021，61（5）：19－29、235.

发挥政府在数据要素市场治理方面的作用，构建有效市场和有为政府相结合的数据要素市场治理格局。统筹行业管理和综合监管、事前事中事后监管，从完善市场监管基础制度、完善市场监管体制机制、创新丰富市场监管工具、健全信用监管长效机制、增强市场监管基础能力五方面推动改革创新，全面提升市场监管现代化水平。

第三节 概 念 界 定

虽然本书涉及的诸多概念已被广泛使用，但学术界及实务界对其仍存在一些不同理解，因此对其中的几个重要概念有必要进行界定。

一、数据及数据要素

（一）数据

数据（Data）是载荷或记录信息的按照一定规则排列组合的物理符号，可以是数字、文字、图像，也可以是声音或计算机代码[1]。而相关法规（如《上海市数据条例》）中一般认为"数据是指任何以电子或者其他方式对信息的记录"。由此可见，数据是一种比信息更底层的东西，是信息的载体。人们对信息的获取始于对数据的接收，对信息的认识必须通过数据加上其背景（Context）的解读。同时，数据这个概念的广泛使用，与现代计算机的出现与大规模普及密切相关。由于现代电子计算机的底层都是基于二进制数字逻辑，计算机存储和运算的对象都是二进制数据，因此对计算机、网络设施及存储、感知设备而言，任何形式的信息，无论是文字、图片、声音、视频、数据库，还是知识、软件，都是数据。

---

[1] 马费成，宋恩梅. 信息管理学基础 [M]. 2版. 武汉：武汉大学出版社，2011.

(二) 数据要素

数据要素中的"要素"是指生产要素。生产要素是经济学中的一个基本范畴,指用于商品和劳务生产的经济资源,指进行社会生产经营活动时所需要的各种社会资源,是维系国民经济运行及市场主体生产经营过程中所必须具备的基础性因素[1]。在人类社会生产过程中所投入的经济资源丰富多样,但可称为生产要素的却屈指可数,表明生产要素不是对投入生产的经济资源的简单列举[2]。综合各方观点[3][4][5],经济资源成为生产要素应当满足几个条件:一是具有经济价值性,能投入于商品或服务生产过程之中并产生经济利益,而且一般是作为最初投入而不是中间投入,同时投入者能参与利益分配;二是基本性和普遍性,不论生产的社会形式如何,其始终是生产所不可或缺的;三是具有明确的产权归属,能清晰地界定权利类型和权利所有者。

现代生产要素理论起源于1662年威廉·配第(William Petty)所著的《赋税论 献给英明人士 货币略论》,他认为"土地为财富之母,而劳动则为财富之父和能动的要素"[6],即只有土地和劳动力才是生产要素;其后的理查德·坎蒂隆[7]等人亦持相同观点。随着人类社会生产方式和生产技术的进步,生产要素的范围不断拓展。进入工业社会后,萨伊[8]提出"生产三要素论",将生产要素概括为劳动、资本和土地;马歇尔[9]将资本进一步分为知识和组织,并且认为可

---

[1] 姜椿芳.简明不列颠百科全书(第7卷)[M].北京:中国大百科全书出版社,1986.
[2] 宋冬林,孙尚斌,范欣.数据成为现代生产要素的政治经济学分析[J].经济学家,2021(7):35—44.
[3] 于刃刚,戴宏伟.生产要素论[M].北京:中国物价出版社,1999.
[4] 徐斌,李燕芳.生产要素理论的主要学派与最新发展[J].北京交通大学学报(社会科学版),2006(3):20—24.
[5] 徐寿波.生产要素六元理论[J].北京交通大学学报(社会科学版),2006(3):15—19.
[6] 威廉·配第.赋税论 献给英明人士 货币略论[M].陈冬野,等,译.北京:商务印书馆,1978.
[7] 理查德·坎蒂隆.商业性质概论[M].余永定,徐寿冠,译.北京:商务印书馆,1986.
[8] 萨伊.政治经济学概论[M].陈福生,陈振骅,译.北京:商务印书馆,2011.
[9] 阿尔弗雷德·马歇尔,玛丽·佩利·马歇尔.产业经济学[M].肖卫东,译.北京:商务印书馆,2015.

以将组织分离出来，列为一个独立的生产要素。其后，国内外学者提出了诸多其他理论，包括徐寿波的"六元理论"（人力、财力、物力、运力、自然力、时力）等①。

纵观生产要素的演进历史，科学技术无疑是最大的驱动力量。历次技术革命都会出现一至两种关键性的生产要素，大规模可得性和价格低廉，是成为关键生产要素的主要特征②。从20世纪50年代启动的现代信息技术革命，催生了数据这种新的生产要素。从理论研究上看，数据成为一种生产要素最早可以追溯到美国经济学家马克卢普的"知识经济"学说。马克卢普对知识进行了分类，并对知识生产和分配进行分析，特别指出"知识是一项投资"，是资本要素之一③。随着现代信息技术的出现与发展，人们对知识的理解由马克卢普所说的"五类知识"逐步扩大为所有信息，1981年加拿大学者安德鲁·贝尔齐（Andrew Berczi）明确提出信息是一种生产要素④；美国学者耶鲁·M.布劳恩斯坦（Yale M. Braunstein）利用生产函数对信息要素在制造业中的边际生产效应进行了测度⑤。近年来随着大数据技术的广泛应用，数据资源高度丰富，对经济活动的影响也愈加显著。在大数据时代，虽然生产仍必须依赖资本、劳动、技术、管理等生产要素，但是大数据的运用使得其他生产要素的组织更加有效，配置更加合理，生产效率更高⑥。正是在此背景下，中央提出数据是一种生产要素，反映了中央对数字化转型趋势的深入思考和高瞻远瞩，丰富了生产要素的内涵，是生产要素理论的重大创新。生产要素构成的演进过程如表1-3所示。

---

① 徐寿波. 技术经济学 [M]. 南京：江苏人民出版社，1986.
② 卡萝塔·佩蕾丝. 技术革命与金融资本 [M]. 田方萌，译. 北京：中国人民大学出版社，2007.
③ 弗里茨·马克卢普. 美国的知识生产与分配 [M]. 孙耀君，译. 北京：中国人民大学出版社，2007.
④ Berczi A. Information As A Factor of Production [J]. Business Economics, 1981 (1): 14-20.
⑤ Braunstein Y M. Information as a Factor of Production: Substitutability and Productivity [J]. The Information Society, 1985 (3): 261-273.
⑥ 崔俊富，陈金伟. 数据生产要素对中国经济增长的贡献研究 [J]. 管理现代化，2021 (2): 32—34.

表 1-3　生产要素构成的演变

人类发展阶段		生产要素的组成	代表人物和主要成果
农业时代		土地、劳动	威廉·配第《赋税论 献给英明人士 货币略论》 理查德·坎蒂隆《商业性质概论》
工业时代	第一次工业革命	土地、劳动、资本	让·巴蒂斯特·萨伊《政治经济学概论》 威廉·罗雪尔《历史方法的国民经济学讲义大纲》
	第二次工业革命	土地、劳动、资本、企业家才能	阿尔弗雷德·马歇尔《经济学原理》
		物质资本、人力资本、自然资源、技术知识	格里高利·曼昆《经济学原理》
数字时代		土地、劳动、资本、技术、数据	《中共中央 国务院关于构建更加完善的要素市场化配置体制机制的意见》

从数据自身角度讲，其经济社会功能也经历了一系列演进。自人类社会诞生以来，数据工作便得以出现。从最早的结绳记事到后来的政府、教会等组织管理人口、土地、财税等资料，都可认为是一种数据工作。只不过在这一时期，数据并非一种独立的工作对象，而是其他工作的"副产品"；随着人类社会发展进入近现代的工业化阶段，社会发展速度大为提升，同时社会的复杂程度也大为增加，对数据信息的充分及时掌握，已成为有效和高效开展或管理各类经济社会事务所必不可少的前提条件，因此数据管理成为专门工作，数据也成为专门的工作对象；其后随着人类社会发展和科学技术进步，信息、数据、知识的重要程度进一步提升，同时长期的数据工作形成大量数据积累，人们发现通过对这些数据进行开发利用，可以有效促进生产、管理、营销、服务效率提升，数据成为一种重要的战略资源；再其后，人们发现数据除了可以直接用于生产、管理、服务等工作，也可以作为一种商品进行交易，作为一种投入取得分配，这就是数据的要素化阶段。未来随着数据要素市场的成熟，数据还有望进入资产化和资本化阶段。数据的社会经济功能演进过程如图 1-1 所示：

附产品 → 对象化 → 资源化 → 要素化 → 资产化 → 资本化

- 附产品：数据是日常工作附产品
- 对象化：数据成为专门工作内容
- 资源化：数据成为重要的战略资源
- 要素化：数据成为重要的生产要素
- 资产化：数据成为重要的机构资产
- 资本化：数据成为资本运作对象

图 1-1　数据的社会经济功能演进过程

数据之所以具备生产要素的各种属性，是技术、经济、社会综合作用的结果。

其一，数据的经济价值越来越大。在此过程中，数据由以往作为经济活动的产出，变成了作为经济活动的投入。但需要指出的是，数据的价值性并不代表其一定是生产要素。实际上，自从马克卢普提出"知识经济"学说以来，人们对知识、信息、数据的巨大价值并无疑问，分歧主要在于数据到底是作为一种生产投入，还是作为一种中间变量来影响生产过程。[①] 近年来数字经济的迅猛发展使得该问题的答案逐步明晰。根据中国信息通信研究院的研究，2020 年中国数字经济规模达到 39.2 万亿元，占 GDP 比重达到 38.6%[②]。数字经济是以使用数字化的知识和信息作为关键生产要素、以现代信息网络作为重要载体、以信息通信技术的有效使用作为效率提升和经济结构优化的重要推动力的一系列经济活动，可见数据就是一种作为直接投入的生产要素。

其二，数据具有普遍投入特征。当前大数据已深度渗透于各个产业部门并成为经济增长的主要驱动因素，美国学者对《财富》(Fortune) 1 000 强企业中150 多家企业数据利用产出进行了定量分析，结果表明：数据投入每增加 10%，零售、咨询、航空、汽车等行业的平均销售额可实现 17% 至 49% 的增长[③]。而大数据技术通过对海量数据的快速收集、挖掘与分析，成为支撑社会治理科学决

---

① Berczi A. Information As A Factor of Production [J]. Business Economics, 1981 (1): 14–20.
② 中国信息通信研究院. 2021 年中国数字经济发展白皮书 [EB/OL]. [2021-8-21]. http://www.caict.ac.cn
③ Barua A. Measuring the Business Impacts of Effective Data [EB/OL]. [2021-10-21]. https://www.bitpipe.com/detail/RES/1288724175_811.html

策和准确预判的有力手段①；大数据在民众生活中的广泛应用，也让居民生活更加便捷、舒适和安全。因此在大数据时代，数据成为基础性战略资源，是各类经济和社会活动中不可或缺的重要要素。

其三，数据权利可确认。数据确权的复杂性在于数据权利既包括人格权也包括财产权，目前社会各方对人格权归属的争议较少，而对财产权归属则众说纷纭。但随着数据交易、数据变现等市场行为的产生，数据的经济属性愈加明显，在数据上设定财产权被越来越多的学者认同②。从实践来看，2021年3月国家发布"十四五"规划纲要，提出加快建立数据资源产权等基础制度和标准规范，其后深圳、上海等地出台或即将出台的地方性数据法规中都提出要建立数据确权机制。2022年12月，中央印发"数据二十条"，创造性地提出资源持有权、加工使用权和产品经营权"三权分置"的中国特色数据产权制度框架，为我国建立数据确权体系提供了高层指导。

二、数据要素市场治理

治理理论兴起于20世纪八九十年代的管理和政治发展研究，已成为"当代西方公共管理理论与实践的关键词"③。20世纪70年代以来，世界各国普遍面临着政府和市场均难以实现资源最优配置的困境，治理理论由此催生。以治理机制为核心的社会协调方式，既不同于国家自上而下的单向度调控，也有别于市场自由竞争的调节，它是以"反思的理性为基础"，强调国家、社会公共机构、私人组织、公民个人等多元化主体的共同参与，而且通过协商对话、建立互信、达成共识等方式实现国家、市场与社会之间的协调④。

---

① 徐曼. 大数据技术在社会治理领域的典型应用分析 [J]. 数字技术与应用, 2020, 38 (11): 73—74.
② 杜振华, 茶洪旺. 数据产权制度的现实考量 [J]. 重庆社会科学, 2016 (8): 19—25.
③ 佟德志. 当代西方治理理论的源流与趋势 [J]. 人民论坛, 2014 (14): 8—10、23.
④ 鲍勃·杰索普. 治理的兴起及其失败的风险：以经济发展为例的论述 [J]. 国际社会科学杂志 (中文版), 2019, 36 (3): 52—67.

治理理论自20世纪90年代被引入我国后,立即受到广泛关注。一方面,治理理论打破了西方经济学中长期存在的政府与市场、私有与公有的二元对立思维,强调权力多元化的治理、基于市场原则的共同治理,为解决单一治理模式的效率低下问题提供了新思路;另一方面,我国社会主义市场经济强调政府引导和市场主导相结合,强调宏观调控和市场机制共同作用,这与治理理论的多元治理思想具有内在的一致性。因此治理理论迅速得到国内各界的接纳,并运用于经济社会各个领域之中,市场治理亦属题中之义。

相比于其他市场,数据要素市场是近几年才形成的新兴市场。2020年《中共中央 国务院关于构建更加完善的要素市场化配置体制机制的意见》在全球范围内首次正式提出数据是一种新型生产要素,并明确了完善数据要素市场化配置的举措。2022年中央发布的"数据二十条"对数据要素市场建设进一步作出制度性安排。数据市场是以数据或数据相关服务作为主要商品的数字平台[1],是一个匹配数据提供者和数据购买者的多边平台,通过数据市场运营者和第三方服务机构提供的各类服务功能,实现数据共享和交易。[2] 数据要素依托要素市场完成数据流通交易,因此数据要素市场从本质而言是为供需双方提供交易的场所[3],通过市场机制来实现数据要素的优化配置。

数据要素相较于其他生产要素具有非竞争性、外部性、可复制性和可计算性等特征,使得数据要素市场发展过程中面临着数据要素市场治理的特殊性和复杂性[4],需要构建独特的数据要素市场治理体系,促进数据要素安全、高效地流通。表1-4对数据要素与传统要素进行了简要比较:

---

[1] Stahl F, Schomm F, Vossen G, & Vomfell L. A Classification Framework for Data Marketplaces [J]. Vietnam Journal of Computer Science, 2016 (3): 137–143.
[2] Koutroumpis P, Leiponen A, & Thomas L D W. Markets for Data [J]. Industrial and CorporateChange, 2020, 29 (3): 645–660.
[3] 孙方江. 反垄断视角下数据要素市场治理体系的构建 [J]. 西南金融, 2021 (9): 75—85.
[4] 蔡跃洲, 马文君. 数据要素对高质量发展影响与数据流动制约 [J]. 数量经济技术经济研究, 2021, 38 (3): 64—83.

表 1-4 几种要素的比较

	土 地	劳动力	资 本	技 术	数 据
要素形态特征	形态单一	形态单一	形态多样	形态多样	形态繁杂
权属流转形式	权属明晰	权属明晰	权属明晰	权属明晰	权属复杂
资源稀缺程度	资源稀缺	资源稀缺	资源较为稀缺	资源较为稀缺	资源丰富
要素交叉关联	相对独立	存在交叉	存在交叉	存在交叉	紧密交叉
价值溢出效应	溢出不明显	溢出不明显	溢出明显	溢出明显	价值倍增
要素外部关联	基本无外部关联	基本无外部关联	基本无外部关联	有一定外部关联	有强烈的外部关联

随着数据成为新一轮数字化的核心驱动，数据要素市场将在很大程度上成为决定我国国民经济和社会数字化转型成败的关键因素，因此数据要素市场治理对于推动数据要素市场快速、高效、有序、健康发展具有至关重要的作用。有效的数据要素市场治理有助于建立公平竞争的市场环境，确保数据的安全和隐私得到保护，促进数据的合理利用和共享，推动创新和可持续发展，并强化市场的合规和责任意识[1]。

第四节 研 究 现 状

市场治理是国家治理体系的重要组成部分，也是政府的重要职能之一。数据要素市场作为一个新兴市场，市场设施、制度、规则等尚不完善，更应当加快健全市场治理体系。尤其因为数据具有强烈的外部效应，与国家机密、商业秘

---

[1] 于清，石焱文，孙可欣，等.数据要素市场发展影响因素组态分析：基于多中心治理的视角[J].科学学与科学技术管理，2024，45（4）：157—172.

密、个人隐私等紧密相关，这决定了数据要素市场必然是一个强监管的市场，市场治理体系的构建显得格外重要。对于这一重要话题，国内外已形成一些研究成果。

国外研究多侧重于理论构建，着眼于探讨数据要素市场治理的目标、原则、框架、对象等。例如，日本第四次工业革命研究中心提出数据要素市场治理要平衡市场与政府的作用，治理机制设计要考虑市场类型（专业市场还是综合市场）、市场参与者（面向普通公众还是仅限专业人士）等因素，并着重解决数据获取权、价格形成机制及跨境数据交易等关键问题[1]；而安特拉加马·阿巴斯（Antragama Abbas）则从技术化视角分析了数据要素市场中的元数据平台治理机制，认为治理的核心是对数据所有权、数据访问权和数据使用权进行控制，减少数据交易中失去数据控制权的风险[2]。

国内研究则侧重于问题导向，着眼于当前我国数据要素市场中存在的体制性瓶颈，并提出建立市场治理体系的对策。由于数据要素的独特性质，要建设数据要素市场，相关法规创新必不可少。这些法规大致涉及数据市场客体、数据源供给主体、数据要素空间三方面[3]，当前我国迫切需要通过立法解决数据确权[4]、数据资产[5]、公平竞争[6]等问题。同时有专家指出，数据要素市场立法除法律因素以外，还应综合考虑技术、经济、商业等多个系统的相互

---

[1] Centre for the Fourth Industrial Revolution Japan. Developing a Responsible and Well-designed Governance Structure for Data Marketplaces [EB/OL]. [2023-10-9]. https://www.weforum.org/reports/developing-a-responsible-and-well-designed-governance-structure-for-data-marketplaces
[2] Abbas A. Designing Data Governance Mechanisms for Data Marketplace Meta-Platforms [EB/OL]. [2023-9-3]. https://www.researchgate.net/publication/352713125_Designing_Data_Governance_Mechanisms_for_Data_Marketplace_Meta-Platforms
[3] 李爱君. 数据要素市场培育法律制度构建 [J]. 法学杂志, 2021, 42 (9): 17—28.
[4] 汪琼欣. 数据要素市场化背景下数据产权界定研究 [J]. 河北科技师范学院学报（社会科学版）, 2021, 20 (2): 89—95.
[5] 侯彦英. 数据资产会计确认与要素市场化配置 [J]. 会计之友, 2021 (17): 2—8.
[6] 陈兵. "双循环"下数据要素市场公平竞争的法治进路 [J]. 江海学刊, 2021 (1): 152—162.

作用与影响[1]。梁宇等人[2]分析了当前我国数据要素市场面临的意识、法律和组织困境，提出强化政府善治理念与大数据理念的双重植入、建立与完善数据交易法规、优化数据市场治理组织职能等建议；张丽霞[3]、孙方江[4]则从促进竞争和防垄断的角度分析了我国数据要素市场治理，提出数据市场发展要兼顾"共享和专属、效率和公平"，并完善竞争规制、开展公平竞争审查、建立统一市场、加强跨部门跨区域监管。同时，当前我国数据要素市场处于起步阶段，数据要素市场既要发挥市场的决定性作用，也需要政府进行调控和推动。一方面要加强市场反垄断、数据流通安全保障，并建立部门协同监管体系[5]，促进市场规范化；另一方面要加快数据标准化制定、健全数据评估和定价机制、拓展数据市场交易平台、优化数据资源配置、完善数据交易系统等，加快市场培育和发展[6]。任保平[7]、高富平[8]等人针对当前我国数据要素市场中存在的基础制度不足、市场运行效率低下、交易机制不完善、标准规范缺失等问题，提出了数据要素市场治理的目标与内容，包括：应推动速度规模导向型治理转向质量效益导向型治理，零散分割式治理转向协同整合式治理，市场体系完善的单一型治理转向"市场体系—市场制度"建设的复合型治理，借助政府调控主导下的市

---

[1] 柳峰，高绍林. 数据要素市场发展的立法范式研究［J］. 信息安全研究，2021，7（11）：1052—1062.
[2] 梁宇，郑易平. 我国数据市场治理的困境与突破路径［J］. 新疆社会科学，2021（1）：161—167.
[3] 张丽霞. 我国数据要素市场竞争治理的困境及完善路径［J］. 西南金融，2021（8）：62—73.
[4] 孙方江. 反垄断视角下数据要素市场治理体系的构建［J］. 西南金融，2021（9）：75—85.
[5] 孙方江. 反垄断视角下数据要素市场治理体系的构建［J］. 西南金融，2021（9）：75—85.
[6] 何玉长，王伟. 数据要素市场化的理论阐释［J］. 当代经济研究，2021（4）：33—44.
[7] 任保平，王思琛. 新发展格局下我国数据要素市场治理的理论逻辑和实践路径［J］. 天津社会科学，2023（3）：81—90.
[8] 高富平，冉高苒. 数据要素市场形成论：一种数据要素治理的机制框架［J］. 上海经济研究，2022（9）：70—86.

场主体多元共治，优化治理结构，以制度建设为引领，统筹治理效能与安全，推动技术创新驱动下的数据要素市场有效治理。赵正等人[1]则提出构建数据治理规则、新型交易生态、数据流通效率、市场监管机制的数据要素治理体系架构，建立数据财政、数据金融、数据税收"三位一体"的配套制度体系，以促进数据要素市场的健康发展。

总体来看，目前关于数据要素市场治理的研究处于起步阶段，现在成果多是分析数据要素市场治理要解决什么问题、实现什么目标，未来还需要对数据要素市场治理体系如何构建总体框架、采用何种治理模式、如何开展治理等问题开展更深入研究，为数据要素的有序高效流通交易提供制度支撑。

第五节　本书主要内容

结合当前我国数据要素市场的发展进程并针对当前相关研究现状，本书将全面深入地探讨数据要素市场的各个方面，包括其建设进展、面临瓶颈、治理目标、市场框架、生态演进、治理模式、价格治理、质量治理、安全与合规，以及垄断与规制等问题。通过对数据要素市场的详细剖析，旨在为相关领域的研究者、从业者提供系统的理论支撑与实践指导，助力数据要素市场的健康发展和数字经济的高质量发展。

本书主要包括10章内容：

第一章，阐述了数据作为数字经济时代核心生产要素的重要性，介绍我国数据要素市场的发展阶段、建设进展以及面临的瓶颈，明确了数据要素市场治理的目标，对数据及相关概念进行了界定，分析了数据要素市场的交易规则，并回顾了数据要素市场治理的研究现状。

---

[1] 赵正，郭明军，马骁，等. 数据流通情景下数据要素治理体系及配套制度研究 [J]. 电子政务，2022（2）：40—49.

第二章，从市场主体、交易对象和交易规则三个维度构建数据要素市场的基本框架。详细分析了数据供需主体、交易场所、专业服务机构及监督主体等市场主体的类型、功能与合规要求；探讨了数据交易对象的类型、规定及相关案例；阐述了数据交易的主要类型、一般流程，以及数据产品登记凭证的作用、申请流程和规则。

第三章，基于信息生态理论，剖析数据要素市场的生态系统构成，包括信息本体、信息主体和信息环境三部分，分析了数据要素市场的演进机制、生态系统形成的过程和标志，以及生态系统视角下数据要素市场的发展阶段与对策建议。

第四章，探讨了数据要素市场治理的三种模式，即市场化治理、垂直型治理和关系型治理，比较了三种模式的优缺点，并提出我国数据要素市场治理的现状与瓶颈，最后得出结论与提出建议。

第五章，介绍了数据要素规模统计测算的常见方法，如成本法、收益法、市场法等，并分析了各自的特点和适用场景。以上海为例，详细阐述了基于成本法和收益法的数据要素规模统计测算过程，包括指标体系的构建、数据的收集与整理、统计测算的具体实施步骤等，最后给出了统计测算结果。

第六章，分析了价格治理在数据要素市场中的重要性，探析了数据定价的难题，包括数据的内在属性和外在因素导致的定价困难，介绍了数据定价策略和价格评估的基本方法，探讨了动态定价机制及公共数据定价机制，旨在构建科学透明的定价体系，保障数据交易的公平性和效率性。

第七章，阐述了数据质量治理的背景、概念，详细介绍了数据质量评估过程和指标，提出了企业数据质量治理框架及策略，强调了数据质量治理的保障体系，包括健全标准规范、完善评估服务、打造数据品牌和加强培训等，以提升数据质量，保障数据要素市场的有效运行。

第八章，探讨了数据要素市场中信任的概念、作用及类型，分析市场中存在的信任问题，包括因数据属性和市场复杂性而引发的挑战；进一步明确了信任的内涵与层次，构建了信任影响模型，并从交易主体、交易平台和政府部门三个层面提出了信任管理与治理的策略和措施,以促进数据要素市场的健康发展。

第九章,深入分析了数据要素市场中数据安全的新挑战和风险,涵盖数据安全、侵权及违规流通等方面;详细阐述了数据交易合规的主要内容,包括主体、客体及过程合规,并探讨了合规成本问题;最后构建了数据交易合规治理体系,从政府和企业层面提出了具体的治理策略和措施,以应对数据要素市场中的安全与合规挑战。

第十章,探讨了数据要素市场的垄断问题与规制方法,分析了数据要素市场垄断的概念、类型、成因,探讨了数据要素市场的反垄断规制对象及手段,包括行政垄断、自然垄断、经济垄断的规制方法,旨在促进数据要素市场的公平竞争和健康发展。

第二章 数据要素市场的框架结构

数据市场的基本框架是指数据市场运行和发展的核心结构和规则体系。它就像一个"骨架",用来支撑数据市场的运作,并确保数据的流通、交易和使用能够有序进行,同时保障数据的安全性和交易的公平性。数据市场基本框架的设置,包括市场主体的设置、交易对象的界定、交易流程的规范等,本身也是数据市场治理的基本内容。

正如对市场的理解可以有多种角度,数据要素市场也有两种不同的理解:广义的数据要素市场是各方参与数据交易的多种系统、机构、程序、法律、规范和基础设施的总称;狭义的数据要素市场则是指数据交易开展的具体场所。但无论是广义还是狭义,数据要素市场的核心都是数据交易。数据交易是指在数据要素市场中,不同主体以数据为标的物,通过交易流转,实现数据在购买者和提供者之间的流通,从而满足不同主体需求的行为。对于数据要素市场的基本框架,可以从许多角度去理解,而最核心的内容可归纳为"3W",即谁来交易(Who)、交易什么(What)以及如何交易(How),也就是市场主体、交易对象及交易规则,如图2-1所示。

Who	・谁来交易(市场主体)
What	・交易什么(交易对象)
How	・如何交易(交易规则)

图2-1 数据要素市场的核心要素

第一节 数据要素市场主体

数据市场与其他要素市场类似,数据市场主体有狭义和广义之分。狭义特指交易主体(供需双方);广义主体至少包括要素供给、需求、交易、服务和监管等5个方面主体,如图2-2所示。

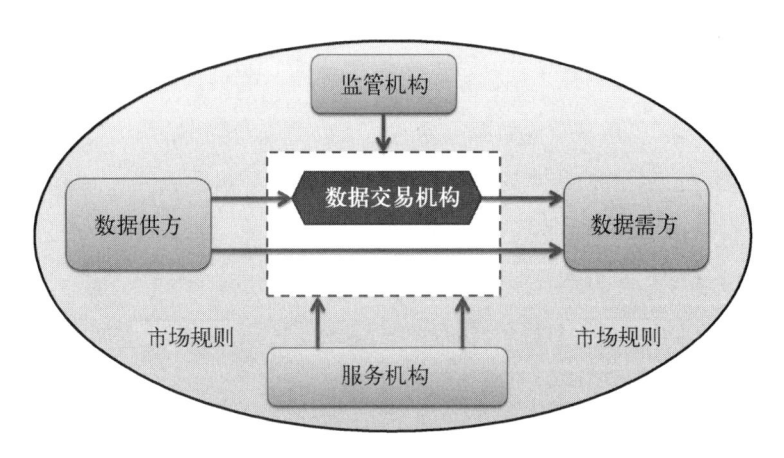

图2-2 数据要素市场主体的构成

一、数据供需主体

数据供需主体指数据交易活动中涉及的自然人、法人和非法人组织。这一比较宽泛的规定,在实际中出于安全规范、规避风险、降低成本等考虑,往往受到一定限制。首先,虽然从理论上讲外国的企业和机构可以参与国内的数据交易,但限于民事管辖权问题及数据跨境流动难题,实际上往往只有境内企业或机构能参与数据交易,境外企业和机构即使能够参与也会受到许多限制。其次,各地数据交易机构出于成本、合规、风险等方面的考虑,通常不接受个人直接进行数据挂牌。因此,目前在我国,数据供需主体一般应当是具有完全民事行为能力并在中国境内合法注册的法人、非法人组织，而个人参与数据交易则会受到许多限制。同时，一些地方对数据供需主体还作了特殊规定，如《深圳市数据交易管理暂行办法》规定"数据卖方应当作为数据商或通过数据商保荐，方可开展数据交易"。

（一）数据供需主体的基本类型

1. 数据供应方

在数据要素市场的参与主体架构中，数据供应方（数据卖方）是具备合法资质并能批量提供高质量数据资源的机构或个人。具体而言，数据供应方主要覆盖以下几类主体：

（1）企业。企业作为数据供应链中的重要主体，凭借其日常业务活动产生大量数据资源。具体来说，企业所生成的数据资源包括用户行为数据（如消费习惯、浏览记录等）、交易记录（如销售数据、财务报表等），以及物联网设备数据（如传感器监测数据、工业设备运行数据等）。这些数据在企业运营过程中被不断收集、存储与分析，成为企业数据资产的重要组成部分。

（2）政府和公共机构。政府及公共机构在数据供应链中扮演着关键角色，主要提供诸如交通、气象、人口统计等公共数据资源。在当前国内推进公共数据授权运营的背景下，尽管许多公共数据资源遵循开放共享原则，免费向社会提供，但部分具有特殊属性或高商业价值的公共数据，也开始通过有偿使用的方式向社会开放。不过，政府或公共机构在提供此类收费数据时，通常会受到一定收费标准的限制，以确保数据使用的公平性与合理性。

（3）科研机构。科研机构在数据供应链中具有独特地位，一方面，其致力于科学研究与技术创新，产出大量具有学术价值与社会价值的数据资源，如基因数据、实验数据等，并以开放共享的形式发布，为全球科研人员提供宝贵的研究素材；另一方面，科研机构所掌握的许多细粒度且具有高商业价值的数据（如气象、生物形态等），同样蕴藏着巨大的商业化潜力。

2. 数据需求方

数据需求方是具有明确数据资源或服务需求，能够支付相应费用，同时具备保障数据安全并能按约定使用数据的机构或个人。以下是数据需求者的主要类型：

（1）企业。企业作为数据需求的主要力量之一，购买数据资源以实现多方面的商业目标。例如，企业可通过购买市场分析数据，了解行业动态与竞争态势，优化自身的战略规划；借助用户画像数据，实现精准营销与个性化推荐，提高客户满意度与市场份额；利用 AI 模型训练数据，推动人工智能技术在产品与服务中的应用，提升智能化水平。此外，金融机构在风险评估、信用评分等业务领域，对数据资源的需求尤为显著。

（2）研究机构。研究机构作为数据需求的另一重要组成部分，购买科学数据资源以支持学术研究与社会问题分析。例如，在公共卫生领域，研究机构可利用相关数据开展疾病传播模型研究、健康管理策略制定等工作；在气候变化领域，通过分析气象数据、环境监测数据等，深入研究气候变化趋势与应对策略。

（3）政府或公共部门。政府或公共部门基于公共管理与服务的需求，向企业或社会机构购买数据资源，并将其与公共数据进行融合与应用。例如，政府可通过购买企业数据，结合自身掌握的公共数据，开展城市规划、交通管理、资源分配等工作，提高公共决策的科学性与精准性；在社会治理领域，政府可利用数据融合分析，加强社会风险预测与防范，提升社会治理效能。

（二）数据供需主体的合规要求

在数据要素市场中，为确保数据交易的安全与合法，通常对数据供需主体设置了一系列严格的合规要求。

1. 数据供给主体的合规要求

数据供给主体是数据的来源，其合规性在很大程度上决定了数据交易的合规性，因此对数据供给主体的合规要求尤为关键。数据交易机构和监管部门需对数据供给主体进行严格监管和审查，确保其符合相关法律法规和市场规则。具体包括以下几个重要方面：

(1) 数据供给主体在提供数据时，必须确保数据来源的合法性，不得涉及非法采集、窃取或未经授权获取的数据。例如，《中华人民共和国数据安全法》[①]明确规定，禁止交易从非法渠道获取的数据，并要求数据提供方详细说明数据来源的合法性；《中华人民共和国个人信息保护法》[②]第13条也规定，涉及个人信息的数据处理，必须取得个人或其监护人的单独同意，并遵循最小必要原则，仅收集与业务相关的必要信息。对于公共数据的使用，需根据分类（无条件开放、有条件开放、非开放）进行合规使用，且授权运营数据时必须严格审查授权链条，确保数据使用的合法性。

(2) 数据要经过加工和脱敏处理。为保护数据隐私和防止敏感信息泄露，数据在进入交易环节前，必须经过严格的加工和脱敏处理。根据《信息安全技术 数据交易服务安全要求》，原始数据需进行去标识化和脱敏处理，以防止通过逆向计算还原个人信息。例如，删除或替换敏感字段、采用匿名化技术等，确保数据在交易过程中不会泄露个人隐私或商业机密。这种处理不仅保护了数据主体的权益，也增强了数据交易的安全性和可信度。

(3) 资质与证明文件。数据供给主体需要提供一系列资质与证明文件，以证明其提供的数据不侵犯他人权益，包括但不限于商业秘密、知识产权等。这些文件通常包括数据权属声明和合规承诺书，明确数据的权属关系和来源的合法性。例如，数据供给方需提供数据来源的授权文件、数据处理的合规性说明等，以确保数据交易的合法性和规范性。

(4) 合规体系的建立与实施。数据供给主体应建立完善的数据合规治理体系，涵盖数据的采集、存储、处理、共享、销毁等全生命周期。这包括制定数据分类分级标准、建立数据安全管理制度、部署数据加密和访问控制技术等。例如，上海数据交易所发布的《上海数据交易所数据交易安全合规指引》和《上海数据交易所数据交易合规注意事项清单》，为企业提供了详细的合规操作

---

① 简称《数据安全法》。
② 简称《个人信息保护法》。

路径和证明材料示例，帮助企业有效识别和防范合规风险。

2. 数据需求主体的合规要求

在数据要素市场中，数据需求者作为数据交易的重要主体，必须严格遵守相关法律法规，履行合规义务，以确保数据交易的合法性和安全性。对其的主要合规要求通常包括以下几点：

(1) 使用目的与范围限制。数据需求者在使用数据时，必须严格遵循合同约定的使用目的、场景和期限，不得超出合同规定的范围使用数据。例如，《山东省数据交易管理办法》第 8 条规定，数据使用需严格符合合同约定的目的、场景和期限，不得超范围使用或转授权。涉及敏感个人信息（如健康、金融信息）时，需要获得数据主体的单独授权，并采取更高的安全保护措施。这种限制不仅保护了数据主体的隐私权益，而且避免了数据被滥用或泄露的风险。

(2) 数据安全责任。数据需求者需对数据存储、使用和销毁过程中的安全性负责。根据《中华人民共和国网络安全法》[①] 第 21 条，需求方需建立健全的数据安全管理制度，采取必要的技术措施和管理措施，确保数据的保密性、完整性和可用性。国家标准《信息安全技术 数据交易服务安全要求》（GB/T 37932—2019）进一步要求，数据使用完毕后需及时销毁，且禁止通过技术手段重新识别已脱敏的个人信息。这些措施旨在防止数据泄露、篡改或被不法分子利用。同时，需求者应当制定数据安全应急预案，在发生数据泄露等事件时及时采取补救措施，并通知受影响方及监管部门[②]。

(3) 审慎注意义务。数据需求者在交易前需对数据来源的合法性进行严格核实，确保数据的合法性和合规性。若明知数据存在侵权问题仍进行使用，数据需求者可能须承担连带责任。这种审慎注意义务要求数据需求者在交易过程中保持高度的法律意识和风险意识，避免因数据来源问题引发的法律纠纷和经

---

① 简称《网络安全法》。
② 孙磊. 西部数据交易中心全国首创量化合规模型与定制化数据保险 [EB/OL]. [2025-3-1]. https://www.cqcb.com/shuzijingji/2023-05-15/5262035_pc.html

济损失。

二、数据交易场所

在我国，数据交易场所是指由政府依法设立，为数据集中交易提供公平有序、安全可控、可追溯的场所与设施，以保障数据交易的正常高效进行，具体名称可为数据交易所、数据交易中心、数据交易平台等。需要说明的是，根据我国各地的交易场所管理办法，数据交易场所是有特定含义的，并非所有提供数据交易功能的场所都是数据交易场所，而且必须由政府批准设立并受到政府严格监管，属于金融机构的一种，因此一些企业或个人自主建立的、提供数据交易服务的平台（如"数多多""数据堂"等），并非法律意义上的数据交易场所。

按照我国有关交易场所（交易所、交易中心及具有交易场所性质的交易平台）管理办法的要求，数据交易场所原则上在各地区只设立一个，不重复设立；同时数据交易场所原则上采用公司化运作模式；而且数据交易场所的设立、变更、终止等都需要政府批准，机构运作受政府严格监管。

数据交易场所的核心功能无疑是组织集中数据交易，但在当前数据要素市场发育还不够成熟的背景下，其往往还在政府部门授意或委托下承担了许多公共服务功能。综合上海、山东、贵州、深圳等地的数据交易管理办法或数据交易场所管理办法，数据交易场所的主要功能可分为交易支撑、信息管理、市场管理等方面，详见表2-1。

表2-1 数据交易机构的核心功能

类 型	功 能	具 体 内 容
交易支撑功能	提供集中交易场所	搭建安全、可信、可控、可追溯的数据交易环境，支撑数据有序流通
	提供交易服务	提供数据挂牌、交易撮合、在线签约、交易清结算、数据交付等配套服务

续 表

类 型	功 能	具 体 内 容
交易支撑功能	制定交易规则	制定完善数据交易标的上市、可信流通、信息披露、价格生成、自律监管等交易规则、服务指南和行业标准
	数据交易管理	审核、安排数据交易，决定数据交易上市、暂停上市、恢复上市和终止上市
	数据交易协调机制	交易纠纷调解
	数据资产创新	组织数据资产金融创新服务
信息管理功能	信息保存	对交易过程形成的交易信息进行保管和归案
	信息披露	定期进行数据交易信息披露，促进市场透明
市场管理功能	登记凭证服务	交易主体、交易标的等登记凭证服务
	市场主体管理	对场内数据交易主体及第三方专业服务机构的行为开展管理
	市场服务组织	组织法律咨询、数据公证、质量评估、数据经纪、合规认证、安全审查、资产评估、争议仲裁、人才培训等第三方专业配套服务
	数据市场培育	开展数据交易宣传推广、教育培训、业务咨询和保护协作等市场培育服务

三、数据交易专业服务机构

在一个成熟的市场之中，通常有许多从事专业服务的机构，其虽非直接从事市场交易，但能促进市场公平、提高市场效率、推动市场创新和发展，对于市场的稳定、繁荣和发展具有极其重要的意义。

对于数据要素市场，这些专业机构可分为两类：一是数据商，二是第三方专业服务机构。根据"数据二十条"的定义，数据商的功能是为数据交易双方提供数据产品开发、发布、承销和数据资产的合规化、标准化、增值化服务，促进数据交易效率的提高；而第三方专业服务机构的功能则是数据集成、数据经纪、合规认证、安全审计、数据公证、数据保险、数据托管、资产评估、争议仲裁、风险评估、人才培训等,以提升数据流通和交易全流程服务能力。根据《深圳市数据商和数据流通交易第三方服务机构管理暂行办法》,数据商是指从各种合法来源收集或维护数据,经汇总、加工、分析等处理转化为交易标的,向买方出售或许可;或为促成并顺利履行交易,向委托人提供交易标的发布、承销等服务,合规开展业务的企业法人。第三方服务机构是指辅助数据交易活动有序开展,提供法律服务、数据资产化服务、安全质量评估服务、培训咨询服务及其他第三方服务的法人或非法人组织。

总体来看,两者的区别在于,数据商是作为数据交易的卖方或代理卖方直接参与数据交易,而第三方专业服务机构则是为数据交易的卖方或买方提供专业服务,其本身并不直接参与交易。但需注意的是,数据商与第三方专业服务机构的界限并不明确,两者有很多交叉,如数据集成业务既可视为第三方专业服务,也可视为数据商业务;同时数据商与上述数据供应主体的边界也不明确,从数据商的定义来看,所有数据供需主体都可视为数据商。

1. 数据商的类型

目前不同地区的数据市场法规对数据商的分类有所不同。例如,根据《深圳市数据商和数据流通交易第三方服务机构管理暂行办法》的规定,数据商可以从事资产开发、数据发布、数据销售等业务,包括三种类型:

(1) 资产开发类数据商,是指从事数据源开发和数据产品、数据服务、数据工具增值开发的机构。

(2) 数据发布类数据商,是指发布或代理发布交易标的,面向发布委托人开展辅导推荐、监督审核和名义担保等活动的机构。

(3) 数据销售类数据商,是指销售或代理销售交易标的,包括产品推广、产品议价、可信流通等活动的机构。

2. 第三方专业服务机构的类型

综合各地关于数据交易第三方专业服务机构的界定,大致可以将其分为交易中介、评估审计、专业咨询、资产服务、数据交付等类型,如表2-2所示。

表 2-2　数据交易专业服务机构的主要类型

类　型	主　要　内　容
交易中介	从事中介撮合、交易代理、数据经纪等业务的服务机构，提升交易意愿、降低交易门槛、促进供需匹配、繁荣数据市场
评估审计	从事数据质量、资产价值、交易价格、合规性、安全风险等评估和审计的服务机构，作用是促进数据交易合法合规、公平正当地开展
专业咨询	从事数据交易相关的经济、法律、商务、技术等咨询的服务机构，提高数据交易双方的数据治理、交易、开发及机构管理和发展能力
资产服务	数据资产化服务包括数据资产评估、数据保险、数据资产融资、数据资产信托等服务
数据交付	为数据交易双方提供云平台、隐私计算、安全保障等支持的服务机构，确保数据交付安全、畅通、高效

需要说明的是，目前数据交易专业服务机构的边界并不固定。从各地实践来看，许多地方往往将从事数据交易相关的技术开发、安全服务、金融服务（融资、结算等）、人力资源服务等业务的机构亦列为专业服务机构，几乎囊括了所有的软件和信息服务业以及商务服务业。同时上述机构不一定是专职，可以由律所、会所、商务服务企业、互联网企业等机构承担相应职能。

在第三方专业服务机构中，有一类比较特殊的机构，即数据经纪人。根据《广东省数据经纪人管理规则（试行）》的定义，数据经纪人是指经省数据流通交易主管部门认定，利用行业整合能力，通过开放、共享、增值服务、撮合等多种方式整合利用有关数据，促进行业数据与公共数据融合流通的中介服务机构。《加利福尼亚法案》(*California Code*) 第 1798.99.80 条表示数据经纪人是"在消费者知情同意的情况下收集并向第三方出售与该企业没有直接关系的消费者的个人信息的企业"，并要求数据经纪人必须在加利福尼亚州注册；根据佛蒙特州于 2018 年出台的第 171 号 H.764 法案《数据经纪人条例》的指导意见，将数据经纪人定义为汇总和出售与他们没有直接关系的消费者个人信息的企业[1]。由此可

---

[1] 傅建平. 培育壮大"数据经纪人"新业态新模式 [EB/OL]. [2024-5-20]. https://finance.sina.cn/2023-11-06/detail-imztrwix0951316.d.html

见，国内外对于数据经纪人的定义有很大差别，但也有一些共同点：一是数据经纪人本身不拥有大量原始数据资源，也非数据需求者，但通过专业服务促进数据交易开展（类似一般意义上的第三方服务机构），或对他人的数据资源进行整合加工再向市场进行销售（类似数据商）；二是数据经纪人需要经过认定或注册才能开展相应业务，具有一定的合规要求。

3. 专业服务机构的合规要求

与供需主体类似，一般而言，专业服务机构应当是具有完全民事行为能力的中国公民，以及在中国境内合法注册的法人、非法人组织。同时对于一些从事特定业务的服务机构，出于维护市场秩序、保障交易安全的需要，主管部门往往对其规模、经历、资质等有特别要求。

示例

对特定类型数据交易专业服务机构的要求

（1）从事数据合规评估类的机构应该具有20名以上执业律师，其中5名以上曾从事过数据法律服务类业务且最近2年未因违法执业行为受到行政处罚。

（2）从事数据质量评估类的机构应该具有一套完整、科学、规范的数据质量评估流程及指标体系，有5名以上员工曾从事过数据质量评估类业务。

（3）从事数据资产评估类的机构应该具有50名以上注册会计师，其中8名以上曾从事过数据资产价值评估类业务且最近2年未因违法执业行为受到行政处罚。

（4）从事数据交付服务类的机构应当健全数据安全评估制度，最近3年无重大网络和数据安全事故，具备满足业务需求的数据交付技术、硬件设备和软件系统，有10名以上员工曾从事过数据交付服务类业务。

四、数据要素市场的监督主体

为了保障数据要素市场有序健康地发展,市场上必须具备监督主体,其主要职能包括:制定数据要素市场主体的数据流通、交易等数据活动规范;建立健全统筹推进、督促落实数据管理措施的机制;对各类数据交易服务机构进行监管,定期开展规范性和安全性评估;处理重大交易纠纷;等等。

与其他市场类似,数据要素市场的监督主体包括狭义和广义两种:

狭义的市场监督主体,是指具有数据要素市场监管权限的政府部门及其下属机构,由于数据所具有的多重属性,对数据要素市场的监管通常也包括多个部门,如数据管理部门、网络安全管理部门、市场监管部门、金融监管部门等,分别从市场运行、数据安全、交易合规、金融安全等角度进行监管。有时政府部门还需要成立专家委员会、伦理审查委员会等机构,协助政府开展数据市场审查监管。

而广义的监管主体,除上述主体外还包括所有行业组织、社会组织或个人。向数据要素市场监管部门举报属于公民或组织行使监督权、参与社会管理、维护市场秩序和合法权益的合法行为,这有助于打击市场违法行为,保护所有市场主体的合法权益,促进数据要素市场的公平竞争和良好秩序。因此各地在构建数据要素市场的过程中,除要明确市场监管部门及各自职责之外,还应当建立市场投诉、举报、建议等渠道,为社会机构及个人参与数据要素市场监督提供便利渠道。

第二节 数据要素市场的交易对象

从理论上讲,数据要素市场的交易对象是数据,但是数据本身就包含着多种类型,而且数据的传输与交付往往必须与软件、API[①]及各类数字服务相绑

---

① API(Application Programming Interface),即应用程序编程接口。

定，特别是出于隐私和机密保护、数据合规等目的，原始数据必须经过一定的去标识化、去隐私化甚至经过深度加工处理后才能交付给买方。因此，作为交易对象的数据在进行实际交付时并非一定表现为数据的形式，即数据交易的交易标的不一定是数据，具体形式还需要作深入分析。

一、数据交易对象的相关规定

实际上的数据交易对象既可以是原始数据集，也可以是经过加密的数据，以及平台化的数据服务，甚至是基于数据的专业咨询服务。同时，随着数据金融的日益成熟，未来还可能出现数据 IPO[①] 服务，即以数据资源的未来价值为交易标的，买方购得的是具有特定数据资源的企业上市融资之后的股权升值，而非数据资源本身的价值。

从数据交易行业发展的操作角度来看，当前诸多数据交易机构出于迅速放大交易量的目的，经常会扩大数据交易对象的范围，将许多数据周边技术、产品和服务也纳入数据交易对象。因此，目前已出台的各地数据交易管理办法中，对数据交易对象的规定往往十分宽泛，如表2-3所示。

表2-3 各地规定的数据交易对象

法律规范名称	发布时间	发布机构	交 易 对 象
《山东省数据交易管理办法（试行）》	2024年11月15日	山东省大数据局	数据交易标的主要为数据产品，包括数据接口类、数据集类、数据报告类、数据服务类、数据工具类、数据应用类、算法模型类等类型
《深圳市数据交易管理暂行办法》	2023年2月21日	深圳市发展和改革委员会	（一）数据产品，主要包括用于交易的原始数据和加工处理后的数据衍生产品，包括但不限于数据集、数据分析报告、数据可视化产品、数据指数、API数据、加密数据等；

---

① IPO（Initial Public Offering），即首次公开募股。

续　表

法律规范名称	发布时间	发布机构	交易对象
《深圳市数据交易管理暂行办法》	2023年2月21日	深圳市发展和改革委员会	（二）数据服务，指卖方提供数据处理（收集、存储、使用、加工、传输等）服务能力，包括但不限于数据采集和预处理服务、数据建模、分析处理服务、数据可视化服务、数据安全服务等； （三）数据工具，指可实现数据服务的软硬件工具，包括但不限于数据存储和管理工具、数据采集工具、数据清洗工具、数据分析工具、数据可视化工具、数据安全工具
《广东省数据流通交易管理办法（试行）》	2023年4月4日	广东省政务服务数据管理局	数据产品和服务
《贵州省数据流通交易管理办法（试行）》	2024年8月26日	贵州省大数据发展管理局	（一）数据产品和服务，指在保护国家安全、商业秘密和个人隐私的前提下，经合法授权，使用数据开发形成的核验接口、数据集及其他应用，或开展加工、清洗、标注、建模等数据处理服务； （二）算力资源，指算力形成过程中涉及的计算资源，包括云存储、云安全及衍生服务等； （三）算法工具，指算法执行过程中所使用的工具或者辅助执行的工具，包括数据可视化、数据预测、机器学习工具等； （四）其他与数据相关的产品类型
《广西数据交易管理暂行办法》	2024年1月23日	广西壮族自治区人民政府办公厅	数据产品、数据服务、数据工具等
《内蒙古自治区数据流通交易管理暂行办法》	2024年12月31日	内蒙古自治区政务服务与数据管理局	1.数据产品及服务，指在保护国家安全、商业秘密和个人隐私的前提下，经合法授权，对数据进行加工处理后形成的可计量、具有经济社会价值的数据集、数据接口、数据指标、数据报告、数据模型，以及开展清洗、标注、建模等相关的数据处理服务；

续　表

法律规范名称	发布时间	发布机构	交　易　对　象
《内蒙古自治区数据流通交易管理暂行办法》	2024年12月31日	内蒙古自治区政务服务与数据管理局	2. 算力资源，指算力形成过程中涉及的计算资源，包括云存储、云安全及衍生服务等； 3. 数据工具，指数据生产、流通、应用过程中所使用的工具或者辅助执行的工具，包括数据可视化、数据预测、人工智能工具等

二、数据交易对象的基本类型

综合以上两个角度的分析，实际中的常见数据交易对象包括三类：数据产品、基于数据的服务、数据加工工具与服务，如表2-4所示。

表2-4　常见的数据交易对象

类　型	交易对象	交　付　内　容	举　例	关键要求
数据产品	原始数据集	数据供方掌握的、未经处理的原始数据集合	购买数据资料	数据资源所有权
	加密数据集	数据供方掌握的、经过某种加密处理的数据集合	数据资源方+数据沙箱	数据资源所有权
基于数据的服务	在线数据服务	数据供方以在线服务方式向需方提供其拥有的数据资源	数据API服务 CNKI（中国知网）	数据资源+在线平台
	专业数据服务	基于数据供方掌握的数据资源，通过分析加工提供一定形式的服务	数据分析报告咨询服务	数据资源+专业技能
	数据未来价值	数据资源的未来收益	数据公司IPO	数据价值得到认可+符合IPO规定
数据加工工具与服务	数据工具	用于数据分析处理，以及流通交易的软件、系统、平台等	数据可视化软件	针对特定数据资源的先进性与适用性

续 表

类型	交易对象	交付内容	举例	关键要求
数据加工工具与服务	数据处理服务	开展数据清洗、标注、建模等相关的数据处理服务	数据标注服务	高效安全的数据处理能力
	算力资源	算力形成过程中涉及的计算资源	数据云存储	安全便利廉价的算力服务能力

在市场发展实际中，各地数据交易场所允许的数据交易对象往往是混合型的，包括以上多种甚至全部类型，这会给数据要素市场中的数据交易规模统计带来一些困难，特别是诸如软件、数据加工服务、算力资源等能否计入真正的数据交易额，无论是学术界还是实务界都存在不少争议，未来还需要行业主管部门出台更为明确的数据交易对象范围，以及数据交易规模统计规则。

同时，各地的数据交易法规中除了列举可交易对象之外，也往往以负面清单的方式列举了不可交易的对象，主要包括四类[①]：

一是数据或数据交易行为损害公共利益或合法权益的，如危害国家安全、公共利益和社会稳定的数据，损害个人、组织合法权益的。其交易行为因违背公共利益和合法权利保护原则而被严格禁止。

二是数据或数据交易行为未得到相关权益主体授权的，如未取得自然人或者其监护人单独同意，涉及个人信息的；未取得合法权利人明确同意，涉及其商业秘密、保密商务信息的。未经授权的数据交易侵害了数据主体的合法权益，破坏了数据要素市场的信任环境。

三是来源不合法的数据，如从非法、违规渠道获取的，或窃取、以欺骗手段获取的。此类数据的交易不仅违反法律法规，而且可能引发数据滥用、泄露等风险。

四是未明确具体用途和应用场景的数据。上述三类数据交易都因侵犯公共

---

① 李宗辉.论数据交易流通的规则构建[J].青海社会科学，2023（3）：148—158.

利益或个人及机构利益而被禁止,而"无场景不交易"的原则主要是出于降低风险的考虑,因为在无明确应用场景的情况下,数据卖方、交易机构及第三方服务机构都很难判断数据交易的合规性与潜在风险。

数据要素市场的健康发展依赖于明确的交易规则和严格的监管机制。通过负面清单等方式规范数据交易行为,能够有效保护公共利益、个人和机构的合法权益,促进数据要素市场的公平、有序发展。

第三节 数据要素市场的交易规则

数据要素市场的交易规则是一个十分复杂的问题,包括交易主体关系、交易过程、数据定价机制、纠纷调解机制等,而且不同的数据交易过程和规则也有所差异。限于篇幅,本节仅讨论数据交易的主要类型及数据交易的一般过程,其他内容将在相关章节中进行讨论。

一、数据交易的主要类型

(一)按是否进场交易

按是否通过数据交易场所可将数据交易分为场内交易和场外交易。前者指在数据交易场所进行的交易;后者是交易双方自主开展的数据交易。在实际中,两者的界限也十分模糊,因为所谓"在数据交易场所进行的交易"本身就十分模糊,是所有环节都必须在交易场所完成,还是任何一个环节在交易场所完成即可?如何界定交易在交易场所完成?这些问题目前仍无统一标准。而根据笔者的相关调研,当前一些数据交易机构为提升交易量,往往将许多场外交易通过交易备案等形式转化为场内交易以提升账面交易额,这无疑干扰了数据要素市场的正常运作。我国未来的数据要素市场管理法规中需要对这些问题进行明确和严格的规范,可以考虑从两个方面来明确对场内交易的界定:一是佣金维度，凡场内交易，交易双方中的至少一方需要向交易场所支付一定数量的交易佣金；二是责任维度，凡场内交易，交易场所应当对交易的合法合规性进行背书，如后续环节中出现数据交易违规或侵权，交易场所应当承担一定的责任。

场内交易和场外交易各有其优缺点，如表2-5所示。

表2-5 场内交易和场外交易的优缺点

	优　点	缺　点
场内交易	1. 监管严格，安全性高。场内交易通过政府主导的交易所或交易中心进行，具有完善的监管框架，确保交易合规性。例如，甘肃、北京等地的数据交易所通过登记验证、标准化合同等方式保障数据安全。隐私计算技术（如联邦学习）在场内广泛应用，实现"数据可用不可见"，降低泄露风险。 2. 价格透明度高。交易所实时公开交易价格和成交量信息，减少信息不对称问题。例如，贵阳大数据交易所通过标准化数据产品挂牌，形成公开透明的定价机制。 3. 交易效率高。依托自动化交易系统和集中撮合机制，场内交易能快速匹配供需双方，降低交易成本。例如，甘肃产权交易所的数据要素平台已完成多宗高效交易。 4. 流动性强。场内交易汇聚大量买家和卖家，流动性较高，流动速度快而且流通范围广，尤其在标准化数据产品领域表现突出。 5. 支撑资产化。由于场内交易全过程都受到较为严格的监管，其交易价格及相应的数据资源价值的可信度较高，容易为市场接受，因此能支撑后续的数据资产化及会计入表等业务开展	1. 灵活性不足。场内交易需遵循严格的标准和流程，难以满足非标准化或定制化数据需求。例如，原始数据因形态多样，难以直接在场内大规模流通。 2. 准入门槛高。交易所通常要求数据产品符合特定规范，中小企业或初创企业可能因技术或合规成本难以参与。 3. 创新受限。严格的监管可能抑制新兴交易模式的探索，如复杂的数据衍生品或跨行业融合应用
场外交易	1. 灵活性和多样性。场外交易允许供需双方自主协商交易条款，适用于非标准化数据、定制化服务或特定行业场景。例如，金融、医疗等领域的数据需求多通过场外平台完成。 2. 促进创新。场外市场鼓励隐私计算、区块链等技术的应用，推动"数据可用不可拥"等新模式发展。例如，数据商通过联邦学习实现多方数据联合计算。	1. 监管薄弱，风险较高。场外交易缺乏统一监管，存在数据滥用、隐私泄露等风险。例如，部分场外交易因涉及个人隐私或企业机密导致纠纷频发。 2. 定价机制不完善。数据价值依赖"因用称价"，场外交易中供需双方议价成本高，难以形成公允价格。同时交易中形成的价格也不透明，无法为后续市场交易的定价提供参考。

续　表

	优　点	缺　点
场外交易	3. 降低门槛。中小企业可通过场外平台以较低成本参与交易，例如通过区域性或行业性数据商完成撮合	3. 流动性较低。场外交易分散，缺乏集中撮合机制，交易周期长，数据流通范围极为有限，尤其在冷门数据领域易出现流动性不足。 4. 难以支撑资产化。由于场外交易既缺乏监管也缺乏可靠性，因此交易形成的数据价格难以作为数据资产化特别是会计入表时的参考

鉴于我国目前的数据要素市场还处于发展初期，许多规则（如交易流程、定价机制、风控机制等）的成熟及数据资产化的发展都有赖于场内交易规模的扩大，同时出于数据安全保障的考虑，政府对数据要素市场总体上是强监管导向，因此目前各地的数据交易规章中往往会鼓励甚至强制要求一些涉及公共数据和公共资金的，或存在较高数据安全风险的数据交易采用场内交易方式来进行。例如《广东省数据流通交易管理办法（试行）》第6条规定，有下列情形之一的数据产品和服务，原则上应当进场交易：

（一）涉及公共数据的；

（二）由省数据流通交易主管部门统筹建设的个人、法人数字空间形成的；

（三）省数据流通交易主管部门认为需要进场交易的。

同时还规定，有下列情形之一的数据产品和服务，引导和鼓励进场交易：

（一）打通产业链、公共服务链的；

（二）使用财政资金购买的；

（三）由国有及国有控股企业、国有实际控制企业形成的；

（四）数据经纪人形成的；

（五）平台型企业将具有公共属性的数据要素加工处理形成的；

（六）识别市场主体信用状况的；

（七）数据流通交易主体在其经营和其他工作过程中产生并形成的；

（八）省数据流通交易主管部门认为需要引导和鼓励进场交易的。

（二）按是否采用第三方服务

按是否采用第三方服务可将数据交易分为自主交易、中介交易、代理交易等。所有交易过程都是交易双方自主完成、未使用任何第三方服务的称为自主交易。而实际上，交易双方或其中一方往往会使用第三方服务，以提升交易效率并保障交易安全，如借助交易中介来找到数据交易买方或卖方，或者直接将数据委托给数据经纪人来进行交易等。一般而言，在场外交易及数据要素市场发展初期，大多数交易往往是自主交易；但随着数据要素市场的不断成熟，以及随之而来的市场主体多元化和分工细化，将会有越来越多的交易主体采用第三方的专业服务，以适应日趋复杂而且风险不断攀升的交易环境，而场内交易通常都要求交易双方特别是卖方使用某种第三方专业服务，如数据产品挂牌之前要求提供专业机构出具的合规报告。

（三）按交易双方组合

从理论上讲，按买卖双方组合方式不同可将数据交易分为一对一、一对多、多对一交易等。但在实际中，由于一对多及多对一的集中竞价（或竞标）可能引发较大的金融动荡，因此国家相关规章对此有所限制。例如，《国务院关于清理整顿各类交易场所切实防范金融风险的决定》《国务院办公厅关于清理整顿各类交易场所的实施意见》等，规定除依法设立的证券交易所或国务院批准的从事金融产品交易的交易场所外，任何交易场所均不得将任何权益拆分为均等份额公开发行，不得采取集中竞价、做市商等集中交易方式进行交易。除依法经国务院或国务院期货监管机构批准设立从事期货交易的交易场所外，任何单位一律不得以集中竞价、电子撮合、匿名交易、做市商等集中交易方式进行标准化合约交易。《深圳市数据交易管理暂行办法》也明确规定数据交易场所运营机构开展经营活动不得采取集中竞价、做市商等集中交易方式进行交易。同时数据具有使用上的非竞争性和非排他性，同一份数据可以销售给不同的买方，而且不同于传统的大宗商品及证券等标准化交易，数据交易往往是个性化的，即使对于同样的数据，常常也会因数据交易双方的特征、数据应用场景、数据使用时限、数据权益转让方式等使具体的交易行为产生很大差异，因此数据要素市场中通常只存在"一对一"交易。

二、数据产品登记

数据产品登记凭证是数据要素市场中的核心制度工具，用于确认数据产品的合法性、权属及应用价值，为数据流通和资产化提供基础保障。

（一）数据产品登记凭证的作用

（1）明确权属与合法性。数据产品登记凭证是数据产品在数据交易所完成登记后获得的重要证明，明确了数据产品的权属关系，包括数据的所有权、使用权、经营权等，为数据产品交易提供了合法性和可信度的保障。特别是目前各地都将登记凭证上链存证，形成不可篡改的记录，通过区块链等技术实现数据产品的权属存证和全生命周期可追溯，确保交易中数据来源合法、权属清晰。

（2）保障交易安全。有助于交易双方了解数据产品的来源、质量、使用范围等关键信息，降低交易风险，避免购买到来源不明、质量低下或存在法律纠纷的数据产品。

（3）促进数据流通。登记凭证为数据产品进入市场流通提供了必要的前提条件，是数据产品从开发到交易的关键环节，有助于提高数据要素市场的活跃度，促进数据资源的优化配置和价值释放。同时登记凭证兼具信息存证、权益保护、场景探索等功能，并可作为融资、资产入表的依据。例如，云南振途公司的数据产品登记后，通过上海数据交易所实现质押融资和跨区域交易[①]。

（4）规范市场秩序。通过统一的登记流程和标准，对数据产品进行规范管理，确保交易的合规性，防止虚假数据产品、侵权数据产品等扰乱市场秩序，维护市场的公平竞争环境。

---

① 吴洁．昆企拿到全省首份数据产品知识产权登记证书［EB/OL］．［2025-4-12］．https://credit.km.gov.cn/680/85314.html

（二）数据产品登记凭证的申请流程

按照目前已有的有关数据产品登记的各类法规，如国家发展改革委和国家数据局于 2025 年 1 月印发的《公共数据资源登记管理暂行办法》、深圳市于 2023 年 6 月发布的《深圳市数据产权登记管理暂行办法》等，数据交易中数据产品登记工作通常由政府主管部门授权或委托当地的数据交易机构开展并发放凭证，一般申请流程包括以下环节：

（1）主体准入审查。数据产品的供应方需要提交企业资质、数据来源合法性等材料，完成实名认证及交易权限开通，成为合规的交易主体。

（2）信息填写与材料提交。供应方需填写数据产品的基本信息，如产品名称、描述、数据组成成分、来源方式、更新频率、底层数据维度与规模、数据产品的技术参数（如格式、规模、更新周期等）、应用场景说明等，以及数据产品自检报告、合规报告、权益归属声明及不涉密和不侵权承诺书等，并提交至数据交易所。

（3）数据产品审核。数据交易所对提交的登记信息进行形式审核，重点审核材料的齐全性、内容的完整性。审核内容包括数据来源的合法性、数据产品的可交易性、数据质量、合规评估报告等。同时，针对涉及特殊类型数据的产品，初审通过后还需提请相关专业机构进行复审，并出具合规性审核意见。

（4）公示与异议处理。审核通过后，数据产品的相关信息会在数据交易所的平台上进行公示，公示期一般不少于 7 个工作日。在公示期内，其他自然人、法人和其他组织可以对公示结果提出异议，并提供真实、必要的材料作为依据。数据交易所会自异议受理之日起 3 个工作日内受理及组织处理。

（5）颁发登记凭证。公示期满无异议的，由数据交易所或相关管理机构颁发数据产品登记凭证，并将相关登记信息进行公布，提供搜索、扫码等便捷的查询入口。

（三）数据产品登记凭证的基本规则

数据产品登记机构（通常是各地的数据交易所）主要按以下规则来评估和

判断是否可以向凭证申请主体发放数据产品凭证：

（1）登记主体资格。登记主体应是直接持有或管理数据资源的企业或机构，如供水、供电、公共交通等公用企业，或参与公共数据授权运营的法人组织，以及利用授权数据资源开发数据产品或服务的企业等。

（2）数据产品范围规则。可登记的数据产品包括数据集、数据接口、数据报告、数据应用等多种类型，涵盖了原始数据、衍生数据、数据服务、数据产品等多种形式，但要求数据产品具有明确的应用场景、使用范围和使用期限。

（3）数据来源合法性规则。申请登记的数据产品及其所使用的源数据必须通过合法合规的途径取得，如通过合法采集、交易、授权等方式获得，不得侵犯他人隐私、商业秘密等合法权益。

（4）质量与合规性规则。数据产品需要满足一定的质量要求，如准确性、一致性、完整性、规范性、时效性和可访问性等。同时，数据产品必须通过第三方专业机构的合规评估，确保其在法律、法规和监管要求方面的合规性，如符合《个人信息保护法》等相关法律法规。

（5）登记信息完整性规则。申请主体在提交登记申请时，需完整、准确地填写数据产品的各项信息，包括但不限于数据产品名称、类型、应用场景、数据来源、更新频率、使用限制等，并提供相关的证明材料，如数据资源情况说明、存证记录、数据安全风险评估报告等。

（6）公示与异议规则。数据产品的登记信息需要在指定的平台上进行公示，接受社会监督和异议反馈。在公示期内，若有人提出异议，登记服务机构需按照规定的程序进行受理和处理，若异议成立，则不予颁发登记凭证。

（7）凭证有效期与管理规则。数据产品登记凭证通常有一定的有效期，在有效期内，数据产品的登记信息发生变更时，如数据产品的更新周期、使用场景等，申请主体应及时向登记机构提交变更登记申请。凭证到期前，主体可以提交续证申请，并由数据交易所进行相应的审核。

总体来看，数据产品登记凭证通过确权、存证和规范流程，为数据要素流通提供了制度保障。但当前各地登记规则差异较大，而且其法律效力仍需司法实践进一步明确，技术标准与区域协同亦需加强。未来的数据产品登记需结合政策创新与技术迭代，推动数据从资源到资产的高效转化。

三、数据交易一般流程

尽管在当前各地的数据交易实践中，数据产品上市交易并非一定要先进行登记，但在国家大力推动数据产品登记的背景下，登记将成为数据产品进入交易市场的必经环节，但非充分条件。通过登记认证后，数据产品通常还需要补充合规评估和质量报告才能挂牌交易。不同类型的数据交易的流程也存在差异，下文以较为常见的"一对一"场内交易为例说明数据交易的基本过程，其大致包括3类流程及11个环节，如图2-3所示。

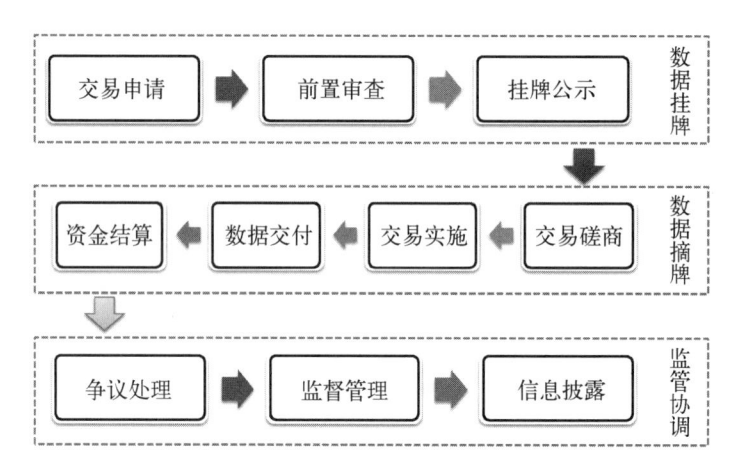

图 2-3　数据交易的基本流程

（一）数据挂牌流程

数据挂牌是数据卖方根据一定的流程和合规要求将数据产品上架并准备销售的过程，主要包括以下环节：

（1）数据出让申请的提交与审核。数据供方在向交易所提出数据出让申请时，需全面且透明地说明交易数据的各项关键信息，包括但不限于数据的来源、具体内容、适用范围及拟出让价格等。此外,数据供方还需提供对交易数据的详细概要描述和具有代表性的样本数据,以便于交易所对数据的基本情况进行初步了解和评估。例如,数据供方应明确指出数据是通过合法的自有业务运营收集的,还是经过授权获得的;数据内容是否包含敏感信息,以及这些敏感信息的处理方式;数据的使用范围是否有限制,以及拟出让价格的定价依据等。这些详细信息的提供,有助于交易所对数据的基本情况进行初步的评估和判断,同时也为后续的合规性审查和市场交易奠定了基础。

(2)交易所的监督与初步审查。数据交易所在收到数据供方提交的申请材料后,应依据相关法律法规,对数据供方所提供信息的合法性、完整性和准确性进行全面监督和严格审查。交易所不仅要确保数据供方及时、准确地披露了所有必要的信息,而且还要对供方自身的资质与拟出让数据的合规性进行初步筛查,这包括核实数据供方是否具备合法的数据收集和处理资质,数据来源是否符合法律法规的要求,以及数据内容是否涉及侵权等潜在问题。例如,交易所需确认数据供方是否按照《数据安全法》和《个人信息保护法》等相关法律法规的规定,对数据的收集、存储和处理进行了合法合规的操作;对于涉及个人信息的数据,是否获得了数据主体的明确授权等。通过这一阶段的审查,交易所能够初步筛选出符合基本合规要求的数据供方和数据产品,为后续的交易流程提供保障。

(3)信息公示与社会监督。在通过交易所的初步审查后,数据供方应在交易所指定的官方平台上对交易数据的相关信息进行详细公示。公示内容应包括数据的基本描述、来源说明、使用范围、出让价格及数据供方的联系方式等,以便于潜在的数据需求方和社会公众进行查阅和监督。公示期的设置应合理且充足,一般不少于规定的工作日天数,确保有足够的时间供社会各方提出疑问或异议。在公示期间,任何个人或机构若发现数据供方或拟交易数据存在问题,如数据来源不合法、数据内容存在错误或误导性信息等,均可通过交易所提供的渠道提出异议。交易所应建立专门的异议处理机制,对收到的异议进行及时、公正的调查和处理，并将处理结果反馈给异议提出者和数据供方。只有在公示期内未收到有效异议，或异议已得到妥善解决的情况下，数据产品方可正式进入下一步的交易流程。这一环节的设置，不仅增强了数据交易的透明度和公信力，而且有助于及时发现和纠正潜在的问题，保护数据主体的合法权益，维护数据交易市场的健康秩序。

（二）数据摘牌流程

数据摘牌就是数据实际交易的完全过程，主要包括以下环节：

（1）交易协商与订单生成。数据供需双方就交易数据的各项关键要素进行深入协商与明确约定，协商内容涵盖数据的具体内容、用途范围、使用范围界定、交易方式选择（如线上交易或线下交付）、使用期限设定及交易价格确定等重要条款，确保双方对交易细节达成一致，形成清晰、完整的交易订单。数据交易机构在收到交易订单后，需对其进行严格审核，确保交易订单符合法律法规和标准等合规性要求。审核重点包括但不限于数据用途是否合法、价格是否合理、交易方式是否合规等，以保障交易的合法性与规范性。

（2）合同签订与审查。在交易订单审核通过后，数据供方和数据需方应正式签订合同，以明确双方的权利和义务。合同内容应详细涵盖数据内容、数据用途、数据质量标准、交付方式（如数据传输的具体技术手段和时间安排）、交易金额及支付方式（可能是一次性支付或分批支付的具体安排）、交易参与方的安全责任划分（包括数据存储、传输和使用过程中的安全保障责任）、保密条款（对数据保密的具体措施和违约责任等）等内容。为确保合同的规范性和合法性，鼓励双方采用交易机构提供的标准化合同。数据交易机构需对合同进行合规性审查，审查内容包括合同条款是否完备、权利义务是否明确、是否符合相关法律法规等，以保障合同的有效性和可执行性。

（3）数据交付与确认。数据供需双方可根据自身情况和需求，选择自主进行数据交付，或通过专业机构协助完成数据交付。在数据交付完成后，数据供方应在数据交易机构的交易管理平台上及时发出数据交付完成确认，表明已按照合同约定完成了数据交付义务。同时，数据需方应在平台上发出数据接收完成确认，表示已收到并验收了交易数据，确保数据交付过程的透明性和可追溯性。这一环节的设置，不仅有助于明确双方的责任和义务，而且能为后续可能出现的争议提供有力的证据支持。

(4) 费用结算与凭证开具。数据需方应按照合同约定的支付方式和时间向数据供方支付费用。支付方式可能包括一次性支付、分批支付等多种形式，具体方式由双方根据交易实际情况协商确定。为确保交易资金的安全和结算的便捷性，供需双方可自主结算，也可选择通过数据交易机构的清算平台进行费用结算，或通过第三方支付机构完成费用结算。在费用结算完成后，数据交易机构应向双方开具交易凭证，作为交易完成的正式证明。交易凭证应详细记录交易的基本信息，如交易双方名称、交易数据的基本描述、交易金额、支付方式、交易时间等，以便双方进行财务记录和后续的交易管理。此外，供需双方可能需要向数据交易机构支付一定的佣金，作为交易机构提供服务的报酬，具体佣金比例和支付方式通常在交易开始前与交易机构协商确定，并在合同中明确约定。

（三）监管协调流程

数据交易机构承担着确保交易合法合规、保障各方权益、维护市场秩序的重要职责，需要建立完善、透明、有效的监管协调流程。

(1) 建立健全争议解决机制。数据交易机构应制定并公示明确的争议解决规则，提供多元化的争议解决途径。当数据供方和需方之间出现争议时，双方应遵循自愿原则，首先尝试自主协商解决；若协商未果，可申请数据交易机构介入，借助其专业能力和中立地位，公平、公正地化解争议。数据交易机构在解决争议过程中，应依据相关法律法规、交易规则和合同约定，提供调解、仲裁等服务，确保争议得到妥善解决。若机构内部的争议解决机制仍无法达成和解，双方还可进一步申请外部仲裁或向法院提起诉讼。

(2) 全程监测与核验交易活动。数据交易机构要对数据交易活动进行全方位、全过程的监测和核验，包括对交易数据的来源、质量、用途、使用范围、交易价格等关键要素的持续监控，以及对交易流程的合法性、合规性审查。一旦发现违法违规行为，如数据来源不合法、超范围使用数据、数据泄露等，交易机构应立即采取措施中断相关交易行为，防止损失扩大。同时，数据交易机构需建立完整的交易日志记录系统，详细记录交易过程中的各类信息，包括交易时间、交易双方信息、交易数据的描述、交易价格等，并确保这些记录的安全保存，一般保存期限为 20 年，以备后续可能的审计、调查或争议解决之用。

（3）信息披露以促进市场透明度。为提升数据交易市场的透明度和公信力，数据交易机构应在符合法律规范的前提下，积极推进信息披露工作。信息披露应遵循适度、合理的原则，既要保护交易双方的商业秘密和个人隐私，又要满足市场参与者对交易信息的合理需求。通常情况下，机构可定期或不定期披露一些汇总性的市场信息，如交易品种的分类和分布情况、不同行业的数据交易活跃度、平均价格水平及价格波动趋势、市场的整体发展趋势等。此外，在特定情况下，如出现重大交易、新型交易模式或政策调整对市场产生显著影响时，数据交易机构也应及时发布相关信息，帮助市场参与者作出更为准确的决策。

需要说明的是，在现实中不同的交易机构通常会采用不一样的流程。同时，数据交易机构可根据数据交易便利化和保障数据交易安全的需要，简化交易流程或增加其他必要环节，例如，《广东省数据流通交易管理办法（试行）》中明确规定数据资产登记程序分为普通程序和简易程序，普通程序包括申请、初审、复审、公示、凭证发放等；简易程序包括申请、审核、公开、凭证发放等。

第三章　数据要素市场生态及演进*

在数字经济条件下，产业创新正向网络化、协同化和生态化方向发展[1]。数据要素市场亦是如此，未来决定市场成败的不是某个机构、某个主体或某项制度，而是产业生态是否完整、机制是否健康、运作是否可持续。为此，本章将基于信息生态理论，剖析数据要素市场的内部结构和外部环境，并分析要素之间、要素与环境之间的互动，为数据要素市场研究提供新视野。

第一节　信息生态与数据要素市场

"生态"概念最早起源于生物学，研究的是生物与其环境的相互关系，表现为各类生物有机体与人类社会共同构成的环境系统[2]。强调系统的整体性和各类主体的关联性是生态研究的最大特征，该理念对其他很多学科也产生过重要的启发与影响，使得生态学与非生命科学的结合不断增加，形成了数学生态学、物理生态学、经济生态学等众多分支[3]。

---

* 本章主要内容已发表，参见：丁波涛.基于信息生态理论的数据要素市场研究［J］.情报理论与实践，2022，45（12）：36—41，59.
[1] 张昕蔚.数字经济条件下的创新模式演化研究［J］.经济学家，2019（7）：8—9.
[2] 王现丽，毛艳丽.生态学［M］.徐州：中国矿业大学出版社，2017.
[3] 项猛，王志刚.基于数字生态视角的数据要素市场治理策略研究［J］.新疆社会科学，2023（6）：54—61.

一、信息生态系统

信息生态（Information Ecology）的概念起源于1989年，由德国学者R.卡普罗最早提出，该理论从自然生物生态学衍生而来，认为信息生态是生态视角下信息在组织内流动所产生的关系[1]，其后该理论不断完善，并被广泛应用于信息学各领域。邦妮·A.纳迪（Bonnie A. Nardi）和维基·L.奥戴（Vicki L. O'Day）在《信息生态：用心使用技术》（*Information Ecologies: Using Technology with Heart*）一书中，将信息生态定义为在特定环境下由人、实践、技术和价值所构成的系统，其观点更强调使用技术实现价值[2]。托马斯·H.达文波特（Thomas H. Davenport）将信息生态定义为信息环境中人与组织的关系，并首次提出信息生态学的概念，将人的因素纳入信息生态研究的视野[3]。因此，信息生态学研究信息人、信息、信息环境之间相互影响和相互作用的关系[4]。

信息生态中包括多种要素并存在多种联系，构成一个复杂系统，即信息生态系统。靖继鹏指出信息生态系统是具备一定的自我调节功能的，由人、信息和信息环境等要素以及这些要素之间的相互联系构成的动态系统[5]，其理念是基于信息人、信息环境、信息之间的协调发展来研究其相互作用与联系，主要是围绕着信息的组织、控制和利用而运转[6]，用于解决在信息时代所出现的各类信息生态失衡现象[7]。信息生态系统中每个信息主体都直接或间接地依靠别

---

[1] Rafael Capurro. Towards an Information Ecology. Contribution to the NORDINFO International Seminar "Information and Quality" [J]. Royal School of Librarianship, Copenhagen, 1989 (8): 23–25.
[2] Nardi B A, Day V L. Information Ecologies: Using Technology with Heart [M]. Cambridge, Mass: MIT Press, 1999.
[3] Davenport T H, Prusak L. Information Ecology: Mastering the Information and Knowledge Environment [M]. New York: Oxford University Press, 1997.
[4] 靖继鹏，张向先.信息生态理论与应用[M].北京：科学出版社，2017.
[5] 靖继鹏.信息生态理论研究发展前瞻[J].图书情报工作，2009，53（4）：5—7.
[6] 刘洎.基于信息生态与知识生态结合运用的图书馆服务生态体系构建初探[J].公共图书馆，2014（1）：18—22.
[7] 卢剑波，杨京平.信息生态学[M].北京：化学工业出版社，2005.

的信息主体而存在，连同信息环境构成了其生态环境，并与其生态环境进行物质、能量和信息的交换，进而相互作用、相互依赖、共同发展[1]，从而形成了信息生态链。信息生态链的概念由生态学中"食物链"概念引申发展而来。信息生态链是指在信息生态系统中，不同种类信息主体之间信息流转的链式依存关系[2][3][4]。

二、数据要素市场的生态系统

随着信息生态理论的逐步成熟，人们开始将其用于信息管理的各个领域，形成了知识生态、数字生态和数据生态等新理论。特别是近十年来，社会数据总量急剧增长，大量信息以数字化形式存在，因此数据生态成为信息研究中的热点话题。正如有学者指出，信息生态学是在快速变化的社会和技术环境中理解数据、人和机器复合体的有力工具[5]。数据要素市场作为大数据领域的新生事物，有着复杂的内部构成和相互联系，利用信息生态学理论可对其进行系统和深入的揭示，从而为加快数据要素市场建设提供更丰富的理论支撑。

数据要素市场可以看作一个有机的生态系统，要实现数据要素市场的健康长远发展，就必须重点把握好整个市场的系统性、协同性和动态性[6]。因此利用信息生态理论开展数据要素市场生态分析的价值体现在：

其一，能有效分析数据要素市场的系统性特征。数据要素市场建设的核心

---

[1] 靖继鹏.信息生态理论研究发展前瞻［J］.图书情报工作，2009，53（4）：5—7.
[2] 娄策群，周承聪.信息生态链：概念、本质和类型［J］.图书情报工作，2007（9）：29—32.
[3] 李美娣.信息生态系统的剖析［J］.情报杂志，1998（4）：3—5.
[4] 马捷，孙梦瑶，尹爽，等.微博信息生态链构成要素与形成机理［J］.图书情报工作，2012，56（18）：73—77，81.
[5] Norris T B, Suomela T. Information in the Ecosystem: Against the "Information Ecosystem" [EB/OL].［2020-5-4］. https://firstmonday.org/ojs/index.php/fm/article/download/6847/6530
[6] 乔天宇，李由君，赵越，等.数字治理格局研判的理论与方法探索［J］.中国科学院院刊，2022（10）：1365—1375.

目的是促进数据要素的高效流通与优化配置，充分发挥数据的价值倍增效用和对高质量发展的赋能作用。这就要求人们统筹考虑数据要素市场的高效与有序、发展与安全、创新与监管等目标之间的关系，统筹好数据要素的创造、确权、开发、定价、交易、利用、收益分配及伦理审查、安全保障等各环节之间的关系。数据生态可促进数据流转、归属、确权和良性循环，并减少数据割裂、数据垄断等风险的发生[1]。为此我们必须采用信息生态理论对这一复杂系统进行全面分析，以构建一个高效便利、安全有序的数据要素市场体系。

其二，能有效分析数据要素市场的协同性特征。数据要素市场的参与主体众多，包括数据供需双方、数据交易场所、数据技术服务企业、第三方专业服务机构，以及行业组织、监管部门等。数据要素市场要实现高效有序发展，市场中的多元化主体必须紧密协作、相互配合，但由于不同主体间的内在特征和利益诉求千差万别。而生态系统常被用来隐喻利益相关者的复杂关系，采用信息生态理论才能更好梳理不同主体间的关系，分析如何实现不同主体间的高效协作。

其三，能有效分析数据要素市场的动态性特征。数据要素市场并非一个稳定和固化的系统，而是一个不断动态演化的体系。尤其是当前新一轮数字技术变革方兴未艾，经济技术发展形势日新月异，各种新产业、新业态、新模式不断涌现。在此背景下，数据要素市场自身将在内部要素和外部环境的作用下持续演进，需要利用信息生态理论来分析其演进的驱动因素和发展趋势。

有学者[2]指出，数据生态可促进数据流转、归属、确权和良性循环，并减少数据割裂、数据垄断等风险的发生，其发展涉及数据提供者、数据中介、赋能者、数据消费者等多个主体，并处于一个不断动态演化、自组织的、可持续的

---

[1] Reichman O J, Jones M B, Schildhauer M P. Challenges and Opportunities of Open Data in Ecology [J]. Science, 2011, 331 (6018): 703-705.
[2] Reichman O J, Jones M B, Schildhauer M P. Challenges and Opportunities of Open Data in Ecology [J]. Science, 2011, 331 (6018): 703-705.

系统中。可见生态体系对于数据要素市场建设具有重要作用，因此国家及各地在推动数据要素市场建设和制定相关政策法规时，都将生态体系打造作为重要内容。中央于2022年12月发布的"数据二十条"明确提出"培育数据要素流通和交易服务生态。围绕促进数据要素合规高效、安全有序流通和交易需要，培育一批数据商和第三方专业服务机构"。北京于2023年6月发布的《关于更好发挥数据要素作用进一步加快发展数字经济的实施意见》提出"发展数据流通服务业，培育一批专业数据流通服务商、数据经纪商和第三方服务机构，规范开展数据资产评估、数据经纪、数据托管、数据金融、合规咨询等专业服务，打造服务全国的数据流通交易产业生态"。上海2023年发布的《立足数字经济新赛道推动数据要素产业创新发展行动方案（2023—2025年）》提出"营造发展新生态，增强数据产业综合支撑"。2022年深圳数据交易所推出"数据要素生态圈计划"，聚集数据提供方、场景应用方、数据监管方、技术服务方及法律合规机构等生态参与方，以数据生态共建需求为导向，围绕数据治理、数据安全、数据交易等核心问题及行业痛点组织高质量交流与探讨，稳步构建覆盖数据交易各环节、全链条的市场生态圈。

第二节　数据要素市场的信息生态系统构成

信息生态系统是由信息（信息本体）、人（信息主体）、环境（信息环境）所组成的具有一定自我调节功能的人工系统。为此本章借鉴此三元结构模型，将数据要素市场解析为信息本体、信息主体和信息环境，如图3-1所示。

一、信息本体

数据要素市场中的信息本体就是数据。然而由于数据要素具有质量难检验、

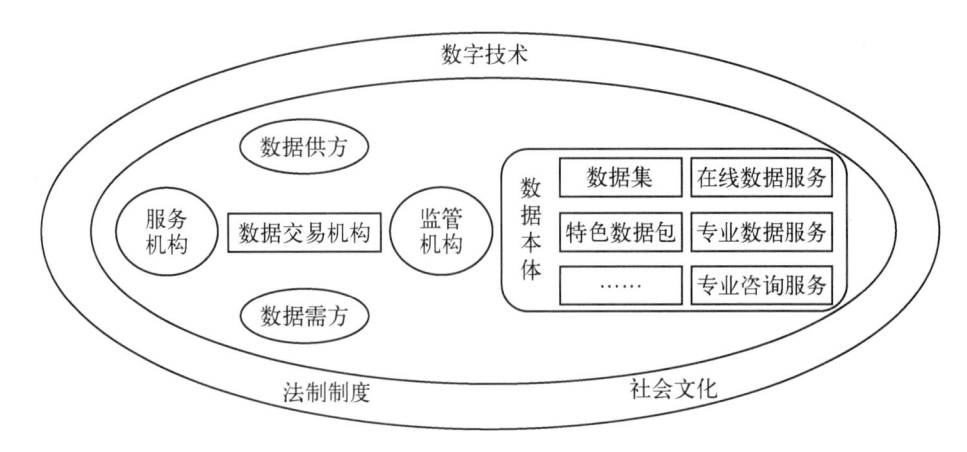

图 3-1　数据要素市场的数据生态系统框架

权属难确定、潜在负外部性等特点[①]，在具体交易中信息本体（即交易对象）既有原始数据集，也有其他多种形式，包括：

（1）数据集：既包括完整的原始数据集，也包括以数据沙箱等形式提供"可用不可见"的加密数据服务。

（2）特定数据包：如数字货币、非同质代币（Non-Fungible Token，NFT）、软件代码等，此类数据的价值不在于数据本身，而在于数据所承载的特定经济、社会或技术功能。

（3）在线数据服务：不直接提供完整原始数据集，而是以在线服务的方式提供数据检索、下载等服务，典型如 CNKI、维普等学术数据库服务。

（4）专业数据服务：如数据采集服务，采集完毕后数据资源归买方所有。

（5）专业咨询服务：以数据为基础，结合特定专业背景，通过数据开发分析而形成的数据分析报告、行业解决方案等。

未来随着数据要素市场不断发育和成熟，信息本体的形式必将更为丰富，数据的未来收益（数据 IPO）、数据金融产品、数据综合解决方案等也可能成为

---

① 王琳. 数据交易场所的机制构建与法律保障：以数据要素市场化配置为中心［J］. 江汉论坛，2021（9）：129—137.

交易对象。

二、信息主体

信息主体是各类数据市场活动的承担者，根据其功能可分为四类：

(一) 数据供需方

一是数据供方，指拥有数据资源，且有权合法出售数据的机构或个人。他们可以是政府部门（如开放政务数据）、企业（如公司运营数据）、科研机构（如研究数据）或个人（如个人创作内容等），掌握着多维度、多样化的数据资源，可将其合法开放或出售，以实现数据的价值。

二是数据需方，指对数据有明确需求，能够支付相应费用并具备保障数据安全能力的机构或个人。通常包括各类企业（如用于精准营销、风险评估等）、金融机构（如信贷风险分析）、科研单位（如学术研究数据）等，他们通过购买或获取数据来支持自身业务决策、创新活动或服务优化等。

(二) 数据交易机构

数据交易机构的主要职责是为数据集中交易提供场所、设施和服务。具体职能包括制定交易规则，以规范交易流程和行为；进行数据交易登记，确保交易的可追溯性和透明度；开展数据及交易合规性审查，保障数据来源合法、交易过程符合法律法规要求；负责交易资金结算，保障资金安全和交易的顺利完成等。常见的数据交易机构有上海数据交易中心、深圳数据交易所等，为数据交易提供了一个安全、可靠的环境。

(三) 交易服务机构

交易服务机构主要是为数据交易提供专业、高效的第三方服务，助力数据交易的顺利进行。可分为以下几个类别：

(1) 买卖撮合的中介机构。如数据经纪公司等，通过专业的平台和渠道，为数据供方和需方提供信息匹配、交易撮合等服务，促进数据交易的达成。

(2) 数据评估服务机构。如提供数据合规性、数据质量、数据价格等评估服务的专业机构，通过对数据的多维度评估，为交易双方提供客观、公正的参考依据，帮助他们作出合理的交易决策。

（3）专业咨询机构。涵盖法规、商业、技术等领域的专业咨询机构，为数据交易提供全方位的咨询服务，解答交易过程中涉及的法律法规、行业规则、技术应用等问题，为交易双方提供决策支持。

（4）专业技术服务机构。提供数据加工、数据交付、资金结算等专业服务的机构，协助交易双方完成数据的预处理、交付以及资金的结算等操作，确保交易的顺利进行。

（四）数据市场监管机构

数据监管机构对保障数据市场的合法、有序运行具有重要意义，从机构属性上可分为行业自律机构和政府监管机构。其中，行业自律机构一般由各类行业协会承担，在行业内发挥着制定自律规范、引导企业合规经营、调解行业纠纷等作用；政府监管机构则包括网络信息安全、信息化、市场等管理部门，依据相关法律法规，对数据市场进行宏观监管和执法检查。

从监管职能上可分为数据安全监管机构，主要负责监管数据的存储、传输、使用等过程中的安全问题，防止数据泄露、篡改等安全事件发生；数据市场监管机构，主要负责规范数据交易市场秩序，打击不正当竞争、垄断等违法行为，保护市场公平竞争环境等。

三、信息环境

数据要素市场的信息环境是数据要素市场得以存在和正常运行的各类外部要素和社会支撑体系。具体包括以下几个方面：

（一）技术环境

技术环境主要涵盖支撑数据要素市场的各类技术及应用、系统和平台。云计算技术为数据要素市场提供了强大的计算能力和灵活的资源配置，使得数据的存储、处理和分析更加高效便捷。区块链技术以其不可篡改、可追溯和去中心化的特点，能够确保数据交易的安全性和可信度，有效防止数据造假和泄露等问题，为数据确权、交易记录等提供了可靠的解决方案。隐私计算技术则在保护数据隐私的前提下，实现了数据的共享和流通，使得数据在不同主体之间的交易更加安全可靠。此外，数据交易平台是数据交易的核心载体，为交易双方提供了便捷的交易渠道和规范的交易流程。交易服务系统则涵盖了数据的发布、查询、撮合等一系列服务功能，促进了数据交易的高效进行。交易监管系统则对数据交易的全过程进行监控和管理，保障了数据交易的合法性和合规性。

（二）法治环境

法治环境是数据要素市场健康发展的法律保障。首先，明确规定数据的权属是数据交易的基础。只有当数据的所有权、使用权、收益权等权利边界清晰时，交易双方才能在法律的框架内进行合法合规的交易。其次，规范市场秩序的相关法律规范能够防止不正当竞争、垄断等行为的发生，营造公平、有序的市场环境。数据安全法律规范则着重于保护数据在存储、传输和使用过程中的安全性，防止数据泄露、篡改等安全事件对交易双方造成损失。此外，随着数据跨境流动的日益频繁，相关的法规、政策需要对数据的跨境传输进行严格监管，确保国家信息安全和公民个人隐私不受侵犯。

（三）社会环境

社会环境为数据要素市场的成长提供了土壤和养分。专业的人才队伍是数据要素市场发展的关键，他们不仅具备数据技术、数据分析等专业技能，而且了解法律规范和市场规则，能够为数据交易提供专业的服务和支持。数据文化和社会认知的普及则有助于提高公众对数据要素市场的认知度和认同感，促进数据交易的广泛应用。政府和企业对数据的重视程度也会影响数据要素市场的发展，例如政府大力推进政务数据的开放共享，企业积极参与数据交易等。此外，金融服务为数据交易提供了资金支持和风险保障，提高了数据要素市场的活跃度。社会服务则涵盖了数据咨询、数据评估、数据经纪等多个方面，为数据交易提供了全方位的服务支持。

第三节 数据生态系统的演进

数据要素市场的数据生态系统并非静态的,而是处于持续演进之中。在技术进步、市场需求变化等多因素驱动下,数据生态系统不断优化内部结构和功能,实现从低层次平衡状态向高层次平衡状态的跃迁,带动数据要素市场成长。这种跃迁能够有效带动数据要素市场的成长。一方面,数据生态系统内部的优化使得数据的质量和可用性得到提升,为数据要素市场提供了更丰富的"原料";另一方面,数据生态系统的高效运行促进了数据要素市场的供需匹配,提高了市场的交易效率。同时,随着数据生态系统的不断发展,市场参与主体的创新能力和竞争力也会得到提升,从而进一步推动数据要素市场的繁荣。

一、数据要素市场信息生态系统的演进机制

信息生态系统的进化是一个复杂而长期的过程,是系统内外多方面共同作用的结果。外部环境变化引起系统内部因子变化,在各个因子之间的相互作用下,信息生态系统发展经历"平衡—失衡—再平衡"的突变。参考相关研究[1],其演进机制如图 3-2 所示。

(一) 外部因素

影响信息生态系统的外部因素包括技术、社会、制度等方面:一是数字技术的发展与创新将改变数据的创造、处理、传播和使用方式,同时激发主体对数据的兴趣和需求,改变信息主体的类型、数量和结构;二是社会因素,包括数据思维、数据文化等,主要对信息主体产生直接影响,改变社会主体的数据创

---

[1] 李北伟,季忠洋,朱婧祎.大数据生态系统构建机制研究:以阿里巴巴为例[J].情报科学,2018,36 (2):43—47.

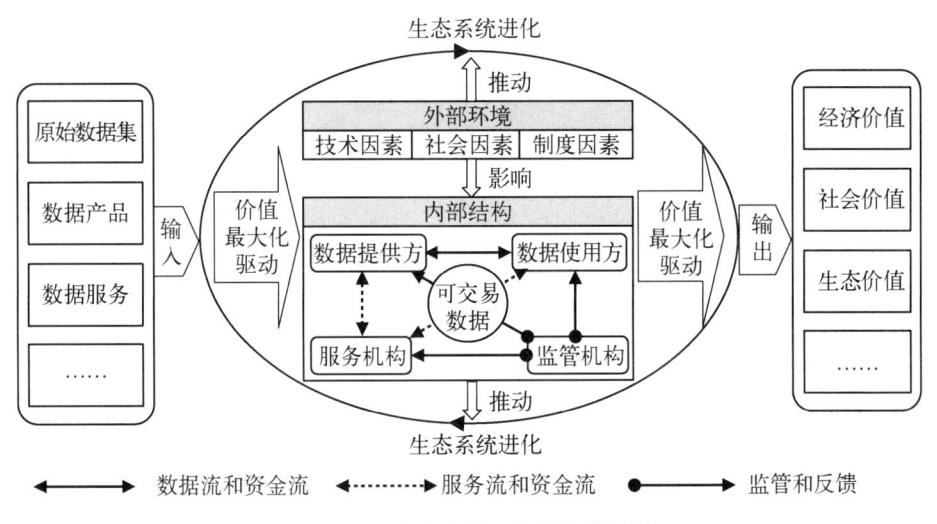

图 3-2　信息生态系统的演进机制

造、加工、获取等行为，进而间接影响生态系统中的数据数量和质量；三是制度因素，包括与数据相关的政策、法规、标准、规范等，制度因素将调整和规范社会主体的数据活动及信息主体之间的关系。

（二）内部因素

外部因素变化引发信息本体的变化，首先体现为数据规模的迅速增长。根据国际权威机构 Statista 的数据，2020 年全球数据产生量达到 47 ZB，而到 2035 年将达到 2 142 ZB[①]。但就数据要素市场而言，更重要的变化是可交易数据的不断增长，这既归因于社会数据总量迅速攀升带来的可交易数据基数扩大，也因为外部技术环境、制度环境的完善使更多数据能够安全合规地进入数据市场。

外部因素的变化也对信息主体产生影响，改变信息主体的数量、类型以及相互关系。由于数据资源的快速增长及其价值的不断显现，数据供给者和需求者都大为增加，正如著名大数据专家涂子沛所言，数据将成为未来经济发展的基

---

① 中国信息通信研究院. 大数据白皮书（2020 年）[EB/OL]. [2022-3-20]. http://www.caict.ac.cn/kxyj/qwfb/bps/202012/t20201228_367162.htm

石工具，每一家企业都会变成数据公司①。同时，各类专业服务机构和监管部门也开始产生，而且各类主体之间的关系将更为紧密和复杂。

在上述内部因素中，可交易数据量在相当程度上决定了市场中数据供给者、数据需求者、第三方服务机构、数据监管机构的数量，决定了主体之间的关系，也决定了数据要素市场的可持续发展，可视为信息生态系统的首发因子。首发因子率先变化，并和相关因子相互作用，推动生态系统演进②。

(三) 演进过程

数据要素市场生态系统的演进并非不定向的，而是以其背后的经济规律为牵引，以实现信息资源效益最大化为根本目标。为此，生态体系中的信息环境、主体和数据链结构不断演进，推动数据要素市场由不发达市场转向发达市场：

一是信息环境向有利于提高数据交易效率、降低交易成本和保障交易安全的方向演进。从技术因素上讲，隐私计算、区块链等新型数字技术可以实现高效和安全的数据交易；从社会因素上讲，大数据思维、数据合规意识、数据质量观念的增强有助于提高数据要素市场效率；从制度因素上看，数据治理、数据市场、数据安全等法规的制定和完善，为数据要素市场的平衡有序运行提供了保障。

二是信息主体更为多元，特别是各类中介、评估、咨询、交付等专业服务机构，以及政府、行业性监管机构的出现，能够有效消除数据市场中交易双方的信息不对称、降低交易风险，实现数据供需的高效匹配。尤其数据要素自身具有的灵活衍生、强效用敏感、成本收益难以度量等特点，导致供求主体之间难以就数据产品价格达成共识③，无法形成市场均衡，因此数据交易往往必须借

---

① 唐柳雯. 大数据专家涂子沛：未来的企业都将是 IT 的企业 [EB/OL]. [2024-10-6]. https://www.chinanews.com.cn/cj/2013/12-23/5650756.shtml
② Zago M, Bardelli T, Rossetti L, et al. Evaluation of Bacterial Communities of Grana Padano Cheese by DNA Metabarcoding and DNA Fingerprinting Analysis [J]. Food Microbiology, 2021 (93): 103613.
③ 孔艳芳，刘建旭，赵忠秀. 数据要素市场化配置研究：内涵解构、运行机理与实践路径 [J]. 经济学家，2021 (11): 24—32.

助于第三方机构。

三是信息链由少量环节变为多个环节、由线性结构变为网状结构、由单向链条变为多向链条。信息主体多元化使得主体之间的关系更为复杂，数据要素市场中的数据流转路径选择更为灵活和多变，同时市场信息的反馈内容和反馈链条也更加丰富。信息链的复杂化，其一延长了数据价值链，拓宽了数据增值空间；其二强化了市场选择机制，淘汰落后数据产能，激励高质量数据供给；其三增强了信息生态系统的自我组织、调节与修复能力，提高了信息要素市场的安全性、可靠性和稳定性[1]。

二、数据要素市场生态系统的形成

信息生态系统的演化是信息主体不断适应外部信息环境变化，优化自身结构与功能，从而实现到达信息生态链新的稳定阶段，其演化发展以信息资源有效配置为最终目标[2]。信息生态系统的形成有三个主要标志：具有一定数量不同功能的网络信息主体；网络信息主体之间的关系已具雏形；能实现基本的信息流转功能[3]。

（一）信息主体达到一定密度

在信息生态链中，信息主体的密度必须达到一定程度，信息生态链才能正常运行，主体密度过低，容易导致信息生态链运转不畅，甚至发生断裂或崩溃[4]。国内早期成立的一些数据交易机构，其数据交易规模之所以不能扩大甚至

---

[1] Fors I M, Ibáñez J F E, Schondube J E, et al. The Urban Contrast：A Nationwide Assessment of Avian Diversity in Mexican Cities [J]. Science of The Total Environment, 2021 (753)：141915.

[2] 李北伟，靖继鹏，王俊敏，等.信息生态群落演化过程研究 [J].情报理论与实践，2010，33 (4)：1—5.

[3] 娄策群，江彦，韩艳芳.网络信息生态链形成的主要标志与发育过程 [J].情报理论与实践，2015 (6)：1—5.

[4] 马海群，李钟隽，张涛.数据新闻信息生态链形成、演替及运行价值分析 [J].科技情报研究，2021 (3)：48—59.

出现萎缩，主要原因在于信息主体密度不足，使得数据市场难以持续发展。信息主体密度应从两方面衡量：

一是数量较为丰富，能提供大量高质量数据的供应者、具有较强数据购买意愿的需求者，以及能开展高水平服务的第三方机构都应达到一定数量。

二是类型较为多元，基本类型的信息主体都已齐备，特别是支撑数据交易得以高效规范开展的各类第三方服务机构得到充分发展，能提供中介、评估、咨询和专业技术等服务。

（二）信息主体之间存在强关系

信息主体之间存在着共生、竞争、合作等关系，其中共生是弱关系，而竞争和合作是强关系[①]。在数据要素市场发展早期，信息主体密度较低，少数主体缺失就会造成整体生态链崩溃，因此主体间主要体现为纵向共生关系，如数据供方、第三方服务机构、数据需方形成相互依赖。而随着主体密度增加，同一类型主体内部之间，以及不同类型主体之间的关系将出现紧张化，因此相互之间的关系向两个方向的强关系演进：

一是竞争关系，包括同一类型主体之间的竞争，如同类数据提供者竞争数据客户、同类数据需求者竞争优质数据、服务机构同行竞争服务订单等；数据生态链上下游之间的竞争，如数据提供者故意提高数据价格，数据需求者故意压低数据价格等。竞争的结果是竞争能力强的主体得以充分发展，竞争能力弱的主体逐渐被边缘化。

二是合作关系。适度的竞争对于促进数据要素市场的发育，无疑是十分必要的，但过度竞争也可能造成所有主体利益共同受损，因此机构间在竞争的基础上往往会出现一定形式的合作，如数据供应者或数据需求者建立行业组织或协商机制，避免任意抬价或压价行为；数据供需双方或数据供需方与第三方服务机构建立长期合作机制，减少不必要的市场博弈。

---

① 杨小溪.网络信息生态链价值管理研究[D].武汉：华中师范大学，2012.

竞争与合作关系的出现，使得信息主体之间紧密联系、彼此促进、相互依赖、共同成长，微观上有利于推动各类机构的创新与发展，宏观上有利于促进信息要素市场的成熟、稳定和可持续。

（三）形成较为密集和通畅的数据流

信息流顺畅运转是信息生态链形成的重要指标。对数据要素市场而言，信息流应当具有更广义的理解，既包括数据流，还包括与之相关的权益流、资金流及交易信息等。数据要素市场生态链的价值在于促进数据、权益和资金的通畅、高效和安全流转，使得生态链上的各个主体对数据、资金的需求得到满足。而这些市场要素的流动，反过来也会促进各类信息主体的孕育和成长，密切主体之间的联系，推动价格、供求和竞争等市场机制的形成，从而加快数据要素市场发展。

第四节　生态系统视角下的数据要素市场发展

信息生态系统的演进将推动数据要素市场发展。参照相关研究成果[1]，本章将数据要素市场发展分为导入期、形成期、成熟期、变革期（可能为优化或衰退）等阶段，如图3-3所示。

一、市场导入期

数据要素市场化既是数字经济的新现象，又是市场经济的新问题[2]。一方面互联网、云计算、物联网等新兴数字技术的普及产生了海量的数据资源；另一

---

[1] 王晰巍，王韦玮，叶乃溪，等.网络团购中信息生态系统的演进及案例研究［J］.情报科学，2013，31（8）：125—131.
[2] 何玉长，王伟.数据要素市场化的理论阐释［J］.当代经济研究，2021（4）：33—44.

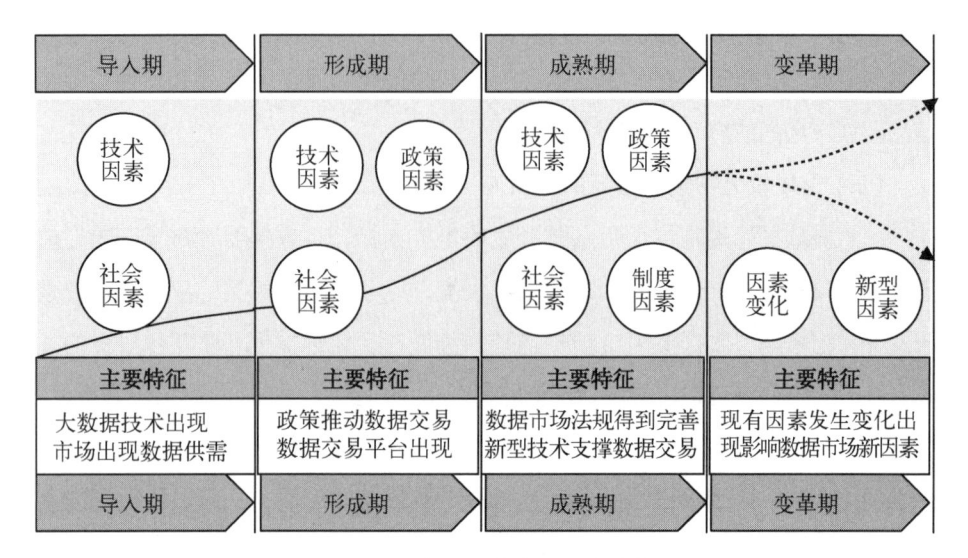

导入期	形成期	成熟期	变革期
技术因素 社会因素	技术因素 政策因素 社会因素	技术因素 政策因素 社会因素 制度因素	因素变化 新型因素
主要特征	主要特征	主要特征	主要特征
大数据技术出现 市场出现数据供需	政策推动数据交易 数据交易平台出现	数据市场法规得到完善 新型技术支撑数据交易	现有因素发生变化出现影响数据市场新因素
导入期	形成期	成熟期	变革期

图 3-3 数据要素市场演进阶段

方面经济的数字化转型又带来了巨大的数据供给及数据需求，数据要素市场由此萌生。在这一时期，数据交易多由数据供方和需方自主进行，虽然国内外都出现了一些网上的数据交易平台，如 Acxiom、Qlik、数据宝、聚合数据等，但这些平台主要是发挥信息汇聚、在线沟通、数据传输等技术性功能，既缺乏成熟的商业模式，又缺乏合法性和权威性。随着数据规模和供需主体的不断扩大，特别是可交易数据的迅速增长，这种自发开展的数据交易已无法满足社会需求，信息生态系统出现失衡，推动数据要素市场发展进入下一阶段。

二、市场形成期

形成期的重要标志是专业化数据交易机构的出现。2015 年 4 月，全国也是全球首家数据交易场所——贵阳大数据交易所正式成立，引发数据交易机构设立热潮。我国并非全球大数据产业最为发达的国家，贵州的数字化水平也远落后于东部地区，我国数据要素市场之所以能够快速发展，主要得益于各地政府对大数据产业的重视。因此，我国的数据要素市场并非自身"发育"出来的，而在很大程度上是由政府"培育"出来的,政策因素是数据市场发展的重要推动力量,但政策推动形成的市场往往超前于数据要素化进程。在这一阶段,由于相关制度的缺失,可交易数据的增长并未跟上数据交易机构的发展速度,各地都出现"有市无数"的状况,由此引发新的失衡,驱动数据要素市场向纵深演进。

三、市场成熟期

大数据时代的社会数据资源是极为丰富的,之所以出现可交易数据不足,主要归因于数据确权、数据安全等制度的缺失,造成数据无法商品化。然而数据要素往往附着于复杂的社会关系之上,能够永久保存的特质导致其有着漫长的衍生链条[1],数据确权及全生命周期安全保障并非易事。"数据二十条"提出建立数据资源持有权、数据加工使用权、数据产品经营权"三权分置"的数据产权制度框架,这是我国甚至全球首次在国家层面上对数据产权作出制度性安排,也将是我国未来探索数据权益保障的根本性指导方针。然而,"数据二十条"虽然层级很高,但毕竟只是政策,并非成文法律。近年来上海、深圳等地在上位法缺失的情况下,对数据确权进行了立法探索,如2021年11月发布的《上海市数据条例》中规定了信息主体对合法获取和处理的数据具有相应的财产性权益,为数据确权提供了法律依据。

同时,在数字化转型浪潮中,区块链、联邦计算、数据沙箱等新兴技术的融合应用,为数据全生命周期安全管理提供了创新性技术框架。这些技术通过分布式账本的不可篡改性、多方安全计算的隐私保护机制,以及隔离环境下的数据处理能力,实现了从数据的产生、采集、存储、处理、传输、共享到最终销毁的全流程安全管控。这种技术协同效应不仅有效解决了数据要素流通中的信任难题,而且为构建数据驱动的数字经济生态提供了底层安全支撑,推动数

---

[1] 蒋洁.培育发展数据要素市场的疑难问题与法律应对[J].图书与情报,2020(3):22—24.

据资源向安全可控的数据资产转化，为数字时代的隐私保护与价值挖掘提供了平衡路径。

制度创新释放大量数据进入市场，反过来也促进市场自身的发育：机构层面上，表现为各类专业服务机构的出现、监管机构的设立；规则层面上，表现为数据资产、数据质量、数据合规性等制度和规范的确定；运作层面上，表现为数据供给主体、数据需求主体、数据服务主体之间出现竞争，最终推动市场变得更为成熟。

四、市场变革期

成熟期之后，或因技术、经济、政策、制度变化，或因市场竞争加剧，数据要素市场发展将出现分化，一些不能适应环境变化或竞争力较弱的数据市场发展停滞甚至倒闭，进入衰退期，而另一些数据要素市场通过技术创新和模式创新实现优化升级，进入新的上升期。

需要说明的是，上述四个阶段是一种理想模型，实际中的变革期存在于每个阶段之后。也就是说，每一次生态系统的平衡、失衡到再平衡的转折过程中，数据要素市场都面临着变革与挑战，有些数据交易机构从此消亡，而另一些则浴火重生。纵观国内数据市场发展，2015年至今成立的近30个数据交易机构中，大多数已停止运作，其他也多是惨淡经营。如贵阳大数据交易所成立之初提出未来3—5年日交易额将会达到100亿元，但之后这一目标逐渐降低，从"日交易额100亿元"变成"全年力争突破亿元"，2018年之后不再公布交易额[①]。可见，对数据要素市场而言，变革期的挑战是十分残酷的。经过反复筛选与淘汰，最终将出现少数几家机构控制全国数据交易市场的格局，这也符合市场发展的一般规律。

---

① 王林.大数据"交易自由"还有多远[N].中国青年报，2022-03-01(6).

第五节　数据要素市场生态治理的对策建议

一、本章小结

本章借助信息生态理论，深入剖析数据要素市场的信息生态系统的结构、形成及演进，最终得出以下结论：

（1）数据要素市场生态系统本质上是一种复杂系统，由信息本体、信息主体和信息环境三个关键要素共同构成。信息本体即数据要素市场的核心内容，涵盖各类数据资源及其相关的信息产品和服务；信息主体则是市场的参与者，包括数据的供给方、需求方、交易机构、服务机构及监管机构等；信息环境是市场运行的外部条件，包括技术环境、政策法规环境、社会经济环境等。随着数据要素市场的不断发展和演进，生态系统中的信息环境、信息主体和信息本体及其相互关系将变得更为多元和多变，呈现出高度的复杂性和动态性。

（2）数据要素市场生态系统的演进过程是由外部环境变化引发内部因子变化，进而经历"平衡—失衡—再平衡"的循环过程。在这个过程中，可交易数据量是决定其他因子变化的首发因子。当可交易数据量增加时，会引发信息主体行为、信息环境等其他因子的连锁反应，推动生态系统从原有的平衡状态向新的平衡状态转变。数据要素市场生态系统的形成通常有三个标志：一是信息主体具有一定密度，即市场上有足够多的参与者；二是主体之间形成竞争与合作关系，这种相互作用促进了市场的活跃和发展；三是形成较为密集的数据流、资金流、服务流，表明市场的运行效率和活力较高。

（3）生态系统的演进过程推动了数据要素市场的发展，这一过程可以划分为导入期、形成期、成熟期和变革期四个阶段。在导入期，数据要素市场刚刚起步，生态系统中的各要素逐渐形成；在形成期，市场参与主体逐渐增多，交易活动日益频繁；在成熟期，市场运行稳定，生态系统趋于平衡；在变革期，由于技术进步、政策调整等外部环境变化，生态系统再次失衡，市场面临新的挑战和变革。每一次生态系统从平衡、失衡到再平衡的转折过程中，数据要素市场都面临着巨大的变革与挑战，同时数据交易机构也面临着严格的筛选与淘汰机制，只有适应市场变化、具备核心竞争力的机构才能在激烈的竞争中生存下来，从而推动整个数据要素市场向更高层次发展。

二、对策建议

为此，笔者对于我国数据要素市场生态治理工作提出以下建议：

其一，推进数据要素市场建设时，应突破仅注重数据交易机构和平台设施建设的局限，着力构建一个综合生态系统。该系统需融合完备的制度体系、先进的技术平台、多元的交易主体、专业的服务机构，以及丰富的数据资源。同时，注重平衡各要素之间的关系，实现协同互动，以促进生态系统的整体发展。在制度体系方面，应加强法律法规建设，明确数据产权、交易规则和监管要求，为市场运行提供坚实的法律保障。技术平台方面，需加大研发投入，推动云计算、区块链、隐私计算等前沿技术的应用，提升数据存储、处理和交易的安全性和效率。多元交易主体的培育则需要降低市场准入门槛，吸引更多企业、机构和个人参与数据交易，形成活跃的市场氛围。专业服务机构的发展应鼓励数据评估、法律咨询、技术培训等中介机构的壮大，为市场提供全方位的配套服务。此外，还需不断丰富数据要素的种类和质量，提高数据的可用性和价值。

其二，在数据要素市场建设进程中，强化对数据供需主体和专业服务机构的培育至关重要。应采取有效措施吸引更多主体参与数据市场，营造公平、公正且充分竞争的市场环境。这不仅能够加快数据流、服务流和资金流在市场中的循环速度，而且能显著提升数据市场的成熟度。通过政策激励、优化服务等手段，鼓励各类主体积极参与数据交易，激发市场活力。政府可以通过税收优惠、财政补贴等政策工具，降低企业参与数据交易的成本，提高其积极性。同时，加强对市场的监管，打击不正当竞争行为，维护公平的市场秩序。此外，还应建立数据交易的标准和规范，促进数据的互联互通和共享，提高数据的流动性和利用效率。通过举办行业论坛、培训活动等方式，提升市场主体的数据素养和交易能力，进一步推动市场的健康发展。

其三，数据交易机构必须敏锐洞察技术、制度和社会环境的动态变化，以及这些变化对数据要素市场的潜在影响。特别要关注机构自身发展与可交易数据量增长的适配性，适时推动机构在组织架构、运营模式、交易规则和技术平台等方面进行创新与变革，以维持其在市场中的持续竞争力。推动数据交易机构的数字化转型，利用人工智能、大数据分析等技术提高交易效率和服务质量。数据交易机构应加强对市场趋势的研究和分析，及时调整战略规划，以适应不断变化的市场环境。例如，随着数据量的快速增长和数据类型的日益丰富，交易机构需要不断优化其技术平台，提升数据处理和分析能力，以满足市场需求。在组织架构上，可以探索更加灵活的团队设置，培养跨部门协作能力，提高机构的应变能力。运营模式方面，可以尝试引入新的交易模式，如数据订阅服务、数据共享联盟等，丰富交易形式，拓展市场空间。交易规则的制定应更加注重灵活性和适应性，根据市场发展及时调整和完善，确保交易的公平性和透明度。同时，数据交易机构还应加强与高校、科研机构的合作，开展产学研联合项目，共同攻克数据交易中的技术难题，推动行业的技术创新和进步。

第四章 数据要素市场治理模式*

流通产业市场治理结构和市场行为之间是因果关系、决定关系，一般是由前者决定后者，同时市场行为与市场绩效又有着密切的相关性[1]。因此，要推动数据要素市场高质量发展，首先需要构建科学高效的市场治理机制。市场治理机制是指一种旨在降低市场交易成本、提高交易效率和形成稳定市场预期的制度安排，涉及政府、企业、个人和市场之间相互协调的关系，最终目的是实现资源的高效配置[2]。可见，市场治理机制是数据要素市场培育与发展中的重要课题。为此，本章以数据要素的高效配置为目标，探讨数据要素市场治理的模式及其现状与问题，并提出相应对策建议。

第一节 数据要素市场治理的意义与作用

随着我国数据要素市场进入快速发展阶段，其治理需求日益凸显。这一需求

---

* 本章主要内容已发表，参见：丁波涛. 我国数据要素市场治理的模式、现状与对策[J]. 信息资源管理学报，2024，14（2）：29—40.

[1] 杨曦，薛洋. 我国流通产业市场治理结构及运行分析[J]. 商业经济研究，2017（1）：28—30.

[2] 保建云. 中国经济转型期的区域市场治理机制及其演变[J]. 学术研究，2004（4）：72—76.

既源于市场自身的结构性矛盾,也涉及技术、制度与全球化等多重挑战,如产权界定难题、定价机制缺陷、合规风险高企等。在此背景下,我国要通过加强数据要素市场治理破解市场非均衡性、制度模糊性、安全脆弱性、技术复杂性与全球化竞争等矛盾,通过进一步强化区域协同治理、完善动态监管框架、推动技术与制度深度融合,以实现"数据供得出、流得动、用得好"的目标,支撑数字经济高质量发展①。具体而言,数据要素市场治理的作用体现在以下方面:

(1) 保障数据要素市场的公平与效率。数据要素市场治理有助于优化数据资源配置,通过明确的数据产权界定、合理的定价机制和有效的市场监管,引导数据资源流向最有效率的生产环节和应用领域,避免数据资源的浪费和冗余。例如,合理的定价机制能够确保数据要素在市场中的公平交易,促进数据资源的优化配置,提升整个社会的经济效率。

(2) 保护数据主体的合法权益。随着数据的广泛收集和使用,个人隐私和企业商业秘密面临着前所未有的风险。市场治理通过制定严格的数据保护法律法规和监管政策,确保数据收集、存储、处理和共享过程中的合法性与合规性,防止个人信息被非法获取、滥用或泄露,保护个人的隐私权和信息安全,同时也保障企业的数据权益,避免企业的商业秘密、知识产权等受到侵害。

(3) 降低数据交易风险。通过规范数据的生产和提供过程,能够确保数据的准确性、完整性和可靠性,提高数据质量,减少因数据质量问题导致的错误判断和决策风险。建立完善的交易规则、信息披露制度和监管机制,能够提高数据交易的透明度,使交易双方能够充分了解数据的来源、质量、用途等关键信息,降低信息不对称带来的交易风险。

(4) 推动数据要素市场的创新与发展。良好的市场治理环境能够吸引更多的数据主体参与数据要素市场,形成多元化的市场格局,激发创新活力,推动数

---

① 洪恒飞,孙佳莹,江耘.让数据要素"供得出、流得动、用得好"[N].科技日报,2024-04-18 (3).

据技术的不断进步和数据应用的广泛拓展。例如，数据确权、定价、交易等关键问题的解决，为数据的价值实现提供了制度保障和技术支持，能够充分挖掘数据的潜在价值，促进数据要素与其他生产要素的深度融合，推动产业升级和经济转型。

(5) 应对数据要素市场的复杂性和不确定性。数据具有非竞争性、非排他性、易复制性等特殊属性，容易出现市场失灵问题，如外部性、信息不对称、公共品供给不足等。市场治理能够针对数据的特性制定相应的政策措施，修正市场失灵，确保数据要素市场的正常运转。

(6) 符合国家数字经济发展战略。数据要素市场治理是贯彻落实国家数字经济发展战略的具体行动，有助于推动我国数据要素市场的规范化、标准化和国际化发展，提升我国数字经济的整体竞争力，助力我国在全球数字经济竞争中占据有利地位。

第二节 数据要素市场的治理模式

一、市场治理模式的多样性

市场治理模式最终取决于市场本身的特征，当前数据要素市场的碎片化格局及所处的发展阶段，决定了其治理模式必然是多样性的。

一方面，市场治理模式的选择取决于市场结构。从市场集中度出发，可以将市场分为完全竞争市场、完全垄断市场、垄断竞争市场、寡头垄断市场四种类型。目前的数据要素市场还处于起步阶段，并未形成稳定的市场结构，呈现出分散化、碎片化的格局。不同的市场板块具有不同的特征，从而在总体上具有多元化特征。如在当前的网络舆情数据属于完全竞争市场，电力数据属于完全垄断市场，电子商务数据属于垄断竞争市场，电信数据则属于寡头垄断市场。不同类型的市场结构，都需要与之相适合的治理模式。

另一方面，市场治理模式的选择还取决于市场发展阶段。数据要素市场中各类主体虽因数据交易而在形式上集结起来，但本质上仍是分散决策的独立个体，市场监管不严、信息流通不畅、失信成本不高等制度性漏洞必将滋生机会主义行为。因此，对于市场机制欠完善的领域，仅依靠市场化调节将带来较高的交易成本和风险，还需构建市场之外的其他约束机制。有文献[1]指出：市场交易秩序不可能通过自我调节的市场机制自发地生成，而是由市场嵌入的政治、经济制度所提供的一系列能够节约交易成本、规避交易风险、约束个人机会主义行为的制度规制的结果。

二、数据要素市场治理的三种模式

个人、企业、社会组织和政府等多元主体是我国数据要素市场运行的基础，各主体之间相互的联系和相互作用的方式构成了数据要素市场运行的底层逻辑，不同主体在数据要素市场中扮演的角色和他们之间的互动是影响要素市场高质量发展的关键因素[2]。为此，本文借鉴文献[3]对供应链治理模式的分析，从协调市场主体之间关系的角度，将数据要素市场治理分为市场化治理、垂直型治理和关系型治理三种模式。

（一）市场化治理

市场化治理模式可以追溯到亚当·斯密提出的市场自发调节理论，即"看不见的手"，其本质在于通过竞争、供给、价格等机制实现资源自由流动与合理配置[4]。市场化治理通过发挥价格体系的杠杆作用和构建公平竞争环境来实现公

---

[1] 王国伟. 市场交易的治理机制及其有效性基础[J]. 重庆社会科学，2015（8）：5—11.
[2] 宋方青，邱子键. 数据要素市场治理法治化：主体、权属与路径[J]. 上海经济研究，2022（4）：13—22.
[3] 张可云，丁思琪，张峰. 垂直治理和关系治理对市场治理的替代效应：基于供应链视角的比较分析[J]. 社会科学研究，2022（5）：1—13.
[4] 陈冠宇. 等级治理、市场治理、网络治理的模式演进及融合：基于Q市"绿色出行"项目的考察[J]. 河海大学学报（哲学社会科学版），2022，24（2）：102—108.

平交易和互惠合作，是最基本、最普遍的治理模式。

《中共中央 国务院关于构建更加完善的要素市场化配置体制机制的意见》指出："要充分发挥市场配置资源的决定性作用，畅通要素流动渠道，保障不同市场主体平等获取生产要素，推动要素配置依据市场规则、市场价格、市场竞争实现效益最大化和效率最优化。"相比于其他生产要素，数据要素市场化水平最低：从市场结构上，我国长期存在数据资源条块分割的数据孤岛现象，未形成统一数据市场；从要素分配上，数据要素往往是按权力分配、按行政命令分配，而不是按要素贡献来分配；从供求机制上，我国一直缺乏可信、高效、公平、开放的数据交易流通环境，导致供需对接不畅引发大量数据资源闲置。因此，建立和完善市场化治理体系，是当前数据要素市场发展中最迫切的任务。

根据中央文件的相关要求，当前我国数据要素市场化体制机制建设要着重解决以下问题：一是畅通数据流通渠道，使不同市场主体享有平等获取数据的权利；二是建立数据要素的价值发现与价格形成机制，由市场来决定数据要素价格；三是建立由市场评价数据要素贡献的机制，实现数据流通全过程中的劳务报酬分配以增加知识价值为导向。

（二）垂直型治理

与市场化治理模式相反，垂直型治理是指政府"看得见的手"。我国建设数据要素市场要发挥市场机制的决定性作用，但也不能排除政府的引导性作用。整体而言，我国数据要素市场的法律规制、技术标准和交易规则等尚未完善，数据交易还处在起步阶段，并未形成成熟的数据流通交易体系。要解决这些问题，离不开政府对数据市场的宏观调控及微观干预，构建更加健全的垂直型治理机制。

对于我国这样的市场经济后发国家，许多要素市场都不是自我发育出来的，而是由政府培育形成，数据要素市场亦是如此。同时，对于包括我国在内的世界大部分国家而言，政府都是最大的数据创造者，也是最大的数据需求者，政府是否能有效参与在很大程度上决定着数据市场的规模与水平。因此，以政府引导为核心的垂直型治理，是数据要素市场治理体系中十分重要的组成部分。中央"数据二十条"也明确提出"创新政府治理方式，明确各方主体责任和义务，完善行业自律机制，规范市场发展秩序，形成有效市场和有为政府相结合的数据要素治理格局"。

在数据要素市场建设过程中，政府部门可以发挥四方面作用：一是发挥市场构建者的作用，建立数据交易场所，培育数据商和第三方专业服务机构，加强市场监管和执法，加快形成繁荣有序的数据要素市场；二是发挥市场调节者的作用，通过政策、规划、行政规定等手段主动、直接、迅速地调整和管理数据交易活动，加快市场培育与发展；三是发挥市场先行者的作用，通过公共数据授权运营等渠道推动公共数据产品入市交易，改革政府采购机制，促进公共部门入市采购数据，引导其他市场主体加快进入数据要素市场；四是发挥市场监管者的作用，保障数据流通交易的安全有序、公平公正。

（三）关系型治理

组织间交易治理涉及的不仅仅是正式合同规范，还有嵌入在社会网络中的非正式关系约束。各类市场主体按照市场规则进行数据交易的同时，还可以通过频繁业务往来及由此衍生出来的企业社交，将临时的普通合作关系深化为彼此互信的商业伙伴关系。随着伙伴之间形成心理认同并建立共同愿景，各方行为都会得到有效约束，交易成本也会大幅降低[①]。尤其是数据产品的独特性导致数据交易中供需双方存在严重信息不对称，双方建立友好、紧密、长期的合作关系和信任关系，对于消除信息不对称至关重要。因此关系型治理也应当是数据要素市场治理的重要内容。

企业社会关系网络大致可分为商业关系和政治关系。商业关系是指数据要素市场中，数据供方、数据需方、第三方专业服务机构、数据交易场所等市场主体之间的社会关系，在正式的市场机制缺失及约束制度薄弱的环境中，企业

---

① 刘雪梅.联盟组合：价值创造与治理机制[J].中国工业经济，2012（6）：70—82.

间的商业关系可在建立市场信任、促进供需匹配、减少行为失范等方面发挥重要作用。政治关系是指市场主体与政府部门之间的关系，这也是企业社会关系中极为重要的内容，尤其是在法律体系难以保障契约实施环境的情形下，企业之间的商业纠纷常通过政府官员协调解决①，因此企业拥有的政治关系越强、层级越高，其在数据要素市场中能获得的契约保护水平往往越高。

无论是对于商业关系还是政治关系，关系型治理都具有两面性特点：一方面，要推动市场主体之间、企业与政府之间建立紧密且清正的合作关系，促进各方之间的沟通与协作，弥补市场化机制存在的不足；另一方面，又要防止市场主体之间、企业与政府之间的合作关系形成市场垄断、权力寻租等不良现象，干扰数据要素市场的正常培育与发展。

三、三种治理模式的比较

市场化治理能够充分发挥市场在数据资源配置中的决定性作用，尽可能避免由制度不完善导致的效率损失。根据新制度经济学观点，市场化改革完善了包含契约履行在内的基础性制度，有效降低了制度性交易成本，由此释放出的制度红利成为我国经济增长的重要引擎。② 就数字化领域而言，近十年来我国大数据产业的飞速增长，也得益于我国通过推动公共数据开放、促进物联网技术应用、发展互联网经济等举措，创造大量数据并不断推向市场，实现各类数据资源的社会化流通与开发利用。基于市场化手段的治理模式本应是最有效的，但现实中并不完美的契约环境使其注定无法成为万能的。正如诸多学者所指出，作为数据交易的对象，数据产品具有质量评价的先验性、消费使用的非损耗性和交易方式的虚拟性等特征，导致在交易过程中优质数据容易被逆向淘汰③。而

---

① Walder A G. China's Transitional Economy: Interpreting Its Significance [J]. The China Quarterly, 1995, 144 (12): 63 - 83.
② 周其仁. 体制成本与中国经济 [J]. 经济学（季刊），2017, 16 (3): 859—876.
③ 李三希，黄卓. 数字经济与高质量发展：机制与证据 [J]. 经济学（季刊），2022 (5): 1699—1716.

且数据交易供需双方信息不对称问题也将导致激励扭曲和市场失灵,严重制约数据向生产要素正常转化并参与社会大生产[1]。同时数据要素市场还存在着数据权属不清、交易配置错位、定价机制缺失、竞争秩序混乱、流程安全隐患和隐私保障不力等掣肘[2]。在这种市场态势下,单一的市场化治理并不能产生高效率,而必须通过引入垂直型治理和关系型治理来降低市场交易成本。

在市场机制失灵的情况下,引入政府调控与干预、开展垂直型治理无疑是十分必要的。垂直型治理的本质在于三个方面:一是推动数据要素市场的构建与发展,通过税费优惠、资金补贴,以及在用地、房屋、电力、通信等方面给予支持等经济手段,培育市场主体、促进市场交易;二是政府本身成为市场主体的一部分,如政府组建国有的数据交易场所及数据集团、政府部门参与数据交易等;三是将企业之间的市场交易规则固化为法律规范、行政命令或行为指导,如政府发布数据交易引导价格来替代市场磋商价格,政府推动企业入市场交易来替代企业自愿参与交易等。前两者能弥补市场发展初期市场内生增长动力的不足,后者则能有效降低外部不确定性给企业带来的契约风险。从治理方式上看,中国宏观调控的基本手段包括经济手段、行政手段和法律手段[3],这也是数据要素市场垂直型治理的三种主要手段。

如果数据要素市场主体之间能形成良好且持久的关系,则不需要复杂的市场规则和严密的市场监管也能够规避机会主义风险。对于处于培育期的新兴数据要素市场而言,非正式治理机制能够弥补正式契约制度不健全的缺陷,对于降低市场交易成本可以发挥重要作用。特别是针对目前大量存在的场外数据交易,由于目前还缺乏有效且有力的场外市场监管体系,数据交易风险很高,市场主体之间如能形成较为稳定的合作关系,则可显著降低由于信息不对称、互

---

[1] 张省,蔡永涛. 大数据交易"柠檬市场"治理机制设计[J]. 郑州轻工业大学学报(社会科学版),2023,24(2):63—74.
[2] 欧阳日辉. 我国多层次数据要素交易市场体系建设机制与路径[J]. 江西社会科学,2022(3):64—75.
[3] 于东涵. 中国特色宏观调控模式研究[D]. 长春:吉林大学,2021.

信缺失等因素带来的交易成本与风险①。对于关系型治理，政府可以通过制定规范市场主体关系及政企关系的行业法规、构建数据要素市场相关行业组织、建立市场主体信用体系、加强数据要素市场监管等手段来实现。但在实际中，既要推动市场主体之间、政企之间建立紧密合作关系，又要防止出现市场垄断、权力寻租等现象，治理的尺度常常难以把握。同时数据市场中的交易信息披露十分有限，甚至许多交易中双方为保护商业机密对交易信息完全不予披露，在这种情况下要全面准确掌握市场关系并开展治理也存在诸多难点。表4－1对三种治理模式进行了简要对比。

表4-1　三种治理模式的比较

	市场化治理	垂直型治理	关系型治理
理论基础	市场自发调节理论	市场失灵理论	社会资本理论
关键目标	通过发挥价格体系的杠杆作用和构建公平竞争环境来实现公平交易和互惠合作	通过政府宏观调控和微观干预来弥补市场机制的不足	通过促进市场主体之间建立持久互信的关系来规避交易风险
核心内容	数据流通渠道；数据要素的价值发现与价格形成机制；由市场评价数据要素贡献的机制	市场规则的法规化；公共部门参与市场交易；推动引导企业参与市场交易	企业之间的商业关系治理；政府与企业之间的政治关系治理
手　段	以法律手段为主	以经济手段和行政手段为主，也可采用法律手段	以法律手段和行政手段为主
优　势	成本最低、效率最高	能够解决市场失灵问题	能够降低交易成本与风险，尤其能解决场外交易中的市场失灵问题
缺　陷	在不完善的契约环境中难以解决市场失灵问题	成本较高，而且容易出现政府过度干预现象	有效治理存在难度，治理尺度难于把握

---

① 李金璞，汤珂．论数据要素市场参与者的培育［J］．西安交通大学学报（社会科学版），2023（4）：78—89．

治理是在一定范围内多元主体对社会公共事务的合作管理，内在地蕴含了市场效率、有限政府、良性社会、协商合作等概念。一元治理模式由于自身的局限性、运行机制等方面的缺陷，会存在各自的治理失灵，往往需要依赖于其他治理主体的协同和补充[1]。同时，数据要素市场是一个处于发展变化之中的市场。单一的市场治理模式由于难以匹配不断发展变化的市场环境而失灵，实践中往往需要通过不同治理模式的衔接和融合，以整合"碎片化"的治理资源，从而重获治理的合法性与有效性。因此，在构建和培育数据要素市场过程中，我国需要同时采用多种治理模式，形成以市场化治理为主、垂直型治理为辅、关系型治理作为重要补充的数据要素市场治理格局。

第三节　我国数据要素市场治理的现状与瓶颈

数据要素市场可分为点对点的场外交易和依托数据交易机构的场内交易。现阶段我国场外数据交易规模已相当可观，并已形成了较为稳定的数据供需关系，比如大型商业银行每年数据采购金额超过百亿元，在信用、司法、学术、人工智能训练、气象等领域已涌现一批专门进行数据采集加工并形成特色化数据产品与服务的代表性企业[2]。同时场内交易也迅速发展，根据笔者掌握的数据，2022年北京、上海、深圳等数据交易所挂牌数据产品都已达数百个，年交易额突破1亿元，深圳甚至突破了10亿元，全年场内数据交易总额估计在30亿元，2023年更是增长至100亿元以上。在此过程中，中央和各地都逐步探索形

---

[1] 周学荣，何平，李娟. 政府治理、市场治理、社会治理及其相互关系探讨 [J]. 中国审计评论，2014 (1)：107—126.
[2] 吕艾临，王泽宇. 我国数据要素市场培育进展与趋势 [J]. 信息通信技术与政策，2023，49 (4)：2—8.

成了初步的数据要素市场治理框架。

一、市场化治理进展

培育数据要素市场的核心目标在于正确认识和深刻把握数据要素的价值创造机理，并通过市场化手段实现数据要素的全局最优配置[①]。因此，数据要素市场培育需要一系列制度体系、基础设施等作为支撑，促进数据自主、有序流动，提高数据要素配置效率。

一是建立数据交易场所。自 2015 年贵阳成立全国首家数据交易所以来，截至 2023 年 3 月，各地陆续成立的数据交易场所超过 40 家[②]。欧美等国的数据交易平台一般是由私营企业建立和运营，而我国上述这些数据交易场所都是由当地政府推动建立并多具有国资背景。在当前阶段，建立数据交易场所对于完善数据要素市场机制具有双重意义：其一，提供数据集中撮合和竞价渠道，促进数据要素市场的有序化、规范化和规模扩充；其二，作为破解数据确权难、互信难、监管难等问题的试验平台，为数据流转提供可信交易场所与制度范本[③]。

二是健全数据市场制度，尤其针对长期制约市场发展的瓶颈问题不断寻求突破。如针对数据确权，中央"数据二十条"提出"数据资源持有权、数据加工使用权、数据产品经营权"的"三权分置"方案；针对数据定价，上海、贵州等地制定了数据交易价格评估标准和定价指南；针对数据资产化，国家财政部于 2023 年 8 月颁布《企业数据资源相关会计处理暂行规定》，给出了明确具体的数据资产化路径。

三是培育数据市场生态。同数字经济一样，数据要素市场也是一个生态系

[①] 魏凯，闫树，吕艾临. 数据要素市场化进展综述［J］. 信息通信技术与政策，2022（8）：59—64.
[②] 姜奇平. 数据要素市场化向何处去［J］. 互联网周刊，2023（11）：6.
[③] 包晓丽，杜万里. 数据可信交易体系的制度构建：基于场内交易视角［J］. 电子政务，2023（6）：38—50.

统，必须有完善的市场生态才能有效激活数据要素价值[1]。近年来各地都大力培育数据供需主体，以及从事数据资产评估、数据合规评估、数据经纪人等专业服务机构，为数据交易提供全方位服务；同时加强数据交易、合规安全、交易争议处理等方面的建章立制，初步形成涵盖主要业务环节的制度规范体系。

二、垂直型治理进展

近年来中国数据要素市场发展迅速，市场建设有序推进，但基础制度仍不完善，尚未充分挖掘数据要素市场规模并释放发展潜力[2]。在这种情况下，当前我国数据要素市场发展不能完全依靠市场机制自主调节，而是需要政府充分介入，更多发挥"看得见的手"对于加快市场培育的作用。

一是制定数据市场政策。国家层面上，2015年国务院发布《促进大数据发展行动纲要》，提出"引导培育大数据交易市场，开展面向应用的数据交易市场试点，探索开展大数据衍生产品交易，鼓励产业链各环节市场主体进行数据交换和交易，促进数据资源流通，建立健全数据资源交易机制和定价机制，规范交易行为"，2020年起陆续发布《中共中央 国务院关于构建更加完善的要素市场化配置体制机制的意见》《中共中央 国务院关于构建数据基础制度更好发挥数据要素作用的意见》等，明确数据要素市场建设的目标、框架、任务和制度创新方向；地方层面上，截至2023年4月，已有北京（5项）、贵州（4项）、河南（3项）、广东（2项）、广西（2项）、山东（2项）等13个省份出台相关政策文件[3]，内容涵盖了数据要素场所建设、数据交易规则、数据市场监管、数据市场生态培育等方面。

---

[1] 王伟玲.中国数据要素市场体系总体框架和发展路径研究[J].电子政务，2023（7）：2—11.
[2] 刘雅君，张雅俊.数据要素市场培育的制约因素及其突破路径[J].改革，2023（9）：21—33.
[3] 余忻怡，戴运，孟奇勋.数据要素交易制度的实践探索与路径创新[J].科技创业月刊，2023，36（1）：106—109.

二是推动公共部门入市交易。一方面政府部门作为卖方，推动公共数据入市流通，如 2022 年中央"数据二十条"提出"探索用于产业发展、行业发展的公共数据有条件有偿使用""推动用于数字化发展的公共数据按政府指导定价有偿使用"，为公共数据进入数据要素市场提供了法理依据；《贵州省数据流通交易管理办法（试行）》规定"各级大数据主管部门按相关规定，统一授权具备条件的市场主体运营本级政务数据，形成的数据产品和服务，通过数据交易场所进行交易"。另一方面政府部门作为买方，推动公共部门入市采购，如 2015 年国务院办公厅发布《关于运用大数据加强对市场主体服务和监管的若干意见》，提出"推动政府向社会力量购买大数据资源和技术服务，为政府科学决策、依法监管和高效服务提供支撑保障"；2022 年 12 月发布的《贵州省数据流通交易管理办法（试行）》更是明确要求各级政务部门、公共企事业单位涉及数据产品及服务、算力资源、算法工具等的交易，通过数据交易场所开展交易；2023 年 3 月发布《深圳市数据交易管理暂行办法》，提出鼓励本市财政资金保障运行的公共管理和服务机构数据交易场所内采购非公共数据产品、数据服务和数据工具。

三、关系型治理进展

市场主体间自发的场外数据交易是一种传统的单边市场，此类产业形态多采用"管道结构"商业模式，使得价值的创造和传递呈现单向直线式[①]，其中的市场信任主要是供需主体之间。然而数据产品具有可复制性、非竞争性及体验品特征（必须使用后才知晓其价值），导致其市场信任关系难以建立，因此必须借助各类交易平台建立起场内数据交易模式，形成双边市场机制，来促进市场主体间的信任。

一是促进市场主体间信任的建立。通过成立行业组织，如上海市数商协会、

---

① 杰奥夫雷·G. 帕克，马歇尔·W. 范，埃尔斯泰恩，等. 平台革命：改变世界的商业模式 [M]. 北京：机械工业出版社，2017.

深圳市数据要素发展协会、山东省数商联盟、全国大数据交易商（贵阳）联盟等，为数据要素市场各参与主体搭建交流合作平台。举办数商大会、数据要素产业大会等活动，推动数据供方、需方及第三方服务机构之间的对接与协同，为市场主体间信任的培育提供肥沃土壤。武汉大学牵头的国家自然科学基金专项"数据交易场所的功能定位、运营机制与治理机制研究"项目，将针对我国数据交易场所建设面临的瓶颈问题，提出构建一体化生态系统框架，明确数据交易场所功能定位，深入研究数据交易场所互联互通、互动博弈、盈利策略等关键内容，致力于提升数据交易场所的运营效率和治理水平，为我国数据要素市场的健康、繁荣发展提供理论研究基础和科学决策支撑。

二是有效调解市场主体间交易冲突。以《深圳市数据交易管理暂行办法》第34条的规制框架为分析样本，发现其构建了多层次纠纷化解机制：首先，交易场所运营机构被课以制度创设义务，需建立包含争议受理、调查取证、专业评估等环节的标准化争议解决程序；其次，通过引入第三方技术鉴定和法律评估机制，确保争议处理过程的技术中立性与法律适恰性；最后，建立协商、调解、仲裁的衔接机制，形成"阶梯式"纠纷化解体系。这种制度设计既体现了国家"数据二十条"提出的"构建高效协同治理体系"政策导向，又契合了数据要素市场化配置对交易安全保障的内在需求，确保争议得到公平、公正的妥善解决，从而维护数据交易市场的稳定与秩序。

三是规范市场主体间业务关系。"数据二十条"提出推进数据交易场所与数据商功能分离，促进区域性数据交易场所和行业性数据交易平台与国家级数据交易场所互联互通，旨在构建层次分明、功能互补的数据要素市场体系，规范不同类型交易场所之间及交易场所与数据商之间的职能边界与协作关系，促进数据要素市场的健康、有序发展。国家发展和改革委员会强调应坚持交易场所"错位互补"、基础设施"可信互通"、交易生态"所商分离"三个重点方向，加快构建全国一体化的数据交易市场体系。其中，所商分离有助于构建"交易场所＋数据商＋第三方服务机构"协同创新的多元生态，发展一批综合性、区域性、行业性数据商，培育第三方专业化服务机构，提升数据流通和交易全流程服务能力。

四、数据要素市场治理的主要瓶颈

我国已经是全球数据资源大国，根据中国网络空间研究院等机构发布的《国家数据资源调查报告（2021）》，2021年中国数据产量约占全球数据总量的9.9%，位列全球第二[①]。而根据IDC的预测，到2025年中国拥有的数据总量将占到全球的27.8%，高居全球第一[②]。根据IDC的估算，2021年美国数据市场规模约为2 660亿美元、欧洲715亿美元、日本435亿美元[③]，而2021年我国数据要素市场规模仅为815亿元人民币，"十四五"期末也仅为2 000亿元[④]，与发达国家相距甚远，也与我国数据资源总量极不相称。之所以出现这种现象，主要在于当前我国数据要素市场的治理体系存在数据确权难、合规难、互信难、定价难、资产化难等问题，进而导致数据交易风险高而收益低，制约了市场规模的扩张。

（1）市场化治理。从市场结构治理来看，根据笔者对上海、深圳、天津、山东等地数据交易机构的调研，当前数据要素市场存在场外交易多、场内交易少，中小企业参与多、国企和平台企业参与少，金融数据产品多、其他行业数据产品少等不均衡现象；从市场机制治理来看，虽然近年来我国数据市场制度体系不断完善，但许多基本的市场规则方面（包括数据权属、价格机制、收益分配等），仍面临着有文件无制度、有规章无法律、有地方性法规无国家级法律法规

[①] 编辑部.《国家数据资源调查报告（2021）》发布［J］.软件和集成电路，2022（8）：63.

[②] 国际数据集团（IDC）. IDC：2025年中国将拥有全球最大的数据圈［EB/OL］.［2024-9-10］. https://www.chinanews.com.cn/it/2019/03-01/8768345.shtml

[③] IDC. European Data Market Study 2021-2023［EB/OL］.［2023-3-1］. https://ec.europa.eu/newsroom/dae/redirection/document/93914

[④] 国家工信安全发展研究中心.中国数据要素市场发展报告（2021—2022）［EB/OL］.［2025-1-10］. https://news.sohu.com/a/611139152_121124366

等问题；从市场布局治理来看，我国数据要素市场过于分散，当前各地成立的数据交易场所已超过40家，但2022年场内交易总额仅约为30亿元。作为对比，我国技术、黄金、期货等市场的年交易额都达到数万亿元，但市场数量不超过10家。数据市场过于分散，既造成重复建设和资源浪费，也导致各个交易机构经营发展困难。

（2）垂直型治理。虽然各地都十分重视数据要素市场发展，在政策、资金、设施等方面给予大力支持，但政府在发挥"看得见的手"的作用方面仍有需要改进之处。从经济手段来看，由于目前数据要素市场处于发展初期，市场主体交易意愿不足，政府目前的激励手段多为资金补贴，其他支持政策较少；从行政手段来看，金融、电信、交通、电力等行业的国有企业及大型互联网平台企业，既掌握着大量高质量数据，也存在庞大的数据需求，但入市意愿不足，政府的引导推动作用尚未充分发挥；从法律手段来看，我国在数据要素市场垄断、反不当竞争等方面的法规仍是空白，反而许多有关隐私保护、数据安全方面的法规会强化一些机构和企业的数据垄断。

（3）关系型治理。市场主体间的信任关系主要包括计算型信任（以市场主体对交易过程中可能得失所做出的精确计算为基础）、制度型信任（以市场主体严格遵守完善成熟的市场规则和制度为基础）、认同型信任（以市场主体彼此间产生情感上的信任并愿自觉遵守市场价值观和道德准则为基础）[1]。计算型信任是一种低层次信任，成熟的市场应当是制度型信任和认同型信任。但从当前数据要素市场实际来看，市场主体之间多是计算型信任关系，如数据交易机构多采取免佣金模式甚至给予补贴的方式来吸引各主体入场交易，数据买卖双方之间更多考虑单笔交易是否获利，而且较少考虑长期合作关系的建立。基于成熟制度的信任关系较少，而基于情感认同的信任关系则更为罕见。同时从政治关系治理来看，目前数据要素市场中公共部门的角色定位、公共部门参与数据交易

---

[1] 陈倩, 陈忠卫, 陈阿丽. 平台型企业与双边市场主体间信任关系：基于滴滴出行的扎根研究 [J]. 重庆工商大学学报（社会科学版），2020（7）：1—25.

的行为规则等相关规定仍存在缺失,易引发一些公共部门不作为或乱作为现象。

第四节 结论与建议

本章对数据要素市场治理进行了梳理,分析了市场化治理、垂直型治理和关系型治理等三种治理模式,并比较其特点,分析其现状与瓶颈。需要指出的是,不同的交易域内有着对应适宜的市场治理机制,同时不同市场治理机制间不是单纯的替代关系;相反,往往存在密切的补充关系[①]。因此,在数据要素市场建设中,要注重多种治理机制的协同。

(一)市场化治理方面,着重要加快构建规范、统一、活跃的数据要素市场体系

一是以国家数据局成立为契机,尽快出台国家层面的数据法或数据要素市场法,对数据的权属、数据的利益分配、数据资产化等进行统一明确和规范,形成合法合规的数据交易和获利机制;二是进一步明确数据要素流通交易中的安全责任边界,减少数据交易中的风险不确定性,促进国有企业和互联网企业等风险敏感度较高的企业和机构参与数据流通交易;三是消除数据交易流通的行业性和地区性壁垒,加快构建包括国家级数据交易所、区域性数据交易中心、行业性数据交易平台的多层次交易机构体系,推动数据的跨行业、跨地域流动与融合,促进全国统一数据要素大市场的构建。

(二)垂直型治理方面,着重要强化数据要素市场的政策激励与支持

一是推动供给侧结构性改革,引导掌握大量高质量数据的政府部门、国有企业和公共服务机构入市交易,尤其是促进公共数据授权运营形成的首次产品交易、政府部门采购数据产品与服务、国有企业数据交易通过数据交易机构开

---

① 秦诗立,夏燕.市场治理机制的演进[J].上海经济研究,2003(3):65—70.

展交易；二是加强政策支持，对数据要素型企业在政策、资金、能耗指标等方面给予适当支持，鼓励其加强数据资源创造和数据资产管理，积极参与数据流通交易；三是加强市场干预，打破基础性行业国企及互联网平台企业对数据资源的垄断，引导其将数据投入市场开展流通交易。

（三）关系型治理方面，着重要建立一个公平可信的数据要素市场环境

一是建立场内数据交易强背书机制，一方面要明确场内交易中交易双方、交易机构、第三方服务机构的合规责任，避免风险完全集中到交易方；另一方面可通过购买科技保险、建立赔付基金等方式，对场内交易中出现的过失侵权责任进行适当补偿，降低数据交易风险。二是建立数据要素联盟，构建由数据交易机构、数据应用部门、数据技术企业及产业基金、科创服务机构等共同参与的数据要素共同体，联合开发和运营新型场景，建立更紧密的市场主体关系。三是建立数商资格资质认定、分类分级标准、风险防控制度及数商信用库，引导市场主体规范流程和提升能力，提高市场透明度。四是加紧研究和制定数据要素市场中的反垄断和反不正当竞争法规，同时进一步明确公共部门在数据要素市场中的角色和行为规范。

第五章 数据要素市场规模统计

准确、及时掌握数据要素的总体规模、结构及布局是对数据要素市场进行有效治理的前提。《中共中央 国务院关于构建更加完善的要素市场化配置体制机制的意见》文件精神，以及《上海市数据条例》提出了"探索构建数据资产评估指标体系""建立健全数据要素配置的统计指标体系"等要求。针对目前国内外对数据生产要素缺乏权威核算方法的现状，本章将探索建立科学的核算方法体系，并以上海为例分析数据要素规模的统计评估过程与结果，为相关的数据管理决策和数据开发工作提供定量支撑，从而提升数据治理水平、推进数据要素市场化配置改革、加快数据资源开发利用。

第一节 数据要素规模统计测算方法

在数字经济蓬勃发展的当下，数据作为关键生产要素，其核算与统计方法备受瞩目。目前主要参考数据资产和无形资产价值评估方法，常见方法包括成本法、收益法、市场法等传统方法，以及基于层次分析法、实物期权法、博弈法等新兴的交叉领域方法。

一、数据要素规模统计常见方法

数据规模测评统计是数据要素市场化的基础性工作，其核心在于构建科学的数据资源量化框架，以支撑数据资产化、交易流通及政策制定。汤姆·哈尼卡（Tom Hanika）和约翰内斯·希尔特（Johannes Hirth）等学者在形式概念分析领域，研究了数据集中概念的度量方法及其性质，为数据规模的量化提供了理论基础[1]。勒内·亚伯拉罕（Rene Abraham）等在2019年提出了数据治理的概念框架和研究议程，强调数据规模在数据治理中的重要性，为数据规模测评指标体系的构建提供了理论支持[2]。其后，国内外专家学者从不同角度探索了数据规模的测试与统计方法，以下是几种主要方法：

（1）成本法。基于会计学重置成本理论，成本法通过测算数据资产再生产成本进行价值核算。OECD于2021年在《测度数字经济》报告中建议采用该方法进行基础统计[3]，国内不少专家和机构都采用成本法进行了数据价值评估，并认为现阶段成本法适用性强，能真实反映数据资产的价值[4][5]。该方法虽具有操作简便性，但存在价值低估风险，难以反映数据要素的网络效应与边际收益递增特性。

（2）收益法，是指根据评估基准日的折现率，将未来产生的价值折现为现值。阿斯沃斯·达摩达兰（Aswath Damodarari）早在2001年就提出风险与收益理论，尝试从收益的角度对信息资源价值进行评估，并且通过数据分析完整说

---

[1] Hanika T, Hirth J. Exploring Scale-Measures of Data Sets [EB/OL]. [2024-6-20]. http://arxiv.org/pdf/2102.02576

[2] Abraham R, Schneider J, Brocke J. Data governance: A Conceptual Framework, Structured Review, and Research Agenda [J]. International Journal of Information Management, 2019 (49): 424-438.

[3] OECD. Measuring the Economic Value of Data [EB/OL]. [2024-9-2]. https://goingdigital.oecd.org/data/notes/No20_ToolkitNote_MeasuringtheValueofData.pdf

[4] 林飞腾.基于成本法的大数据资产价值评估研究 [J]. 商场现代化, 2020 (10): 59-60.

[5] 袁倩愉.基于成本法的互联网企业数据资产价值评估 [D]. 广州：广东财经大学, 2023.

明了现金流、折现率等参数的确定过程[1]。国内的胡苏[2]、李春秋[3]、张志刚[4]等专家,以及江苏省资产评估协会[5]等机构采用收益法来评估数据资产,陈芳和余谦还对收益法进行改进,将数据资产折现率区别于无形资产整体折现率,应用剩余价值法的多期超额收益模型,对数据资产的价值进行估值研究。尽管收益法能真实反映业务价值,但计算涉及许多评估参数,参数的合理预测对评估结果的准确性有重要影响。收益法适用于能够明确预测未来收益的无形资产,对于数据资产,其未来收益的合理预期与货币计量、对应风险的度量等前提条件需要充分考虑。

(3)市场法,是基于竞争和均衡的经济理论进行估价。贾德·赫克曼(Judd Heckman)等[6]建立了动态标准化模型,把数据的固定成本、数据容量、数据时间长、数据周期等指标回归数据的市场价值。由于数据市场价值难以直接确定,赫克曼用谷歌的广告竞价替代市场价值。市场法的主要问题在于数据市场价值难以获得,且用其他数据替代数据价值会造成系统性偏误。市场法适用于市场上有大量类似无形资产交易的情况,但对于数据资产而言,由于其独特性和差异性,可比参照物稀缺,且市场成熟度不足,限制了市场法的广泛应用。

除了传统的方法,随着各学科交叉领域的发展,还有基于经济学理论的博弈法,基于金融学理论的实物期权法,基于AHP的综合评估法、模糊综合评估法等。

---

[1] Damodarari A. Corporate Finance: Theory and Practice [M]. Hoboken, USA: Wiley Press, 2001.
[2] 胡苏,贾云洁. 网络经济环境下信息资产的价值计量 [J]. 财会月刊, 2006 (2): 4—5.
[3] 李春秋,李然辉. 基于业务计划和收益的数据资产价值评估研究:以某独角兽公司数据资产价值评估为例 [J]. 中国资产评估, 2020 (10): 18—23.
[4] 张志刚,杨栋枢,吴红侠. 数据资产价值评估模型研究与应用 [J]. 现代电子技术, 2015, 38 (20): 44—47.
[5] 周璇. 数据资产评估方法研究:基于收益法评估模型的优化 [EB/OL]. [2024-12-20]. http://www.jsas.net.cn/pub/zcpgxh/xydt/202407/t20240708_139947.html
[6] Heckman J, Peters E, Kurup N G, et al. A Pricing Model for Data Markets [EB/OL]. [2024-4-5]. https://www.ideals.illinois.edu/items/73657/bitstreams/194814/data.pdf

(4) 基于 AHP 的综合评估法。例如王玉兰[①]、郗加加[②]、李香雪[③]等人采用层次分析法构建评估模型，或采用 AHP 方法来改进原有的三种基本评估方法，并对银行、互联网、物流企业进行了实证研究，取得了良好效果。

(5) 实物期权法，是把数据看作企业的实物期权。实物期权的概念最早是由斯图尔特·迈尔斯（Stewart Myers）提出的[④]，后来一些学者将其应用在数据资产上。翟丽丽[⑤]、王静[⑥]等人曾用布莱克－斯科尔斯模型对企业数据资产价值开展评估研究。实物期权法通过评估数据资产在现金流现值上附加的选择权的价值，反映数据资产的价值创造性，并能够很好地处理未来的不确定性，对于投资决策具有更大的价值，但该方法只限于投资性数据资产的价值评估[⑦]。同时从统计核算的角度，以数据形成现金流量是比较难获得的信息，尤其是企业的数据形成的现金流。

(6) 博弈法，是把博弈论引入对数据资产的评估中。王建伯[⑧]的研究表明信息不对称是构成数据资产价值的重要组成部分。赵馨燕等人[⑨]设计了一对多市场竞价修正的鲁宾斯坦（Rubinstein）博弈模型，模拟市场竞价与交易谈判两阶段博弈，得出卖方视角下市场竞价的数据商品均衡定价。信息不对称虽然在数据交易中对数据资产定价的作用比较大，但在生产要素投入中所起的作用并不显著。

[①] 王玉兰. 基于层次分析法的数据资产评估模型研究［D］. 天津：天津商业大学，2018.
[②] 郗加加. 基于熵权层次分析法改进超额收益模型的物流企业数据资产价值评估［D］. 重庆：重庆理工大学，2024.
[③] 李香雪. 基于 AHP 和熵权法的商业银行数据资产价值评估研究［D］. 沈阳：辽宁大学，2023.
[④] 蔚林巍，章刚. 实物期权方法综述［J］. 企业经济，2005（5）：133—135.
[⑤] 翟丽丽，王佳妮. 移动云计算联盟数据资产评估方法研究［J］. 情报杂志，2016，35（6）：130—136.
[⑥] 王静，王娟. 互联网金融企业数据资产价值评估：基于 B—S 理论模型的研究［J］. 技术经济与管理研究，2019（7）：73—78.
[⑦] 石健，马璐. 数据资产价值评估研究［J］. 商业观察，2025，11（8）：16—19.
[⑧] 王建伯. 数据资产价值评价方法研究［J］. 时代金融，2016（12）：292—293.
[⑨] 赵馨燕，张治侨，杨芳. 数据资产的特征与交易定价研究：基于修正的 Rubinstein 博弈模型［J］. 中国资产评估，2022（3）：44—51.

(7) 大数据方法。传统算法在应用初期往往依赖于复杂且耗时的特征工程，不仅效率不高，而且模型精度易受到特征工程质量和有效性的影响，而人工智能的预测精度和速度等较传统算法有明显提升[1]。为此一些学者开始探索使用人工智能来开展数据价值评估，如倪渊等[2]构建了 AGA－BP 神经网络的数据资源价值评估模型，任建宇[3]构建了一套数据资产评估模型与配套系统，并采用了集成机器学习技术来对数据资产的价值进行量化评估。

二、各种方法的比较

但无论是数据还是无形资产的评估方法，在实际运用中都各有其优缺点，如表 5－1 所示。总体而言，目前尚未形成一套完整、客观且行之有效的数据资产价值评估体系，无论是理论层面还是实证层面，还没有权威的方法能够比较精确地计算数据规模，评估方法的学术研究仍然在不断推陈出新。

表 5-1　数据要素核算的主要方法

方　法	优　　点	缺　　点
成本法	指标意义明确、适合统计	容易低估数据的价值
收益法	能够体现数据为企业带来的收益	计算所需参数需要合理的预测，容易高估数据的价值
市场法	估计的市场价值相对准确	数据准确市场价值的样本难以获得
AHP、模糊综合评估法	计算成本低，指标设置比较简单	主观性较强，造成指标、公式不严谨
实物期权法	能够体现出数据资产的投资价值	数据资产形成的现金流难以获得

---

[1] 张思雨，刘丽. 数据资产价值评估研究综述 [J]. 财务管理研究，2025 (2): 10—17.
[2] 倪渊，李子峰，张健. 基于 AGA－BP 神经网络的网络平台交易环境下数据资源价值评估研究 [J]. 情报理论与实践，2020, 43 (1): 135—142.
[3] 任建宇. 基于集成机器学习的数据资产定价模型及系统设计 [J]. 中国管理信息化，2022, 25 (14): 80—82.

续　表

方　　法	优　　点	缺　　点
博弈法	体现信息非对称对数据资产的价值	适用于资产定价,不适用于生产要素
生产函数法	能够直接体现出数据要素在生产经营中的要素价值	生产函数的形式不确定,造成数据要素的经济贡献不确定

通过对上述各种方法的比较,同时考虑到数据的可获得性及方法的可操作性,成本法、收益法、市场法是相对较为准确的数据要素规模评估方法,而在数据要素市场不活跃的情况下,成本法和收益法更为可行。因此本章将以上海为例,在企业调研的基础上,分别采用成本法和收益法对数据要素规模开展评估。

第二节　基于成本法的数据要素规模测算

从经济理性的角度讲,任何机构生产或获取数据的成本应当小于其给机构带来的潜在收益,因此成本法会导致数据要素规模评估的普遍低估,但却是目前最具可行性的方法,因为数据的收益、价格等都存在很大模糊性,而数据生产或获取的投入成本较容易于现在的财务体系中获得,能较为准确地开展评估。

一、成本法的基本思路

成本法是统计各个机构在一定期限内用于数据采集、存储、加工及安全保障的各项支出,主要有三类:一是对自建数据库的各项支出,包括各类软硬件投入和人员人工的支出;二是购买其他机构单位数据库的使用权、许可证而产生的支出;三是向其他机构单位托管数据库的支出,托管形式可以是数据中心托管,也可以是云托管。具体包括:

(1) 人员人工成本,即机构单位中从事数据相关业务人员的各项开支,包括其工资薪金和各类福利待遇,包括全职和非全职的数据相关业务人员。

(2) 资产性支出，一般包括固定资产支出和无形资产支出。固定资产支出包含用于采集、存储、加工及安全保障的机器设备，例如，服务器、硬盘、硬盘防火墙、从事数据相关业务人员的计算机和其他技术设备等。还包括在报告期内从事数据相关业务固定资产的折旧费用和承载数据采集、存储、加工及安全保障工作空间的自建物业，如数据中心、机房等的折旧费用，以及各类设施改建、改装、装修和修理过程中发生的长期待摊费用等。

(3) 无形资产支出，主要指的是报告期内调查单位用于数据采集、存储、加工及安全保障的软件、知识产权、非专利技术（专有技术、许可证和设计等）的摊销费用等。其主体是调查单位购买的用于数据采集、存储、加工及安全保障的商业性软件的摊销费用，以及其自行研发的同类软件资产化处理后的摊销费用。

(4) 直接投入，指包括机器设备的能源消耗，各类设备的维护、调整、检验、监测和维修等费用，设备和场地的租赁费用等直接费用化的数据采集、存储和处理的各项支出。

基于成本法的统计测算详细指标如表 5-2 所示。

表 5-2 基于成本法的数据要素统计测算填报指标

指标名称	计量单位	代码	本期数值	上期数值
一、机构和人员情况	—	—		
是否设有专职的数据业务或数字化部门	是/否	01		
是否设有首席数据官（CDO）或首席信息官（CIO）	是/否	02		
从业人员平均人数	人	03		
其中：从事数据相关业务人员数合计	人	04		
二、用于数据采集、存储、加工及安全保障的固定资产	—	—	—	—
用于数据采集、存储、加工及安全保障的固定资产合计	万元	05		

续　表

指　标　名　称	计量单位	代码	本期数值	上期数值
其中：用于数据采集、存储、加工及安全保障的仪器与设备	万元	06		
三、数据要素支出	—	—	—	—
数据业务支出合计	万元	07		
其中：1. 人员人工费用	万元	08		
2. 直接投入费用	万元	09		
3. 折旧与长期待摊费用	万元	10		
4. 无形资产摊销费用	万元	11		
5. 购买服务支出	万元	12		
6. 购买数据支出	万元	13		
本年度是否形成了与数据相关的知识产权	是/否	14		
本年度是否曾通过第三方机构购买数据	是/否	15		
四、数据规模与管理	—	—	—	—
1. 自产数据规模	—	—	—	—
其中：结构化数据规模	条	16		
其中：非结构化数据规模	TB	17		
2. 外购数据规模	—	—	—	—
其中：结构化数据规模	条	18		
其中：非结构化数据规模	TB	19		
3. 从其他外部渠道免费获得数据规模	—	—	—	—
其中：结构化数据规模	条	20		
其中：非结构化数据规模	TB	21		
4. 实际调用数据规模	—	—	—	—

续 表

指 标 名 称	计量单位	代码	本期数值	上期数值
其中:结构化数据规模	条	22		
其中:非结构化数据规模	TB	23		
是否按照重要性对数据进行分类分级管理	是/否	24		
五、财务指标	—	—	—	—
长期待摊费用摊销	万元	25		
无形资产摊销	万元	26		
资本性支出	万元	27		

二、统计测算过程

为了解基于成本法的数据要素规模统计测算方法的可行性，笔者所在的上海社会科学院信息研究所（简称"上海社科院信息所"）在相关政府部门的支持下，选取上海约500家企业开展了测算，具体过程如下：

（1）统计测算方案可行性调研。在初步确定基于成本法的上海数据生产要素统计测算体系的基础上，开展专家咨询和企业座谈，对课题组提出的初步核算方案进行可行性调研。一是专家咨询，邀请10位数字化领域内的专家学者对数据生产要素核算的指标体系、指标内涵、统计方法、实施过程等进行论证评估，进一步优化核算估计方案的科学性和完备性；二是开展企业座谈，选取建筑业、制造业、服务业等行业内的重点企业，对上海企业数据生产的基本情况和难点问题进行摸排，调研企业数据要素投入的人员安排、研发投入、维护投入等具体情况，要求企业对本次调查所要求的财务数据指标可得性进行判断，为核算指标的确定和界定提供指导。

（2）网上填报系统构建与测试。根据问卷设计和核算指标定稿，构建数据生产要素核算统计的网上填报系统，并与调查单位现有的年报制度相衔接，为调查单位填报提供便利。网上填报系统建成后，邀请 10 家左右企业进行在线填报测试，以观察企业填报人员对指标含义和填报方法的理解程度，发掘填报过程中的常见问题，并对这些问题的解决方案进行汇编。

（3）企业填报人员培训。培训对象主要包括业务骨干（主要涉及统计业务人员、各区参与业务人员、各职能部门相关业务人员）和企业单位填报人员，详细解释数据生产要素核算的设计思路、指标含义和填报方法。为增强培训效果，上海社科院信息所还制作视频详细阐述问卷设计思路和指标填写方法，并将前期收集的常见问题一并汇编其中，投放于网上填报系统，监督企业单位在线自学，并反馈学习情况。同时还开通多渠道咨询平台，通过微信群、QQ 群、电子邮箱、电话等多种渠道，为企业提供在线咨询服务，及时解答企业在填报过程中的问题。

（4）发放和回收问卷。请相关政府部门组织进行问卷发放和回收工作，要求纳入调查范围的企业相关人员对照填报口径和原则准确填报，并按照计划进度对问卷进行回收和整理。

（5）异常数据核查。针对数额较大的极值情况、重点单位零申报情况、内部逻辑关系矛盾等情况进行核验，要求数据异常或存疑的企业进行再次核实和整改，并对重点单位进行走访核实，指导企业准确填写。

（6）数据统计分析。在数据清洗的基础上，依照成本法进行统计计算，得出上海数据生产要素的总体规模情况，并对数据相关业务人员、数据要素投入的行业分布、区域分布等情况进行比较分析。

三、统计测算结果

本次调查共回收 589 份调查问卷，有效问卷 258 份，其中共 28 家电子设备制造企业，27 家建筑交通业企业，47 家科技服务企业，22 家生物医药企业，39 家软件信息服务企业，83 家装备制造企业，以及其余未填报行业类别的企业。

根据统计测算结果，用于数据采集、存储、加工及安全保障的资产在 2022 年达到了 564 180 万元，2021 年同期达到了 464 300 万元。用于数据采集、存储、加工及安全保障的仪器与设备占比 2022 年为 84.4%，2021 年为 86.7%。用于数据采集、存储、加工及安全保障的机房建筑物占比 2022 年为 11.6%，2023 年为 13.2%。

数据业务支出合计 2022 年为 760 680 万元，前 10% 的企业单位的数据业务支出占到所有数据业务支出合计的 87%，25% 分位数为 62 万元，中位数为 199 万元，75% 分位数为 888 万元。人员人工费用占比为 46.9%，直接投入费用占比为 18.5%，固定资产折旧占比为 12.1%，无形资产摊销费用占比为 3%，购买服务支出占比为 19%，购买数据支出占比为 0.5%。

数据业务支出合计 2021 年为 665 553 万元，前 10% 的企业单位的数据业务支出占到所有数据业务支出合计的 87%，25% 分位数为 55 万元，中位数为 156 万元，75% 分位数为 847 万元。人员人工费用占比为 49%，直接投入费用占比为 17%，固定资产折旧占比为 12.3%，无形资产摊销费用占比为 2.6%，购买服务支出占比为 18.6%，购买数据支出占比为 0.6%。

258 家企业单位数据要素支出 2022 年共 76 亿元，2021 年近 67 亿元。但数据相关业务的支出在两年间基本稳定。数据业务支出中人员人工费用占最主要部分，接近一半。购买服务支出和购买数据支出都略有增加，两项支出在数据要素支出中的比例分别在 19%、0.5%。

数据要素支出的集中度很高。调查的样本企业中，数据业务支出前 10% 的企业单位数据生产要素支出占所有调查样本企业单位的比例达到 87%。前 10% 的企业单位数据生产要素支出占增加值的比重约为 17%。数据业务支出前 20% 的企业单位生产要素支出占所有调查样本企业单位的比例达到 94%。前 20% 的企业单位数据生产要素支出占增加值的比重约为 15.5%。

剔除前 20% 的企业后，后 80% 企业 2022 年的数据要素支出总数为 51 390 万元，平均数为 258 万元，25% 分位数为 47 万元，中位数为 138 万元，75% 分位数为364万元。2021年的数据要素支出总数为46 920万元，平均数为239万元，25%分位数为42万元，中位数为114万元，75%分位数为330万元。

电子设备制造业数据要素支出2022年总数达到了6 347万元，平均值为289万元，25%分位数为61万元，中位数为190万元，75%分位数为462万元。2021年总数达到了4 961万元，平均值为236万元，25%分位数为56万元，中位数为161万元，75%分位数为284万元。

建筑交通业数据要素支出2022年总数达到了5 989万元，平均值为272万元，25%分位数为69万元，中位数为139万元，75%分位数为350万元。2021年总数达到了5 684万元，平均值为271万元，25%分位数为80万元，中位数为137万元，75%分位数为349万元。

科技服务业数据要素支出2022年总数达到了12 539万元，平均值为358万元，25%分位数为70万元，中位数为181万元，75%分位数为566万元。2021年总数达到了10 729万元，平均值为307万元，25%分位数为39万元，中位数为107万元，75%分位数为423万元。

软件信息服务业数据要素支出2022年总数达到了6 491万元，平均值为341万元，25%分位数为157万元，中位数为276万元，75%分位数为456万元。2021年总数达到了7 434万元，平均值为391万元，25%分位数为109万元，中位数为379万元，75%分位数为533万元。

生物医药业数据要素支出2022年总数达到了2 587万元，平均值为123万元，25%分位数为15万元，中位数为39万元，75%分位数为130万元。2021年总数达到了2 267万元，平均值为113万元，25%分位数为13万元，中位数为36万元，75%分位数为113万元。

装备制造业数据要素支出2022年总数达到了13 426万元，平均值为189万元，25%分位数为38万元，中位数为104万元，75%分位数为184万元。2021年总数达到了12 173万元，平均值为171万元，25%分位数为35万元，中位数为68万元，75%分位数为155万元。

由于没有获得全部企业的增加值数据，只能计算得到数据生产要素支出前10%的企业单位数据要素支出总数占增加值总数比重为17%，第二个10%的企业单位数据要素支出总数占增加值总数比重为7%，这两部分即前20%的企业单位数据要素支出总数占增加值总数比重为15%。数据要素支出越多的企业单位，数据要素占增加值的比重越高，头部10%企业单位数据要素支出的17%偏高。

第三节 基于收益法的数据要素规模测算

采用成本法进行数据要素统计测算固然有优势，但实践中也发现存在不少缺点，一是成本法的理论边界虽然清晰，但成本法所依赖的数据成本的内涵与外延还难以厘清，如数据成本与数字化成本的区别、数据工作与信息工作的区别、数据设备与检测设备的区别等，因此成本法在实际操作过程中会面临边界不清、口径不一的难题；二是企业和机构的现有财务报表中未将数据成本单列，即使数据成本的边界能进行清晰和统一界定，企业也必须查阅和汇总原始财务凭证或合同才能填报准确数据，因而填报工作量大而且难度高，填报的数据也难以判断其真实性。为此，本章将探讨通过收益法进行数据要素统计测算，其优点一方面在于数据收益往往是用企业的要素收益进行估算，其边界相对清晰；另一方面企业收益值可以直接从财务报表中取得，调查工作成本较低。

一、基于收益法的数据要素价值评估模型

从收益法的角度，数据要素价值首先需要运用剩余法从整体收益中剥离出归属于数据要素的收益，基于剩余法的收益模型为：$V = E - E_w - E_f - E_i$。其中 V 指企业数据要素收益价值；E 指企业的自由现金流；E_w、E_f、E_i 分别指流动资产、固定资产、除数据资产以外的其他无形资产的贡献值。基于收益法的数据要素统计测算指标如表5-3所示。

表5-3 基于收益法的数据要素统计测算指标

指 标 名 称	单位/选项	本 期
一、数据机构和人员情况	—	—
是否设有专职的数据业务或数字化部门	是/否	
是否设有首席数据官（CDO）或首席信息官（CIO）	是/否	
从业人员平均人数	人	
其中：从事数据相关业务人员数合计	人	
本年度在信息化或数字化方面的资金投入 　① 暂无投入 ② 100万元以下 　③ 100万—1 000万元 ④ 1 000万元以上	1—4	
二、相关财务数据	—	—
营业收入	万元	
营业成本	万元	
营业税金及附加	万元	
销售费用	万元	
管理费用	万元	
流动资产	万元	
平均流动资产	万元	
流动负债	万元	
固定资产原值	万元	
固定资产累计折旧	万元	
固定资产折旧	万元	
固定资产净值	万元	

续　表

指　标　名　称	单位/选项	本　期
平均固定资产	万元	
固定资产净额	万元	
固定资产及清理	万元	
无形资产	万元	
无形资产摊销	万元	
长期待摊费用	万元	
应付职工薪酬	万元	
营业收入	万元	

具体步骤如下：

首先，采用加权平均资本成本模型计算出企业全部投资的回报率；

其次，通过回报率拆分法将企业资产分为固定资产、流动资产和无形资产三类，计算市场上与被评估企业相似的企业的无形资产回报率，将其平均值作为被评估企业的无形资产回报率；

最后，以该无形资产回报率为基础，进一步将被评估企业无形资产中的数据资产剥离出来，列为一项单独的资产，再次运用回报率拆分法分离出被评估企业的数据资产回报。

模型中重要变量的确定方式如下：

自由现金流量（E）——自由现金流量是指企业经营活动产生的，在满足了再投资需要之后剩余的现金流量，在不影响企业持续经营发展的前提下可分配给股东和债权人。

自由现金流量＝息税前利润（EBIT）－税款＋折旧和摊销－营运资本变动
　　　　　　－资本性支出

EBIT＝营业收入－营业成本－营业税金及附加－销售费用－管理费用

流动资产贡献值（E_w）——流动资产在资金周转的过程中价值一般不会发生变化，且可以在一年或超过一年的一个完整的营业周期内全部收回。因此，流动资产贡献值仅指投资回报部分。

流动资产贡献值＝流动资产年平均额×流动资产投资回报率

由于流动资产一般以一个会计年度作为周转周期，且主要以货币资金形式出现，其投资回报率可选择一年期银行贷款利率。

固定资产贡献值（E_f）——固定资产在生产过程中会发生损耗，其从被购入开始需要每期进行折旧处理，直至账面价值为零，或达到企业规定的净残值。因此，固定资产贡献值包括固定资产的折旧补偿和投资回报两个部分。

固定资产贡献值＝固定资产折旧补偿＋固定资产投资回报

固定资产投资回报＝固定资产年平均额×固定资产投资回报率

由于固定资产的折旧年限一般为 5 年及 5 年以上，其投资回报率可选择 5 年期以上银行贷款利率。

无形资产贡献值（E_i）——无形资产可按照是否在企业财务报表中披露分为表内无形资产和表外无形资产。其中，财务报表中披露的土地使用权、专利权、非专利技术等属于表内无形资产，人力资本、数据资产等未在财务报表中披露的属于表外无形资产。两者均能为企业带来收益，所以在计算无形资产贡献值时需同时考虑表内和表外无形资产的贡献值。表内无形资产会因技术进步或其他原因而产生经济性贬值，需每期进行摊销。因此，表内无形资产贡献值包括无形资产的摊销补偿和投资回报两个部分。

表内无形资产贡献值＝无形资产摊销补偿＋无形资产投资回报

无形资产投资回报＝无形资产年平均额×无形资产投资回报率

由于无形资产周转周期较长，摊销年限一般较长，其投资回报率也取 5 年期以上银行贷款利率。表外无形资产主要考虑人力资本和数据资产两项。从马克思的剩余价值理论来看，企业通过榨取职工的剩余价值来为自身创造超额收益，人力资本的超额收益是表外无形资产贡献值的重要组成部分。

人力资本贡献值＝劳动力年投入额×劳动力贡献率。其中，劳动力的年投入额根据企业财务报表中的"应付职工薪酬"来确定，劳动力贡献率以我国经济增长中平均人才贡献率为标准。

需要说明的是，采用收益法开展数据要素价值统计测算也存在一定的局限性。首先，将企业全部要素收益中剔除流动资产、固定资产及无形资产收益后的差值解释为数据收益，只是一种理论假设，并无绝对的逻辑支撑。其次，评估所需的预测数据会有偏差，通过预测的方法来确定使用数据要素可能获得的收益，预测时未考虑实际影响因素的变动，所以会导致预测有偏差。再次，该模型未能考虑数据资产的价值易变性，数据资产的价值可能会随使用方式及时间的推移而不断变化。最后，对于其他要素投入的回报的估计也会存在偏差，造成对数据要素收益测算的偏差。

二、统计测算过程

本次数据要素统计调查采用网络问卷进行。

其一，课题组利用专业网络调查平台生成企业数据要素统计调查问卷；

其二，在相关政府部门的支持下，委托上海相关园区及专业机构向企业发放问卷，获得企业名称及统一社会信用代码、企业数据要素工作相关情况；

其三，利用企查查等专业平台验证企业填报的名称是否准确、是否与其统一社会信用代码相一致、企业是否处于存续且正常经营状态，剔除信息错误或不一致及已处于关闭状态的企业；

其四，开展数据清洗，剔除企业填报信息明显错误的样本（如数据工作从业人数明显过多、数据要素工作明显不符合实际等）；

其五，利用企业名称及统一社会信用代码，与专业数据库服务机构合作，获取各企业 2022 年和 2023 年的财务报表信息；

其六，利用企业财务报表信息开展计算，利用收益法评估企业数据要素价值。

三、统计测算结果

本次企业样本的调查共发出 300 份调查问卷，回收有效数据 156 份。此次调查涉及的企业行业分布，如图 5-1 所示。

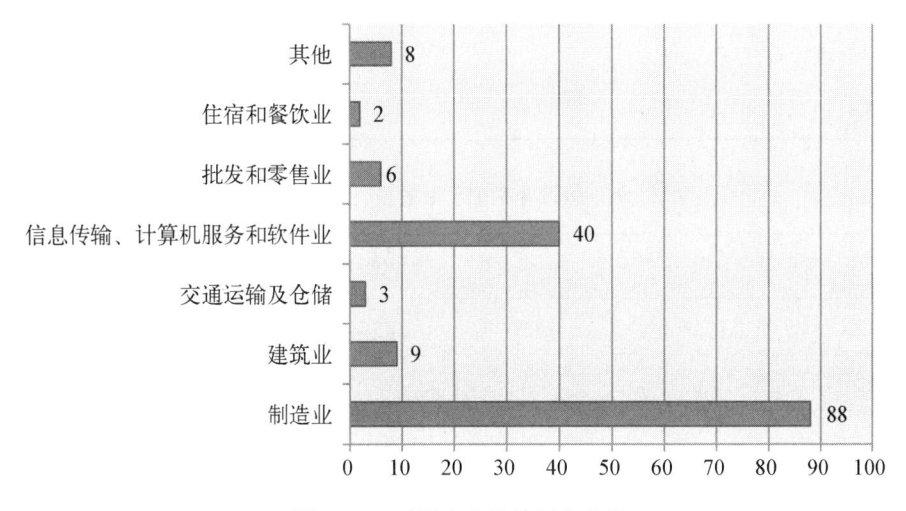

图 5-1 被调查企业的行业分布

行业	数量
制造业	88
建筑业	9
交通运输及仓储	3
信息传输、计算机服务和软件业	40
批发和零售业	6
住宿和餐饮业	2
其他	8

（一）2022—2023 年行业平均收益变化

从总体上看，2023 年数据要素收益总额相较于 2022 年呈现出稳定的趋势，详见表 5-4、表 5-5。这反映了随着数字经济的快速发展，各行业对数据要素的依赖程度不断加深，数据要素的经济价值得到进一步释放。不同行业在数据要素平均收益方面存在显著差异。一些行业由于行业特性及对数据深度应用，数据要素收益较高；而一些传统行业数据要素收益相对较低。这种差异不仅反映了各行业在数据要素利用方面的不同水平，而且体现了数字经济对传统行业的渗透和改造程度。

表 5-4　2022 年数据要素收益（单位：万元）

行 业 大 类	企业数	数据要素收益总数	数据要素收益平均数
建筑业	9	37 377	4 153
交通运输及仓储业	3	6 648	2 216
批发和零售业	6	4 010	668
信息传输、计算机服务和软件业	40	42 268	1 057
制造业	88	198 485	2 256
住宿和餐饮业	2	308	154
其他	8	6 382	798

表 5-5　2023 年数据要素收益（单位：万元）

行 业 大 类	企业数	数据要素收益总数	数据要素收益平均数
建筑业	9	32 662	3 629
交通运输及仓储业	3	7 549	2 516
批发和零售业	6	2 592	432
信息传输、计算机服务和软件业	40	31 134	778
制造业	88	211 710	2 406
住宿和餐饮业	2	287	144
其他	8	6 296	787

从行业来看，与 2022 年相比，2023 年建筑业数据要素收益平均数下降，交通运输及仓储业数据要素收益平均数上升，批发和零售业数据要素收益平均数下降，信息传输、计算机服务和软件业数据要素收益平均数下降，制造业的数据要素收益平均数呈现增长，住宿和餐饮业数据要素收益平均数下降，其他行业的数据要素收益平均数略有下降，详见图 5-2 所示。

第五章　数据要素市场规模统计

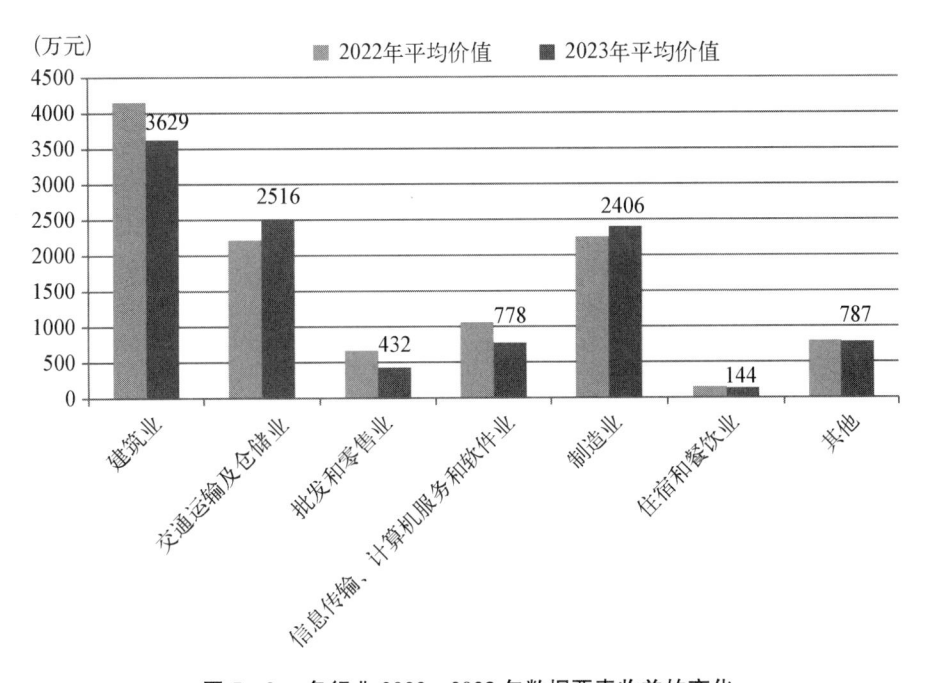

图 5-2　各行业 2022—2023 年数据要素收益的变化

(二) 2022—2023 年行业收益占比变化

数据要素收益 2022 年平均每家为 2 116 万元，中位数为 171 万元。数据要素收益占自由现金流量的 44.7%。2023 年平均每家企业为 2 131 万元，中位数为 161 万元。数据要素收益占自由现金流量的 42.9%。尽管占比有所下降，但仍表明数据要素在整体经济中的重要地位。数据要素收益的高占比意味着各行业越来越依赖于数据来驱动业务增长和盈利提升。中位数和平均值相差很大，这说明数据要素投入对企业经营生产产生的作用，在不同企业间的差异巨大。

数据要素收益的重要程度不仅体现在其占比上，更体现在其对各行业发展的推动作用上。随着数字化转型的加速推进，数据已经成为一种新的生产要素，对于提升行业竞争力、推动创新发展具有重要作用。

建筑业的数据要素收益占自由现金流量的比例相对较低，从 2022 年的 22% 降至 2023 年的 19%，如图 5-3 所示。尽管占比不高，但数据仍可能在建筑设计、施工管理等方面发挥一定作用。得益于建筑业在数字化转型方面的积极探索和实践，建筑业可以更好地进行项目管理和资源配置，提高施工效率和质量。同时，建筑业还可以利用数据资源进行智能化设计和优化，提升建筑产品的附加值和竞争力。

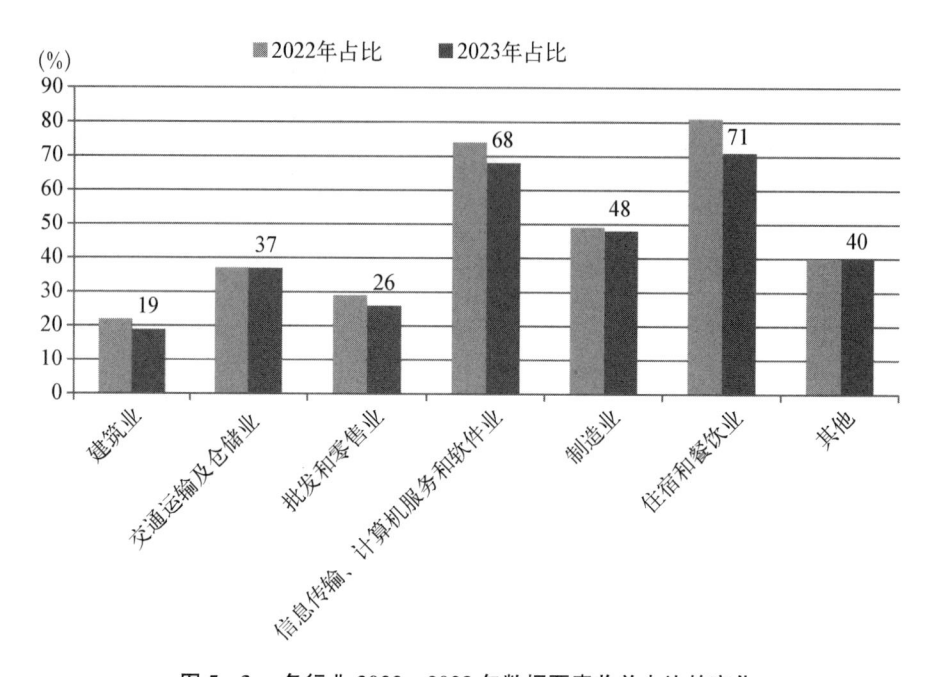

图 5-3 各行业 2022—2023 年数据要素收益占比的变化

交通运输及仓储业数据要素收益占自由现金流量的比例在两年间保持稳定在 37% 左右。通过在数字化转型方面的积极推进，交通运输及仓储业可以更好地进行物流管理和资源优化，提高运输效率和仓储管理能力。同时，该行业还可以利用数据资源进行智能化调度和监控，提升服务质量和安全性。

批发和零售业的数据要素收益占自由现金流量比例有所下降，从 29% 降至 26%。数据可用于物流优化、库存管理等方面。批发和零售业在数字化转型方面的积极探索和实践，能够更好地了解市场需求和消费者行为，优化供应链管理，提升运营效率和服务质量。

信息传输、计算机服务和软件业的数据要素收益占自由现金流量比例处于较高水平，2022年达到74%，2023年也有68%。这表明数据要素在该行业中具有极其重要的地位，可能是推动行业发展和竞争力提升的关键因素。该行业的数据要素收益占比高，与其高度依赖数据处理和技术创新的行业特性密切相关，反映出该行业在数据资源的开发和利用方面具有较高的效率和水平，为行业的快速发展提供了有力保障。

制造业作为实体经济的重要组成部分，数据要素收益占自由现金流量的比例在40%以上，2022年为49%，2023年略有下降为48%。这表明数据要素在这些行业中也扮演着重要角色，可能用于生产优化、供应链管理等方面。制造业的数据要素收益在各行业中占据领先地位。这得益于制造业在数字化转型方面的积极投入和取得的显著成效。这反映出制造业在数据采集、分析和利用方面的能力不断提升，为企业的创新发展和竞争力提升提供了有力支撑。

住宿和餐饮业的数据要素收益占自由现金流量比例相当高，2022年为81%，2023年降至71%。尽管有所下降，但仍显示出数据要素在该行业中的重要地位。这意味着数据要素在该行业中也发挥着重要作用，如通过数据分析提升运营效率、优化客户体验等。随着数字化技术的不断发展和普及，住宿和餐饮业也在积极探索数字化转型的路径。通过数据分析和利用，该行业可以更好地了解消费者需求和行为习惯，提升服务质量和客户满意度。

其他行业可能涵盖了多个领域，包括农业、专业技术服务、研究实验等，数据要素在这些领域中同样具有重要作用，数据要素收益占自由现金流量的比例在40%以上。

第四节　数据要素统计测算的对策建议

通过以上分析，本章对数据要素统计测算工作提出以下建议：

一是持续推进数据要素统计工作。政府应加大数据要素统计调查的政策法规和标准规范体系建设，明确指标体系，落实相关企业的责任与义务。建议由数据局或统计局牵头，联合经济和信息化、国资国企等部门共同推进此项工作，强化部门间的协同合作，确保数据要素统计工作的系统性和连贯性。同时，应扩大试点范围，除浦东新区外，再增加若干个具有代表性的区域开展数据要素统计试点，并积极探索行业数据要素统计试点，以积累经验，逐步完善统计体系。在推进数据要素统计工作时，可借鉴国家自然科学基金重大研究计划"大数据驱动的管理与决策研究"中相关成果，如"全景式 PAGE 框架"，破解数据要素统计中的难题，构建科学的统计体系，提升数据要素统计的科学性和准确性。

二是不断提升企业数据管理能力。政府应通过宣传培训、行业示范、政策引导及企业认证等综合性措施，推动企业构建更加科学、高效、安全的数据资产管理模式。企业自身应逐步建立完善的数据资产管理制度，包括全面盘点与梳理数据资源、系统开展数据资源的合规、确权、安全治理工作、统筹搭建数据资产管理体系、准确厘清数据资产价值、创新规划数据资产应用与开发场景等，以提升企业数据管理的成熟度和数据资产的利用效率。在这一过程中，企业可参考"第四张报表"理论框架，拓展体现数字经济特征的要素，更全面地反映企业的核心竞争力和未来发展潜力，从而为企业的数据资产管理提供更有力的支持。

三是健全数据资产入表制度规范。政府应进一步加快数据资产评估标准和制度建设，完善数据资产价值评估体系。根据不同应用场景，深入分析成本法、收益法、市场法的适用性，构建数据资产价值评估的标准库、规则库、指标库、模型库和案例库等，以支撑数据资产估值体系的标准化、规范化和便利化建设，促进数据资产在企业财务报表中的合理反映和有效利用。在数据资产评估实践中，由于数据资产的特殊性质，其价值评估面临诸多挑战，如数据资产的质量、成本、相关性、市场需求及科技创新等因素的影响。现有研究虽然取得了一定进展，但仍存在评估方法不统一、不成熟等问题，这需要政府和学术界共同努力，进一步完善数据资产评估的理论和方法体系。

第六章　数据要素市场的价格治理

价格机制是市场经济最基本的运行机制，因此价格治理是数据要素市场规范有序发展的关键保障，其重要性体现在三方面：其一，通过构建科学透明的定价体系，能够有效遏制市场交易中的价格操纵与垄断行为，保障数据交易的公平性与效率性；其二，合理价格信号能够引导数据资源优化配置，促进跨行业、跨主体的数据流通与融合应用，释放数据要素的乘数效应；其三，规范化的价格机制有助于建立市场信任基础，通过明确收益分配规则降低交易摩擦成本，激发市场主体参与数据交易的积极性。尤其在数据要素市场化改革进程中，价格治理既是防范市场失灵的制度性保障，也是实现数据要素价值合规释放的关键治理工具，直接影响着数字经济高质量发展的可持续性。

第一节　数据定价的难题

科学、准确、合理、公平地对数据进行定价，是开展数据交易、发展数据市场的前提，但数据定价并非易事，其关键难点在于，数据是非标品，对于不同用户的使用价值不同，数据成本较难衡量，数据价格较难合理评估。同时，数据具有"服务品"特征，其交易价格不仅与价值有关，也与其消费过程（使用过程）密切相关。因此，数据资产的价值具有更大的模糊性和不确定性。具体而言，实际中的数据价格受到内外部多种因素影响。

一、数据定价困难的内在原因

数据定价困难的内在原因在于数据所具有的非竞争性、非排他性、时效性、复用性等独特属性，这与传统实物资产的定价形成根本区别。

其一，数据价值受数据规模影响。一般而言，随着数据产品中包含的有效数据内容的增多，其资产价值也越大，反映出数据的规模报酬递增性。这意味着不同的数据集组合可以带来不同的价值，数据资产组合越多，彼此之间相互结合，越可能产生新的数据资产，进而提高数据集合的整体价值[1]。但是，在许多决策辅助的应用场景中，输入数据总量或规模对计算结果的贡献在达到特定值之后可能下降，这意味着数据价值与数据产品规模之间的关系并非总正相关。因此，多个数据集的整体价值并不一定等于每个数据集的价值之和。

其二，数据价值具有时效性。大多数情况下随着时间的推移数据会发生贬值，也可能因为某种特别原因而突然身价百倍。例如，某个偏远地区的土地、资源、气象、水文等数据本来价值不高，但如果政府决定对这个地区进行大规模开发，上述这些数据可能就价值倍增。

其三，数据价值具有无限性。实物资产（如能源、设备）在使用中发生物理损耗或价值递减，其价值边界清晰；而数据资产具有"越用越多"的逆向特征——同一数据集可被多主体同时调用、反复挖掘，且在交互中可能衍生新数据（如用户行为数据经分析生成洞察报告）。这种无限复用性使其价值不再遵循传统边际效用递减规律，反而可能随应用场景的拓展呈指数级增长，导致单一时间点的静态估值失效。

其四，数据价值具有场景依赖性，在不同场景下数据所发挥出的价值是不同的。例如，同一组医疗数据在临床研究、保险精算或药物研发中的价值差异

---

[1] 杨东，高清纯. 双边市场理论视角下数据交易平台规制研究［J］. 法治研究，2023（2）：97—110.

显著，且其与气象、交通等跨领域数据融合后可能催生全新商业模式（如疫情预测模型）。这种价值的不确定性使得传统成本法、市场法难以适用，需引入"预期收益折现＋场景权重"的动态评估框架。

其五，数据价值具有用户异质性。即便相关的数据，不同的使用方法、不同的人使用，其产生的价值也是不一样的。由于数据处理目的、技术能力、已持有数据资产组合不同，不同数据买方对同一数据产品的保留价格与出价意愿也不同。

其六，数据价值还具有不确定性，数据的法规变化、技术进步、国际政治等因素也会对数据价值产生实质性影响。一方面数据价值的释放受技术条件制约（如算力、算法水平），当前未被识别的数据可能在技术突破后产生颠覆性价值（如早期未被重视的社交数据在深度学习时代成为推荐系统的核心资源）；另一方面数据应用常伴随正外部性（如公共数据开放推动社会创新）或负外部性（如隐私泄露风险），这些难以货币化的社会成本／收益进一步模糊了其经济价值的边界。

二、数据定价困难的外在原因

数据要素市场存在于特定的社会与经济环境之中，政府的产业政策、经济模式等也会对数据定价产生诸多影响。

（一）产业政策对数据定价的影响

政策对数据定价的影响是多维度的，既涉及宏观政策对市场供需的调节，也包括具体行业政策对定价机制的直接干预。

一方面，流动性政策与市场预期会干扰数据价格。例如，美联储的量化宽松政策（如 2020 年，新冠疫情防控期间的流动性释放）可能推高数据资产估值，因资金充裕时投资者更倾向投资高增长潜力的数据资产；反之，紧缩政策（如 2022 年，激进加息）会压低数据定价；经济繁荣期企业数字化转型加速，数据需求增长推动价格上涨，衰退期则可能因预算收缩导致需求下降。

另一方面，政府对于数字产业及其他产业的干预会影响市场对数据的需求进而导致数据价格变动。例如，若政府对数据交易征收高额增值税或提供研发补贴（如对 AI 数据训练的税收减免），会直接影响数据成本结构，进而传导至终端定价。特别是在中国较强的政策激励条件下，一部分技术需求方可能仅仅为获取政策红利而从事技术购买活动，也会扭曲技术要素的配置效率，从而形成技术需求方的内部分化[1]。

（二）双边市场机制对数据定价的影响

数据要素市场是一种典型的双边市场[2]。双边市场是与单边市场相对的概念，其价格结构非中性，即同一交易过程中买卖双方价格不等。双边市场机制对数据定价的影响主要体现在平台通过动态调整双边用户的价格结构，以最大化网络效应和交易量。

一是需求价格弹性带来倾斜定价策略。在双边市场中，平台通常对需求价格弹性较高的一方采取低价或补贴策略，而对弹性较低的一方收取高价。例如，数据交易平台可能对数据提供者（如个人用户）免费开放或给予奖励，以吸引更多数据供给；而对数据需求方（如企业）收取较高的使用费。这种策略源于需求价格弹性的不对称性：弹性高的一方对价格敏感，低价可快速扩大用户基数，从而通过交叉网络效应吸引另一方付费用户，最终提升整体收益。

二是交叉网络外部性驱动定价动态调整。交叉网络外部性指一方用户数量的增加会提升另一方用户的参与价值。数据平台需根据外部性强弱调整定价：正向外部性显著时，若数据提供者的增加能显著提升数据使用者的价值（如医疗数据结合 AI 模型优化），平台可能对提供者采取零定价或分成激励，而对使用者收取高价。负向外部性存在时，若数据供给方内部竞争激烈（如多个企业提供同类数据导致价值稀释），平台需通过差异化定价或分层服务（如按数据质量

---

[1] 张庆国，张燕超. 平台型技术中介运行机制与定价策略研究［J］. 甘肃科技纵横，2024，53（10）：74—81.

[2] 姜奇平. 认识数据要素市场化中"市场"的特殊性［J］. 互联网周刊，2022（24）：8—9.

分级收费）缓解竞争压力。

三是组内网络外部性形成定价结构优化。组内网络外部性指同一边用户的规模对彼此参与动力的影响，这在数据市场中尤为显著。一方面是数据提供者侧的负外部性，例如过多的同质化数据供给可能导致数据贬值。此时平台需通过限时免费、独家协议或差异化定价（如稀缺数据高价）抑制过度竞争。另一方面是数据使用者侧的正外部性，若企业用户增多能促进数据应用场景的多样化（如金融与交通数据融合），平台可对早期使用者提供折扣，加速网络效应的形成。

第二节 数据定价方法

数据作为新型生产要素，其价值释放与合理定价成为企业数字化转型的核心议题。不同于传统商品，数据定价需兼顾其非排他性、可复制性及场景依赖性，既要反映生产维护成本，又要衡量应用价值与市场稀缺性，还需适配多元商业模式。随着我国数据要素市场从萌芽期向成熟期演进，定价机制的完善不仅关乎数据流通效率，更将成为企业构建数据资产化能力、释放数据要素乘数效应的关键支撑。下文将系统解析主流定价策略的运作逻辑及典型场景，并深入探讨成本、收益、市场三维度评估方法的适用边界与实践挑战。

一、数据定价策略

在探讨数据定价方法之前，首先要明确数据定价策略，即对什么、采用何种方式进行定价。根据数据产品的定价对象，以及订阅、租赁、查询、定制数据、数据托管等应用场景，数据定价策略可分为使用量、使用时间、使用内容和组合搭配四种定价策略[1]。

---

[1] 张明，路先锋，吴雨桐. 数据要素经济学：特征、确权、定价与交易[J]. 经济学家，2024（4）：35—44.

一是基于数据使用量的阶梯定价策略。该模式以实际消耗量为计费基准，采用多级递减的定价机制。在中国数字经济领域，云计算和 SaaS（Software as a Service，软件即服务）行业普遍采用此策略：阿里云通过差异化存储服务（标准/低频/归档存储）实施分级计费，其对象存储服务根据数据存储量按月结算费用；腾讯云等厂商的视频直播解决方案则综合考量带宽消耗、并发人数及观看时长多维计费指标。

二是基于服务周期的订阅定价策略。针对持续性数据需求场景设计的周期性收费方案，典型应用于科研机构、政府部门等长期用户群体。以财新数据通为代表的金融数据平台，其订阅体系允许用户根据研究周期（月度/季度/年度）灵活选择数据服务包，费用随订阅时长呈正相关增长，支持机构用户的预算规划与成本控制。

三是价值导向的动态定价策略。该策略构建于多维价值评估体系，核心参数包括：(1) 稀缺性维度，如特定行业独有数据（如油气勘探地质数据）溢价明显；(2) 时效性梯度，如实时气象数据相较历史数据存在 30%—50% 的价差；(3) 精准度层级，如自动驾驶高精地图较普通导航数据价值提升 2—3 倍，农业气象服务商对 24 小时预报数据定价较 72 小时预报溢价 40%，新能源汽车厂商采购厘米级地图数据的成本是米级数据的 1.8 倍。

四是组合定价策略。即将多个数据集组合成一个整体进行销售，这在需要通过多个数据源进行交叉验证和分析的场景中十分常见。定价时通常会根据数据集的价值、数量、时效性、覆盖范围等要素来评估和确定。我国一些数据交易中心和平台，如天眼查数据中心、易观千帆数据中心等，也提供数据组合定价策略，其定价同样是基于数据集的价值和数量等因素来进行评估和定价。

二、数据价格评估的基本方法

数据价格既取决于其自身价值，又受到数据的应用场景和市场供需关系等外部环境影响[1]。常见的方法有成本法、收益法和市场法[2]，三种方法的关键内容及优缺点，如表6-1所示。

表6-1 数据评估基本方法的比较

	关键内容	优 点	缺 点
成本法	计算数据资产的重置成本	客观透明，易于核算和审计。 确保成本回收，适合预算驱动的企业或公共服务数据	忽略市场需求与数据效用，可能导致定价偏离真实价值。 成本分摊方法的主观性可能影响定价公平性。 难以应对数据复用或衍生价值（如多次销售同一数据集）
收益法	将数据的预期收益作为定价的主要依据	直接关联数据价值，收益法考虑了数据在未来使用中可能产生的经济收益，能够更准确地反映数据的真实价值，而不是仅仅基于成本或市场供需关系进行定价。动态调整定价，可随市场环境调整折现率和收益预测，更准确地反映数据在不同环境和不同阶段的市场价值，有利于激励数据的创新应用，通过将数据的预期收益作为定价依据，收益法可以激励企业积极探索数据的创新应用场景，充分发挥数据的潜在价值	预测依赖，需准确预估收益及生命周期，对新型数据或新型场景，进行数据收益预测的难度较大。 主观性较强，折现率和风险准备金的设定都存在较强主观性，可能产生偏差
市场法	通过对比分析相同或相似数据的市场交易价格来评估数据价值	客观性：基于实际市场交易数据，能够更客观地反映数据资产的市场价值。 可比性：通过对比相似资产的交易价格，能够提供更具参考价值的定价依据。 灵活性：可以根据不同的市场条件和资产特性进行调整，适应性强	依赖市场数据，需要足够的市场交易数据作为参考，若市场数据不足或不透明，可能影响评估结果的准确性。调整存在难度，对差异因素的调整需要专业的评估知识和经验，否则可能导致评估结果的偏差

（一）成本法

在数据价格评估的理论框架中，成本法作为一种基于历史成本计量的静态定价模型，其核心逻辑在于通过量化数据资产全生命周期的投入要素，构建重

---

[1] Pei J. A Survey on Data Pricing: From Economics to Data Science [J]. IEEE Transactions on Knowledge and Data Engineering, 2020 (10): 4586-4608.
[2] 石健, 马璐. 数据资产价值评估研究 [J]. 商业观察, 2025, 11 (8): 16—19.

置成本模型以衡量数据资产的账面价值。

1. 成本法定价的成本构成

数据全生命周期中的核心成本大致包括三部分：

一是数据生产与获取成本模块。包括：(1) 数据采集成本，涉及多源异构数据获取过程中的传感器部署费用、人工标注成本及第三方数据采购支出，其核算需考量数据源稀缺性与采集技术复杂度的权重系数；(2) 数据存储成本，涵盖服务器硬件购置与折旧、云存储服务费用及数据库系统维护成本，需引入存储介质技术折旧率进行动态调整；(3) 数据处理成本，包括数据清洗、标注、转换与分析过程中的算力资源消耗及专业化人力投入，应依据摩尔定律修正算力成本折算系数。

二是数据维护成本模块。包括：(1) 数据更新成本，按照数据时效性要求建立定期补充机制的成本函数模型；(2) 数据质量管理成本，基于数据质量成熟度模型 (Data Quality Maturity Model, DQMM) 的质量检测、去重处理、一致性校验等流程的资源投入核算；(3) 数据安全成本，遵循 ISO/IEC 27001 标准体系下的数据加密、灾备恢复、合规审计等安全保障措施的成本计量。

三是隐性成本模块。包括：(1) 机会成本，运用资源再配置理论模型，量化数据项目资源占用导致的其他潜在收益损失；(2) 风险成本，基于蒙特卡罗模拟的风险价值 (Value at Risk, VaR) 模型，评估数据泄露、数据过时等风险事件的期望损失值。

2. 成本法的计量特性分析

成本法作为典型的静态定价模型，其理论基础建立在完全成本理论之上，通过"历史成本+合理利润"的定价公式实现成本补偿与价值计量。该方法在数据要素市场中呈现出以下计量特性：

(1) 客观性优势：基于可验证的成本数据构建定价模型，确保估值过程的可追溯性与透明度，为数据资产的账面计量提供稳健基准。

(2) 适用性边界：主要适用于数据生产函数中成本结构清晰、市场竞争弹性较低的场景，如基础科研数据、公共事业数据等标准化程度较高的数据资产类别。

（3）局限性分析：该方法未能充分考量数据资产的边际收益递增效应、网络外部性价值及数据融合产生的协同效应，可能导致数据资产的潜在价值低估。同时，在成本分摊过程中存在的主观性判定（如共同成本分配系数的确定）可能引发估值偏差。

综上可见，成本法在数据定价体系中充当着基础性计量工具的角色，其有效应用需结合数据资产的具体属性特征，通过构建差异化成本模型实现精准价值计量。在数字经济语境下，该方法需要与收益法、市场法等其他定价模型协同运用，才能全面揭示数据资产的复合价值维度。

（二）收益法

在数据资产价值评估的理论体系中，收益法作为一种基于未来收益预期的动态定价模型，其核心逻辑在于通过量化数据资产在商业应用场景中的潜在经济贡献，构建现金流折现模型以衡量数据资产的内在价值。该方法的理论基础可追溯至资产未来收益现值理论，强调数据资产的使用价值和时间价值维度，将预期收益作为核心定价依据。

1. 收益法的定价步骤

收益法通过构建数据资产的经济收益函数，将数据价值映射到具体的商业绩效指标上。其理论模型可表示为：

$$V = \sum_{t=1}^{n} \frac{\mathrm{CF}_t}{(1+r)^t} - C_0$$

其中，V 表示数据资产价值，CF_t 为第 t 期的增量收益，r 为折现率，C_0 为初始成本。

基于收益法的数据定价步骤如下：

（1）界定数据资产的应用场景与商业目标。通过构建数据资产—业务场景映射矩阵，明确数据在特定场景下的价值驱动因素。例如，营销数据可通过提升客户生命周期价值（Customer Lifetime Value，CLV）实现收益转化，而生产数据则通过优化设备综合效率（Overall Equipment Effectiveness，OEE）指标产生经济价值。

（2）构建增量收益预测模型。基于数据驱动的收益函数，运用计量经济学模型（如面板数据回归、机器学习算法）预测数据资产带来的额外收益。需区分数据的直接收益（如精准营销带来的销售收入增长）与间接收益（如通过数据优化降低的运营成本）。

（3）确定收益期限与衰减函数。结合数据资产的时效性特征，建立收益衰减模型。例如，行业趋势数据的收益衰减函数可表示为：

$$CF(t) = CF_0 \cdot e^{-\lambda t}$$

其中，λ 为衰减系数，可根据数据更新频率和行业变化速率确定。

（4）折现率确定与风险调整。折现率 r 的确定需综合考虑系统性风险（如行业波动性）和非系统性风险（如数据合规风险）。可采用以下公式计算：

$$R = WACC + \alpha \cdot \beta_{data}$$

其中，WACC 为企业加权平均资本成本，β_{data} 为数据资产的贝塔系数，α 为风险溢价调整系数。

（5）计算数据资产的净现值（Net Present Value，NPV）。通过将预测的增量收益现金流折现至评估基准日，扣除初始成本和持续维护成本，得到数据资产的净现值。需特别注意区分数据资产的专属成本与共同成本，可以运用作业成本法（Activities-Based Cost Method，ABC）进行精准分摊。

2. 收益法的计量特性分析

收益法的主要优势在于三个方面：一是价值关联性，直接将数据价值与企业经营绩效挂钩，符合数据资产作为生产要素的经济属性；二是动态性，通过构建收益衰减模型，反映数据资产的边际收益递减规律；三是决策相关性，为数据投资决策提供前瞻性价值评估，支持数据资产的资本化核算。

同时，收益法也存在一定局限性：一是预测不确定性，对新型数据资产或创新应用场景，收益预测模型的准确性受限于历史数据的可获得性；二是主观性风险，折现率和风险系数的确定存在较强主观性，可能引发估值偏差；三是模型依赖性，评估结果对收益预测模型和参数假设高度敏感，需通过敏感性分析和情景测试验证模型稳健性。

因此，收益法更适用于特定情形：(1) 数据具有明确的商业应用场景，与业务指标强关联，且其收益函数可量化建模；(2) 技术风险可控，合规风险明确，风险亦易于评估；(3) 数据资产的使用周期与收益衰减函数存在清晰的对应关系，生命周期可预测，数据失效的时间节点比较清晰（如行业趋势数据在经过特定时间节点后就几乎再无价值）；(4) 市场需求稳定，买方有持续付费意愿。

（三）市场法

在数据资产定价领域，市场法作为一种基于比较分析的定价策略，其理论根基可追溯至资产估值中的"替代原则"。该方法通过对市场上相同或相似数据资产的交易价格进行对比分析，进而评估待估数据资产的价值。其核心逻辑在于，买方为获取特定数据资产所愿支付的最高价格，不应超出市场上同类数据的替代成本。

1. 市场法的基本步骤

市场法的理论模型可表示为：

$$P = Q \times F$$

其中，P 为待评估数据资产的价值，Q 为参照数据资产的价值，F 为调整因子。

基于市场法的数据定价步骤包括：

(1) 筛选可比案例。需遵循以下几个基本原则：一是资产相似性，可比案例的数据特征、应用场景、质量、规模等与待估资产大体类似；二是成交时间接近性，可比案例的成交时间距离评估基准日一般不超过 3 年；三是交易价格正常性，可比案例的交易价格应是正常价格或可修正为正常价格；四是交易方式类似性，可比案例与待评估数据资产的交易方式类似。

（2）收集交易数据。收集可比数据的近期或往期成交价格及相关交易信息，包括交易时间、交易方式、交易价格调整情况、数据资产质量、数据规模等。

（3）分析差异因素。对比待评估数据与可比数据在技术特性、数据质量、应用场景等方面的差异。可从数据资产的成本维度、质量维度、应用维度、风险维度等四方面因素对数据资产价值产生的影响进行分析，并确定相应的调整因子。

（4）调整价格。根据差异因素对可比资产的交易价格进行调整，以反映待评估数据资产的价值。参考中国国际科技促进会发布的团队标准《数据资产 数据价值评估指南》，调整因子的计算标准如下：

质量调整因子：综合考虑数据规范性、完整性、准确性等维度，采取专家评价法赋权确定，通用范围为 0.8~1.5；

价格调整因子：考虑数据资产的市场规模、稀缺性等，采取专家打分法确定，通用范围为 0.8—1.2；

期日调整因子：根据居民消费价格指数和行业价格指数确定，计算方法为期日调整因子 = 评估基准日价格指数／可比案例交易日价格指数；

容量调整因子：考虑数据容量对价值的影响，采取专家打分法确定，通用范围为 0.8—1.2；

供求关系调整因子：关注稀缺性、市场规模等，采取专家打分法确定，通用范围为 0.8—1.2。

（5）确定价值。通过调整后的价格，确定待评估数据资产的市场价值。

2. 市场法的计量特性分析

市场法的优点包括：一是客观性，基于实际市场交易数据，能够更客观地反映数据资产的市场价值；二是可比性，通过对比相似资产的交易价格，能够提供更具参考价值的定价依据；三是灵活性，可以根据不同的市场条件和资产特性进行调整，适应性强。而缺点也很明显，该方法高度依赖市场数据，需要足够的市场交易数据作为参考,同时对差异因素的调整需要专业的评估知识和经验,评估结果容易出现偏差。

因此,市场法适用于存在合法、活跃的公开交易市场,市场上要存在足够数量的类似数据资产交易活动,可比交易案例的信息(包括交易价格、时间和条件等)可获取,同时市场相对稳定,交易环境和条件未发生重大变化。而在市场不活跃、缺乏可比数据交易活动或者市场发生重大变化的场景下,市场法的应用可能受到限制。由于当前我国的数据要素市场处于起步阶段,市场交易量比较有限,可作为定价参考依据的数据交易量更少,因此目前采用市场法进行数据定价还不多见。但随着数据市场的不断发展和完善,市场法有望在数据定价领域发挥更重要的作用。未来,可通过构建更加完善的数据交易市场、建立健全的数据资产评估标准和规范、培养专业的数据资产评估人才等措施,为市场法的广泛应用创造更有利的条件。

第三节 动态定价机制

对于许多新兴市场而言,价格体系并非市场建立的前提,而是市场发育和成熟的结果。由于目前的方法各有优缺点,同时目前数据要素市场特别是场内交易仍处于发展初期,可参考的数据交易信息不足,为此我国有必要推动建立数据交易"基准价格+场景调整+反馈修正"的动态化价格形成机制,通过市场的力量推动数据定价体系的不断完善。

一、建立基准价格

由专业机构根据数据质量、重要程度等建立数据产品的定价指南,形成基准价格,供交易双方参考,其中市场主体之间协商定价,同时对于一些特殊领域的数据交易(如公共数据交易、公共主体或国有企业参与的数据交易、涉及公共利益的数据交易等）由政府制定指导价格。

（1）专业机构制定定价指南。专业的数据估值和定价机构在其中发挥关键作用。这些机构应具备深厚的数据专业知识、先进的评估技术和丰富的行业经验，能够综合考量数据的准确性、完整性、时效性等质量因素，以及数据的稀缺性、重要程度、市场需求等多维度要素，制定出科学合理的数据产品定价指南。

（2）市场主体协商定价。市场主体在数据交易中具有自主协商定价的权利。交易双方根据自身的成本、预期收益、市场行情及对数据价值的认知等因素，围绕基准价格进行协商，最终确定双方都能接受的交易价格。这种协商定价方式能够充分反映市场供求关系和数据的实际价值，增强市场的活力和灵活性。

（3）政府制定指导价格。政府在数据交易定价中起到指导和监管的作用。政府部门可以通过制定相关政策、法规和标准，引导数据交易市场的健康发展，防止价格垄断、恶意炒作等不正当行为的发生。同时，公共主体还可以通过建立数据资产评估和定价的规范流程，为市场提供参考和指导，确保数据交易价格的合理性和公正性。

二、建立价格调整机制

根据上述方法确定基准价格之后，对于每笔具体的数据交易，应当在基准价格基础上，结合具体交易的内容和情形进行适当的价格调整，形成最终的交易价格。主要考虑的价格调整因素有应用场景、社会环境、双方意愿、隐私补偿等。[1]

（一）应用场景因素

（1）使用范围。数据的使用范围越广泛，其价值和价格相对越高。例如，一份覆盖全国的消费市场调研数据，相较于仅涵盖某一地区的同类数据，能够为更多企业提供有价值的参考，其价格也会相应增加。

（2）使用时限。数据的时效性对其价值有着重要影响。一些具有较强时效性

---

[1] 傅敏，张志坚. 基于区块链技术的数据交易动态定价规则研究［J］. 河南牧业经济学院学报，2025，38（1）：39—45.

的数据，如金融市场的实时行情数据、气象数据等，在特定时间段内的价值较高，超过该时限后价值可能会迅速下降，因此其价格也会根据使用时限的不同而有所差异。

（3）使用方式。不同的使用方式会对数据的价值产生不同程度的影响。例如，数据仅用于内部参考和分析，与将数据用于商业产品开发或对外提供服务等使用方式相比，后者往往能为数据使用者带来更多的经济利益，因此数据价格也会相应提高。

（4）使用规模。大规模使用数据通常需要投入更多的资源和成本，同时也可能为数据使用者带来更大的经济效益，因此数据价格会随着使用规模的增加而有所上升。

（5）市场前景。具有良好市场前景的数据，其潜在价值较高，价格也会相应上升。例如，随着人工智能、大数据等技术的不断发展，对高质量的训练数据需求日益增加，这类数据的价格也会水涨船高。

（6）供求关系。在数据交易市场中，供求关系直接影响数据价格。当市场上某种类型的数据供大于求时，价格可能会下降；反之，当供不应求时，价格则可能上升。

（7）应用风险。数据应用过程中可能面临的风险，如数据质量风险、法律风险、技术风险等，也会影响其价格。如果数据应用风险较高，可能会导致数据价格相对较低，以反映风险成本。

（二）社会环境因素

（1）产业和科技政策。政府出台的相关政策对数据交易价格有着重要的引导作用。例如，政府对某些战略性新兴产业的数据应用给予政策支持和补贴，可能会提高相关数据的交易价格；反之，对于一些受到限制或监管的数据领域，价格可能会受到抑制。

（2）信息法规。完善的法律法规能够保障数据交易的合法性、安全性和可靠性，增强市场参与者的信心，促进数据交易市场的健康发展。法规的缺失或不完善可能导致数据交易市场的不确定性增加,影响数据价格的稳定。

(3)经济形势。宏观经济环境的变化会对数据交易市场产生广泛影响。在经济繁荣时期,企业对数据的需求增加,数据交易市场活跃,价格可能上升;而在经济衰退时期,企业可能会减少对数据的投入,数据交易价格可能面临下行压力。

(4)社会因素。社会对数据的认知度、接受度和重视程度,以及社会文化、伦理等因素,也会对数据交易价格产生一定的影响。例如,随着社会对个人隐私保护的关注度不断提高,涉及个人隐私数据的交易价格可能会受到更严格的监管和限制。

(三)交易意愿因素

(1)供方出售意愿。数据提供方的出售意愿受其成本、预期收益、市场竞争状况及对数据价值的自我认知等因素影响。如果数据提供方认为数据的潜在价值很高,或者市场上存在激烈的竞争,可能会提高数据的出售价格;反之,如果数据提供方急于变现或面临资金压力,可能会降低价格以促成交易。

(2)需方支付能力。数据需求方的支付能力直接决定了其能够承受的数据价格上限。不同规模、不同行业的企业或机构,其支付能力和对数据的需求强度存在差异。支付能力强的需求方可能更有意愿购买高质量、高价格的数据;而支付能力较弱的需求方则更倾向于寻找价格相对较低的数据产品。

(四)隐私补偿因素

在数据交易中,当用户与他人共享数据时,可能会在一定程度上泄露个人隐私。特别是在大语言模型场景下,个人数据流转的隐私风险加剧,阻碍了个人数据要素价值的释放[1]。因此,数据买家在购买数据时,需要对用户的数据隐私损失进行补偿[2]。隐私补偿的方式可以是直接的经济补偿,也可以是通过提供

---

[1] 刘晓慧,陶成煦,许葳,等.大语言模型场景下个人数据定价研究:基于隐私补偿的方法[J].数据分析与知识发现,2025,9(3):106—116.
[2] 张明,路先锋,吴雨桐.数据要素经济学:特征、确权、定价与交易[J].经济学家,2024(4):35—44.

其他形式的优惠或服务来间接补偿。这种补偿机制不仅有助于保护用户的隐私权益，而且有利于促进数据交易的顺利进行，同时会对数据交易价格产生一定的影响。

三、构建反馈修正机制

建立数据交易信息披露机制，通过一定方式对各类数据产品的交易信息进行社会化公开，增强市场透明度，形成交易价格的反馈修正机制。

一是通过建立数据交易信息披露机制，将各类数据产品的交易信息，如交易价格、交易时间、交易数量、数据质量、应用场景等，以一定的方式进行社会公开。这可以增强数据交易市场的透明度，使市场参与者能够更加全面、及时地了解市场动态，减少信息不对称。

二是形成反馈修正渠道。市场参与者可以根据公开披露的交易信息，对数据交易价格形成有效的反馈。例如，数据提供方可以根据市场反馈，及时调整数据产品的定价策略；数据需求方可以参考市场价格变化，合理控制数据采购成本；监管部门也可以依据市场信息，加强对数据交易市场的监管，及时发现和纠正价格异常波动等问题。

三是促进价格动态调整。通过反馈修正机制，数据交易价格能够根据市场供求关系、数据质量变化、应用场景差异等多种因素进行动态调整，使其更加贴近市场实际价值。这种动态调整机制有助于优化数据资源配置，提高数据交易市场的效率和活力，促进数据要素的合理流动和有效利用。

第四节 公共数据定价机制

公共数据是一种特殊的数据类型。一方面，公共数据是一种公共资源，应当是全民所有。例如，齐英程认为，公共数据资源作为公共管理和服务机构在执行国家赋予的公权力下日常工作过程中自然形成的衍生品，界定为公物更符合其本质[①]；但另一方面，公共数据又是一种具有巨大经济价值的资源，完全免费向社会提供既缺乏技术上的可行性，也存在数据安全隐患，同时也难以弥补公共数据的创造与治理成本。根据公共经济学与行政法理论，公共数据的特定受益人需按"受益者负担"原则进行"利益返还"，承担一定费用[②]。特别是近几年来，我国各地大力推动公共数据的授权运营，部分地将市场机制引入公共数据的流通之中，公共数据事实上成为一种可交易的数据，其定价问题应当受到重视。

一、公共数据定价的基本方法

正因为公共数据的特殊性，其定价策略是一个复杂且多维度的问题，需要综合考虑公共数据的特性、社会价值、市场需求、成本投入、政策导向等多方面因素，兼顾公平性、效率性与可持续性。其定价通常有四种方法：

一是免费提供。根据"数据二十条"和2025年《国家发展改革委 国家数据局关于建立公共数据资源授权运营价格形成机制的通知》（简称《通知》）等，用于公共治理、公益事业（如疫情防控、灾害预警）的数据产品和服务，原则上免费提供。

二是成本补偿法。以运营机构提供公共数据产品和服务的成本为基础，确保其能够收回初始投入及日常运维、管理、人力成本，保证数据开发利用活动的可持续性。但单纯的成本补偿法可能无法激励运营机构提高效率和创新，因此通常会在此基础上加入合理盈利的要求。

三是市场导向定价法。根据市场供需关系和数据的市场价值来确定价格。

[①] 齐英程.作为公物的公共数据资源之使用规则构建［J］.行政法学研究，2021（5）：138—147.
[②] 胡业飞，田时雨.政府数据开放的有偿模式辨析：合法性根基与执行路径选择［J］.中国行政管理，2019（1）：30—36.

对于市场需求较高、稀缺性较强的数据,价格可以适当提高;而对于供给充足、替代性较强的数据,价格则相对较低。但市场导向定价法需注意防止价格垄断和市场失灵的情况。

四是双重定价模型。针对公共数据的双重用途或属性设计的定价方法。对不同使用目的进行分类管理,分用途定价,既确保公共利益不受市场机制限制,又激励企业将数据价值转化为实际收益,维持市场的合理竞争。

当然在实际上可采用的公共数据定价方法可能更为复杂,例如分阶段定价(前期公共数据"计费不收费",后期公共数据"计费收费")、按场景收益定价(以销售额或收益的一定比例作为公共数据使用费,场景价值越高、收益越高、政府拿到的比例越高)等[1]。

二、公共数据的定价策略

由于公共数据的定价取决于诸多因素,因此不同国家往往采取不同的定价方法。从当前美国及欧洲等发达国家来看,基本上是以成本补偿策略为主,但补偿何种成本,各国也有不同做法,如美国主要基于公共数据生产的边际成本进行定价,欧盟和英国主要基于成本补偿的思路开展公共数据定价[2]。而我国当前大力推动的公共数据授权运营模式中,由于引入了市场主体,其定价模式更为复杂,可以概括为两个结合:

一是"无偿+有偿"双轨制平衡。考虑到公共数据兼容公共属性和价值属性,目前学界对公共数据定价基本形成共识,即采取价格"双轨制",只是在具体的双轨划分方式上有不同的观点,如胡业飞等[3]认为一般的原始公共数据应当

---

[1] 卢延纯,赵公正,孙静,等.公共数据价格形成的理论和方法探索[J].价格理论与实践,2023(9):15—20.
[2] 王华莹,祁晓清,王鑫,等.公共数据有偿使用定价的框架研究[J].中国工程咨询,2024(1):113—117.
[3] 胡业飞,田时雨.政府数据开放的有偿模式辨析:合法性根基与执行路径选择[J].中国行政管理,2019(1):30—36.

免费开放，而产生额外加工和治理等成本的则可适当收费；鲍静等[1]、江利红等[2]认为应当根据公共数据的用途加以区分，出于公益使用的应当免费或低价提供，而用于个人或者商业机构的，则可按一定标准进行收费。同时也有学者指出，对部分公共数据进行有偿使用，也有利于调动地方政府推进数据治理、促进数据开发利用的积极性[3]。中央"数据二十条"明确要求，对于用于公共治理、公益事业的数据产品和服务，通常实行免费或低价策略，以保障公共利益和社会公平。而对于用于产业发展、商业化应用的数据使用，则采取有偿收费方式，以激励企业创新和市场发展。2025年《通知》指出，公共数据在公益性场景（如公共治理）中免费开放，而在商业场景中则采取有偿共享模式。这种政策设计既保障了数据公共属性，又通过合理收费激励市场参与，直接影响数据定价的差异化结构。

二是成本补偿与盈利限制结合。政策规定公共数据运营机构的最高准许收入需覆盖"经营成本、准许利润和税金"，其中准许利润基于国债收益率浮动。此类政策通过限制暴利、强调成本回收，避免数据垄断高价，从而抑制数据定价的非理性波动。如《通知》对公共数据授权运营主体向市场提供的数据产品和服务价格作出两点规定：

（1）科学核定最高准许收入。发展改革部门会同数据管理部门按照"补偿成本、合理盈利"的原则核定最高准许收入。最高准许收入包括经营成本、准许利润和税金。其中，经营成本指运营机构在提供用于产业发展、行业发展的数据产品和服务过程中发生的，扣除政府补助后的合理费用支出，主要包括授权运营相关平台建设和运维成本，数据传输、汇聚、存储、治理等成本，人力资源成本，获取公共数据资源的相关支出，以及期间费用等，具体通过成本调查

---

[1] 鲍静，张勇进，董占广. 我国政府数据开放管理若干基本问题研究 [J]. 行政论坛，2017，24（1）：25—32.
[2] 江利红，黄碧云. 论政府数据开放的收费范围 [J]. 河南财经政法大学学报，2024，39（6）：12—24.
[3] 刘语，曾燕. 论有偿使用制度推动公共数据开放发展 [J]. 西安交通大学学报（社会科学版），2023，43（4）：90—99.

确定。准许利润按照经营成本乘以准许利润率确定。准许利润率按照成本调查前一年的10年期国债平均收益率加上不超过6个百分点确定,具体由有定价权限的发展改革部门会同数据管理部门明确。税金按照国家现行相关规定执行。

(2) 合理制定上限收费标准。授权主体应统筹考虑不同应用场景下各类产品和服务的数据、算力、存储等资源使用,人力资源投入,以及销售规模等因素制定上限收费标准。具体可按产品数量、服务次数、服务时间、数据调用量等形式收费。

三、公共数据定价的动态调整策略

数据估值定价是一个循序渐进的过程,定价方法的选取要符合不同发展阶段的需要[1]。由于政府部门承担着培育和发展数据要素市场的任务,因此公共数据定价也需要考虑如何有利于推动市场发展壮大,故而在实际中公共数据的定价策略往往是一种动态演变的过程,可分三个阶段:

一是市场发展早期阶段,公共数据往往以免费或边际成本补偿价格为主,降低数据企业的公共数据获取成本,加快公共数据资源的流通与开发利用,促进数据产业培育和发展壮大。在这一阶段,公共数据的创造、治理、开放等成本都由政府承担,甚至政府部门会对公共数据授权运营企业给予一定的资助,以吸引更多企业参与公共数据开发利用。这种模式的本质是政府出资(以公共数据的形式或以财政补助的形式)推动数据产业发展,其问题在于虽然有利于产业发展,但公共数据的相关成本全部由政府部门承担(实际上是由全体民众承担)。尤其是随着公共数据开放工作不断深入,公共数据开放的成本结构不可避免地会发生变化,额外的治理成本也将逐步提升[2],但得到收益的却是少数具

---

[1] 潘伟杰,肖连春,詹睿,等.公共数据和企业数据估值与定价模式研究:基于数据产品交易价格计算器的贵州实践探索 [J].价格理论与实践,2023 (8):44—50.
[2] 欧阳日辉,王宇奇,傅腾宇.公共数据授权运营中收费的理论逻辑与实践探索 [J].延边大学学报(社会科学版),2025,58 (1):33—46、140.

有授权运营资质的企业，显然存在一定的不公平。

二是市场发展中期阶段，数据市场已具备一定基础，公共数据以全部成本补偿为主，即公共数据的定价要基本涵盖公共数据的创造、加工、治理、开放等成本，因此授权运营主体或其他市场主体在获得公共数据时需要支付更高的价格。在这一过程中，掌握和开放数据的政府部门并没有任何营利，但实现了公共数据的收支平衡，在一定程度上减轻了公共数据治理工作的财政负担。这种策略能够比较好地协调公共数据开发利用中的公共利益与产业利益。但其难点在于公共数据成本如何计量，因为公共数据往往是在政府日常业务中自然生成和积累的，并非专门创造出来，同时公共数据的加工、治理等工作往往也与政府的业务工作密切联系，其成本难以切割，因此实际中比较可行的方法是数据定价主要涵盖专为数据开放而增加的数据清洗、治理、开放等新增成本。

三是市场发展成熟阶段，数据市场已十分发达和活跃，对公共数据存在很大的需求。在这一阶段，公共数据定价可以超出其成本，使得政府部门在对外提供公共数据的过程中实现一定的盈利。当然，即使在这个阶段，公共数据的定价也不能无限高，必须有一定的限制，其盈利应当是少量的、适度的。更重要的是，这些数据盈利也应纳入公共财政，而不能成为掌握公共数据的部门或个人的利益源泉。所以有必要建立公共数据流通的闭环机制，将公共数据的收益反哺公共数据的创造和治理等工作，激励相关部门和人员扩大数据来源、提升数据质量、参与数据开放等，形成公共数据治理、流通、开发利用的正向激励机制。

第七章 数据质量的治理与保障

数据质量决定了数据在数据分析及开发利用中是否能发挥作用,是影响数据价值大小的核心因素。高质量的数据能够提供更真实的描述力和更准确的洞察力,从而帮助人们作出明智决策或帮助机器实现更优算法。而低质量数据会导致客户服务不佳、营销支出浪费及决策失误等问题,还会阻碍商业智能与机器学习的优化。因而在数据要素市场之中,数据质量是市场各方都十分关注的核心内容之一。然而正如前面章节所述,数据具有服务品和体验品特点,其质量难以通过外部观察和事先核验来全面准确地衡量,而必须待数据投入实际使用并取得效果之后才能确定其真实质量。同时在数据流通交易中,数据卖方通常相比买方更了解数据的真实质量,这种信息不对称也易引发卖方道德风险并导致买方不信任。因此在数据要素市场建设中,必须建立起数据质量治理机制,以保障市场的公正透明,从而推动数据高效顺畅地流通交易。

第一节 数据质量治理的背景与概念

一、数据质量治理的背景

在数字时代,数据的爆炸式增长虽然推动了人类社会的全面创新,但也产生了所谓的"数据危机"——数据质量低下问题[1]。低质量的数据可能会给组织带来严重的业务后果，不良数据往往是运营混乱、分析不准确和业务战略不周的罪魁祸首。2021年咨询公司 Gartner 表示，不良数据质量平均每年给组织造成1 290万美元的损失；而根据IBM（International Business Machines Corporation，国际商业机器公司）的估计，2016年美国的数据质量问题造成了3.1万亿美元的损失；数据质量顾问托马斯·雷德曼（Thomas Redman）在2017年为《麻省理工学院斯隆管理评论》（*MIT Sloan Management Review*）撰写的一篇文章则估计，纠正数据错误和处理不良数据造成的业务问题平均会给公司造成15%至25%的年收入损失[2]。在实际中，许多因素都会造成数据质量低下：

（1）数据来源多样化：随着数字化转型的加速，数据来源越来越多样化，包括传感网络、社交媒体、客户关系管理系统等。这使得数据的格式、结构和质量各不相同，增加了数据质量管理的难度。

（2）数据量庞大：随着大数据时代的来临，组织面临的数据量越来越庞大。如何有效地处理和分析这些数据，确保其质量和可靠性，是一项巨大的挑战。

（3）数据质量问题隐蔽：许多数据质量问题较为隐蔽，难以被及时发现和解决。例如，数据的重复、遗漏或格式不正确等问题，可能会对分析结果造成影响。

（4）数据质量与业务需求脱节：在许多组织中，数据质量和业务需求之间存在脱节现象。业务部门往往更关注业务目标的实现，而忽视数据质量的管理和维护。

而良好的数据质量可提高分析的准确性，包括依赖人工智能技术的分析，这可以带来更科学合理的业务决策，进而改善内部流程、提高竞争优势和提高销售额。

---

[1] RIB. The Ultimate Guide to Modern Data Quality Management (DQM) For An Effective Data Quality Control Driven by The Right Metrics [EB/OL]. [2024-7-21] https://www.rib-software.com/en/blogs/data-quality-management-and-metrics

[2] Sheldon R. Define Data Quality [EB/OL]. [2025-1-20]. https://www.techtarget.com/searchdatamanagement/definition/data-quality

(1) 改善决策过程：从客户关系管理到供应链管理再到企业资源规划，数据质量管理的好处可以对组织的绩效产生连锁效应。有了高质量的数据，组织可以建立数据仓库来研究趋势并制定面向未来的战略。在整个行业中，高质量数据的积极投资回报率是众所周知的。根据埃森哲的一项大数据调查，92%使用大数据进行管理的高管对结果感到满意，89%的高管认为数据"非常"或"极其"重要，因为它将"像互联网一样彻底改变运营"。

(2) 节省时间和金钱。使用质量低下的数据来制定重要的业务决策不仅会导致在低效的策略上浪费时间，而且会导致更大的金钱和资源损失。考虑到这一点，公司投资于正确的流程、系统和工具以确保其数据质量符合所需标准至关重要。因此，企业不仅可以节省大量金钱和资源，而且将获得基于准确见解作出明智决策的回报。

(3) 促进团队合作。当组织中的多个部门能够持续访问相同的高质量数据时，沟通效果会更好、更有效。这使得所有团队成员在优先事项、发出的信息及品牌方面保持一致。这些因素结合在一起，确保取得更好的结果。

(4) 更好地了解客户。有了高质量的数据，公司就能更好地评估客户的兴趣和需求。这有助于公司通过创造更好的产品来发展，而这些产品是由客户需求驱动的。然后，可以根据消费者的需求和数据的直接反馈来推动营销活动，而不仅仅是根据毫无依据的猜测。

(5) 增强竞争优势：如前几点所述，拥有高质量数据的底线是提高组织所有领域的绩效。从客户关系到营销、销售和财务，在当今快节奏的世界中，能够利用自己的数据作出明智的决策是无价的。清楚地了解应该遵循哪些步骤才能取得成功，这将使组织获得明显的竞争优势，从而使组织与众不同。

二、数据质量治理的概念

数据质量治理是组织中涉及数据开发处理的管理控制活动，包括针对机构内部数据的商业应用和技术管理的一系列政策和流程，其目标是提升数据使用价值和交换价值。从范围上讲，数据质量治理涵盖了前端的数据采集、归集、清洗等环节，中端的数据处理、分析、加工等环节，以及后端的数据使用、共享、交易等环节。

数据质量治理与数据治理是两个密切相关的概念。数据治理是指使用内部数据标准和规则来管理数据可用性、可访问性、完整性、使用和安全性的过程，其主要目标是打破数据孤岛并为数据使用者提供一致且值得信赖的数据；而数据质量治理则是基于评估和改进准确性、完整性、及时性等维度的数据质量，包括解决问题、进行更改和提供持续监控的明确路径。

相较而言，数据治理是一个更广泛的概念，而数据质量治理可以视为数据治理的一部分。数据质量侧重于数据的根本特征并确保其适用性，而数据治理则提供了一个全面的框架，以确保数据得到适当的管理、保护和使用。两者的差异主要体现在侧重点不一样[①]：

从工作目标上看，数据质量治理是为确保数据集满足正确性、一致性和相关性的精确要求；数据治理的目的是建立数据管理的组织结构，以符合业务目标、法规遵从性和高效数据使用。

从工作范围上看，数据治理涵盖了整个数据管理中涉及的角色、职责、程序和技术；数据质量关注数据的特征，通过建立数据质量指标和标准并实施数据清洗、验证和其他质量改进流程，以提高数据质量并确保数据准确、全面且对用户具有使用价值。

从工作内容上看，数据治理包括政策制定、确定数据所有权和责任、数据分类、数据访问限制、数据保留法规和法规遵从等任务；数据质量则主要包括设置数据质量规则、数据分析、清洗、验证、标准化、监控，以及建立数据质量测量和标准。

从概念关联上看，数据治理着重考虑内部目标，根据政策法规和工作目标

---

① Novogroder I. Data Quality vs Data Governance: How Are They Different? [EB/OL]. [2024-11-5]. https://lakefs.io/data-quality/data-quality-vs-data-governance/

建立以合规性为核心的治理体系；而数据质量治理既要考虑内部目标，也要考虑外部需求，典型的例子是数据质量需要考虑数据用户的业务需要，如果提供的数据让用户无法使用，无论其准确性、完整性、合规性等如何达标，数据仍然是低质量的。

从失败结果上看，数据质量差可能导致决策错误、效率低下、信任度下降和财务损失；数据治理不善可能导致法律处罚、安全漏洞、效率低下和数据管理领域的组织动荡。

第二节　数据质量评估方法

在数据驱动决策日益成为各行业核心竞争力的当下，数据质量作为数据价值实现的关键前提，其评估方法的科学性与系统性至关重要。以下将系统阐述数据质量评估的完整流程及评估指标，旨在为数据要素市场参与者提供一套严谨、可操作的评估框架，助力提升数据要素的可信度与可用性，推动数据要素市场的高质量发展。

一、数据质量评估过程

在国家大力推进数据要素市场建设与发展的背景下，数据质量评估作为保障数据价值实现与要素流通的关键环节，对于保障数据质量、促进市场健康发展具有重要意义。以下是数据质量评估的一般过程。

（一）应用场景确认

数据质量指的是在特定的业务环境下，数据满足业务运行、管理与决策的程度[①]。数据质量与应用场景之间存在着极其密切且复杂的内在关联。不同应用

---

① 谢辉. 数据标准和数据质量：技术解析与典型案例 [EB/OL]. [2023-8-13]. https://www.51cto.com/article/753918.html

场景对数据质量的要求呈现出显著的多样性，以同一份数据为例，不同的业务场景可能侧重于数据的不同特性：某些场景强调数据的及时性，要求数据能够快速反映业务动态；而另一些场景则更注重空间涵盖度，期望数据能够在地理或业务覆盖范围内具有广泛的代表性；还有的场景对内容规范性有着严格要求，确保数据在格式、编码等方面符合既定标准。鉴于不同应用场景对数据质量需求的差异，明确数据或数据产品所处的具体应用场景，成为开展数据质量评估工作的逻辑起点与必要前提。

(二) 质量需求分析

在具体应用场景既定的条件下，数据质量需求的分析可从业务发展和数据管理两个维度进行深入剖析。从业务发展维度来看，数据质量需求紧密关联于数据应用系统对数据的依赖程度。随着信息技术的飞速发展，数据服务、数据分析、数据挖掘等数据应用系统已成为推动业务发展与创新的重要引擎。这些系统对数据质量的要求主要体现在数据的准确性、完整性、一致性等方面。例如，数据分析系统需要准确且完整的数据以生成可靠的分析结果，为业务决策提供坚实依据；数据挖掘系统则依赖于数据的一致性来发现数据中的潜在模式与规律。从数据管理维度而言，企业为实现高效的数据治理与管控，对数据质量亦有着明确的要求。这包括数据格式的标准化、数据规则的规范化，以及数据安全的保障等方面。数据格式的标准化有助于实现数据的便捷存储与高效传输，提高数据处理系统的兼容性；数据规则的规范化旨在确保数据在生成、存储、传输与使用过程中的准确性与一致性；数据安全则是企业数据管理的生命线，关乎企业的核心利益与商业机密保护。

(三) 评估指标选择

依据应用场景对数据质量的多样化需求，合理确定用于评估数据质量的具体指标是数据质量评估工作的核心环节。在这一过程中，指标选择需遵循一系列科学且严谨的原则，以确保评估结果的全面性与可靠性。首先，系统性原则要求所选指标能够全面覆盖应用场景对数据质量的各方面要求，形成一个有机的指标体系，从而对数据质量进行全方位的评估。然而，系统性并不意味着面面俱到，在这一过程中，精练性原则显得尤为重要。所选择的指标应聚焦于数据质量的核心需求，避免冗余指标的引入，同时确保各指标之间具有较低的相关性，以减少指标之间的信息重叠。其次，可操作性原则要求所选取的指标能够较为便利地获取相应的数值，这不仅涉及指标定义的明确性与可测性，还要求评估过程中能够获取到足够且准确的评估数据。在实际操作中，评估指标通常涵盖了数据的准确性、完整性、一致性、及时性、空间涵盖度、内容规范性等多个方面，不同应用场景对这些指标的权重分配可能截然不同。

（四）评估模型构建

在确定评估指标体系的基础上，构建评估模型是实现数据质量量化评估的关键步骤。评估模型不仅需要明确各评估指标，还需确定指标权重及指标的合成方法。指标权重的确定是评估模型构建过程中的核心环节，它反映了各指标在数据质量评估中的相对重要性。层次分析法作为一种常用的方法，通过组织领域专家对各指标的重要性进行成对比较打分，能够较为科学地确定各指标的权重。此外，还可采用熵权法等客观赋权方法，依据评估数据的客观信息来确定权重，避免主观因素对权重确定的过度影响。指标合成方法则根据评估指标的性质与评估目的进行选择，一般情况下采用加法合成方法，即先将各指标乘以其对应的权重，然后将所有加权后的指标值相加，得到最终的评估值。然而，对于一些具有极端重要性甚至具有"一票否决"作用的指标，例如数据的合法性，为了确保其在评估结果中的决定性地位，可采用乘法合成方法，即将各指标值相乘得到最终评估值。

（五）数据质量评估实施

上述环节所描述的仅为数据质量评估的一般性流程，在实际操作中，数据质量评估过程可能因多种复杂因素而更具挑战性。例如，数据的应用场景可能呈现出多样化或模糊不清的特点。在面对复杂多变的应用场景时，评估人员需要运用专业知识与经验，提炼出数据质量的共性需求，或者将复杂场景划分为多个层次的需求，逐步进行评估。此外，评估指标数值的获取可通过多种途径实现，一方面可以由领域专家依据其专业知识与经验进行主观打分，这种方法在缺乏客观数据或难以量化的情况下具有重要作用；另一方面，也可以利用专业的软件工具进行客观测评，这些工具通常基于先进的算法与模型，能够对数据质量进行较为客观准确的量化评估。然而，需要注意的是，评估模型所计算出的结果可能因评估指标的局限性而无法完全反映数据质量的核心含义。因此，为提高评估结果的准确性和可靠性，有时需要结合专业人士的主观判断对结果进行适度修正，以弥补指标体系的不足，最终得出全面且合理的数据质量评估结论。

二、数据质量评估指标

数据质量评估指标是衡量数据在特定应用场景中满足业务需求程度的关键工具。这些指标通常涵盖准确性、完整性、一致性、及时性、空间涵盖度和内容规范性等多个维度。评估指标的选择将对数据质量评估结果产生重要影响。

（一）相关数据质量衡量标准

关于数据质量的衡量标准，不同研究给出了不同的维度，有5维、6维、7维等多种标准，如表7-1所示。

表7-1　数据质量评估的典型指标体系

维度数量	提出机构	主　要　内　容
5维	Precisely.com[①]	准确性，即数据是否准确，是否反映了真实情况。准确性是数据质量的一个关键特征，因为不准确的信息可能导致严重问题和严重后果。完整性，指信息的全面性，即是否提供了所需要的所有数据。如果数据不完整，则可能无法使用。可靠性，意味着一条信息不会与不同来源或系统中的另一条信息相矛盾。可靠性是数据质量的一个重要特征，当数据相互矛盾时，人们就无法相信这些数据。

---

① Sarfin R L. 5 Characteristics of Data Quality [EB/OL]. [2024-2-2]. https://www.precisely.com/blog/data-quality/5-characteristics-of-data-quality

续　表

维度数量	提出机构	主　要　内　容
5维	Precisely.com	相关性，即数据是否符合获取者的需求，是否可用于实现特定目标和任务。获取不相关的数据就是时间和金钱的浪费，数据也没有任何价值。 及时性，指数据的更新程度，是否包含最新的一些数据。与不相关的数据一样，过时的数据也会浪费时间和金钱
5维	国际货币基金组织	完整性：统计数据的收集、处理和传播基于客观性原则。 方法合理：统计数据是使用国际公认的准则、标准或良好实践创建的。 准确性和可靠性：用于编制统计数据的源数据是及时的，来自考虑到国家具体情况的综合数据收集程序。 适用性：统计数据在数据集内、随时间推移，以及与主要数据集保持一致，并定期修订。统计数据的周期性及时性符合国际公认的传播标准。 可访问性：数据和元数据以易于理解的方式呈现，统计数据是最新的且易于获取。用户可以获得及时且专业的帮助
6维	坦伯顿分析 (Temberton Analytics)	及时的数据（Current data）：数据通常对时间敏感，因此，所有系统中的数据都必须是最新的，并考虑到任何可能导致其过时或毫无价值的变化。 完整的数据（Complete data）：数据完整性是指数据的全面性或完整性。如果缺少必要的数据元素，则数据不可靠。 清洁的数据（Clean data）：数据清洁或数据清洗是检测和纠正任何损坏或不准确记录的过程。必须处理和解决任何数据错误才能使数据清洁，并且必须始终如一地进行。 一致的数据（Consistent data）：一致性意味着数据反映组织内所有系统的相同信息。数据格式也必须标准化，并且需要删除冗余数据，这是称为数据规范化的准备步骤的一部分。 可信的数据（Credible data）：数据可信度是指可以信赖数据源以确保数据正确呈现的程度。换句话说，必须验证数据来自可靠来源，数据才可信。 合规的数据（Compliant data）：数据合规是确保敏感数据的组织和管理符合企业业务规则及法律和政府法规的做法
7维	IBM[1]	完整性：这表示可用或完整的数据量。如果缺失值比例很高，并且数据不能代表典型的数据样本，则可能会导致有偏差或误导的分析。 唯一性：这表示数据集中的重复数据量。例如，在查看客户数据时，每个客户都有一个唯一的客户ID。

---

[1] Tozzi C. How to Measure Data Quality-7 Metrics to Assess the Quality of Your Data [EB/OL]. [2024-3-7]. https://www.precisely.com/blog/data-quality/how-to-measure-data-quality-7-metrics

续 表

维度数量	提出机构	主 要 内 容
7维	IBM	有效性：此维度衡量有多少数据符合任何业务规则所需的格式要求，并通常包括元数据，例如有效数据类型、范围、模式等。 时效性：此维度指的是数据在预期时间范围内的准备情况。例如，客户希望在购买后立即收到订单号，并且该数据需要实时更新。 准确性：此维度指的是基于公认的"事实来源"的数据的正确性。由于一个数据可能有多个来源，因此一个主要数据源非常重要；可以使用其他数据源来确认主要数据源的准确性。 一致性：此维度评估来自两个不同数据集的数据记录。如前所述，可以确定多个来源以报告单个指标。使用不同的来源检查一致的数据趋势和行为，使组织能够信任其分析中的任何可操作见解。此逻辑也可以应用于数据之间的关系。例如，一个部门的员工人数不应超过公司的员工总数。 适用性：适用性有助于确保数据资产满足业务需求。这一维度可能难以评估，尤其是对于新兴数据集
6维	《信息技术 数据质量评价指标》GB/T 36344—2018①	规范性：指的是数据符合数据标准、数据模型、业务规则、元数据或权威参考数据的程度。 完整性：指的是按照数据规则要求，数据元素被赋予数值的程度。 准确性：指的是数据准确表示其所描述的真实实体（实际对象）真值的程度。 一致性：指的是数据与其他特定上下文中使用的数据无矛盾的程度。 时效性：指的是数据在时间变化中的正确程度。 可访问性：指的是数据能被访问的程度
8维	贵州省地方标准②	规范性：命名、元数据、参考数据、数据权限规范性以及脱敏数据占比。 准确性：数据格式合规性、数据重复率、数据唯一性、脏数据出现率。 完整性：数据元素和数据记录空值率、数据记录缺失率。 可用性：数据字段、依赖字段、数据集、数据接口可用性。 处理效果：数据合格率、清洗保留率。 一致性：相同数据一致性、关联数据一致性。 可访问性：数据字段和数据集可访问率、数据接口有效率。 时效性：时段数据、时点数据、数据时序的正确性

---

① 国家标准委.信息技术 数据质量评价指标（GB/T 36344—2018）[EB/OL].[2025-2-8].https://openstd.samr.gov.cn/bzgk/gb/newGbInfo?hcno=D12140EDFD3967960F51BD1A05645FE7
② 国家标准委.政务数据 第4部分：数据质量评估规范（DB52/T 1540.4—2021）[EB/OL].[2025-3-2].https://dbba.sacinfo.org.cn/stdDetail/7f6ff973d26decb5601c1c4e199e4ef632756e4a18c2250c468a6ca088438e8a

（二）数据质量评估的市场因素

在数据要素市场中，作为流通交易对象的数据，其质量还需要基于市场交换的背景来考量。在以往场景中数据质量多是从"数据提供—数据使用"角度来衡量，数据质量主要指影响数据使用的质量因素；而在数据流通交易的场景中，数据质量除应包括影响数据使用价值的各类因素外，还应包括影响数据交换价值的因素。因此在数据要素市场中，除上述常见指标外，市场主体往往还关注数据的以下属性：

（1）数据稀缺性。数据在市场上的稀缺程度无疑将在很大程度上影响数据的市场价值，越是不常见、不易获得的数据，其市场价值往往越高。至于那些只有唯一来源的数据，其价值则会非常高。

（2）数据新颖性。相比于市场上已有的数据产品或服务，数据在数据来源、分析加工方法、展示方式等方面是否有创新性。与前述的数据及时性不同，数据新颖性更多体现在数据的创作视角、表现形式等的新颖程度。

（3）持续供给力。由于数据交易往往并非一次性交易，而需要不断进行更新。同时许多数据交易都以数据服务的形式提供，一般也需要卖方提供持续的技术服务。因此持续的供给和服务能力对于数据质量至关重要。

综上，数据质量衡量指标可以分成以下三个方面，如表 7-2 所示。

表 7-2　数据质量的衡量维度

衡量领域	主要内涵	主要指标及含义
数据内在特征	影响数据价值的数据自身特征	及时性：数据的更新程度，是否包含最新数据
		准确性：数据是否准确，是否反映真实情况
		完整性：指信息的全面性，是否提供了所需要的全部数据，数据缺失是否过多
		颗粒度：颗粒度过小可能会导致不必要的复杂性，而颗粒度过大可能会使数据无法用于特定分析，因此数据质量需要在这两个方面之间取得平衡

续　表

衡量领域	主要内涵	主要指标及含义
数据内在特征	影响数据价值的数据自身特征	可靠性：数据来源可信，是否来自权威机构
		一致性：数据不会与不同来源或系统中的另一条数据自相矛盾
数据技术属性	影响数据价值的技术因素	可访问性：数据以易于理解的方式呈现且易于获取
		有效性：指格式化程度，衡量有多少数据符合业务规则所需的格式
		唯一性：数据是否存在重复，尤其每个实体是否存在唯一标识
		持续供给力：数据卖方持续更新数据和提供数据服务的能力
数据经济社会属性	影响数据价值的外在因素	适用性：数据是否满足业务应用需求。如果提供的数据不可用，无论其正确性和完整性如何，数据都可能被称为低质量数据
		合规性：数据及其管理是否符合企业业务规则及相关政策法规
		稀缺性：数据在市场上的稀有程度，或者市场上获得该数据及类似数据的难易程度
		创新性：相比于市场上已有的数据产品或服务，数据在数据来源、分析加工方法、展示方式等方面是否有创新性

第三节　企业数据质量治理框架

数据要素市场中的数据质量治理制度建设可以分为两个层面，一是企业层面，着重建立健全数据质量相关管理制度和流程；二是社会层面，着重建立和完善相关标准规范、专业服务体系和政策法规。企业层面的数据质量治理是根本和关键，在相当大程度上决定了数据要素市场上的整体数据质量。

一、数据质量治理框架

在企业数据治理的生命周期中，数据质量治理通常可以划分为三个关键阶

第七章　数据质量的治理与保障

段：事后治理、事中监控和事前防范。这些阶段共同构成了一个全面的数据质量管理框架，旨在通过对历史数据的治理、对当前数据的实时监控，以及对未来数据的预防措施，实现数据质量的持续提升和优化，如图 7‐1 所示[①]。

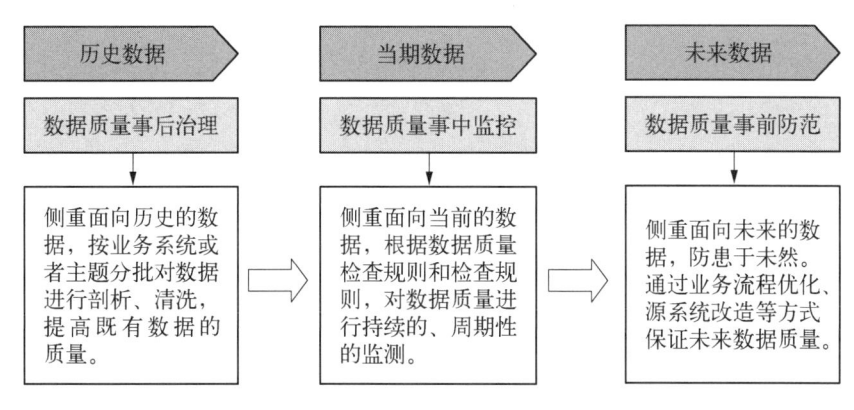

历史数据	当期数据	未来数据
数据质量事后治理	数据质量事中监控	数据质量事前防范
侧重面向历史的数据，按业务系统或者主题分批对数据进行剖析、清洗，提高既有数据的质量。	侧重面向当前的数据，根据数据质量检查规则和检查规则，对数据质量进行持续的、周期性的监测。	侧重面向未来的数据，防患于未然。通过业务流程优化、源系统改造等方式保证未来数据质量。

图 7‐1　企业数据质量的全生命周期治理

（1）事后治理，主要针对历史数据。这一阶段始于对数据质量问题的识别和报告，随后通过分析问题的根本原因及其潜在影响，制定并执行相应的解决方案。事后治理的关键在于对历史数据进行深入分析，识别并纠正数据中的错误和不一致之处，以确保数据的准确性和完整性。这个过程通常需要跨部门的合作，以确保问题能够得到彻底解决，并防止类似问题在未来再次发生。

（2）事中监控，侧重于对当前数据的实时管理和监控。最有效的做法是利用自动化工具来执行这一任务。这些工具依据预先设定的标准和业务需求，通过转化为数据质量监控规则并在系统中实施，实现对数据的实时监控和执行。事中监控的核心在于建立一个持续改进的循环，通常遵循 PDCA（计划—执行—检查—行动）流程，以确保数据质量的持续优化。自动化工具不仅能够实时检测数据异常，还能生成详细的监控报告，为管理层提供数据质量的实

---

① 谢辉. 数据标准和数据质量：技术解析与典型案例［EB/OL］.［2023‐8‐13］. https://www.51cto.com/article/753918.html

时状态。

(3) 事前防范，着眼于未来数据的质量保障。这包括总结业务需求和历史问题，采取预防性措施以确保未来数据的质量。通过对问题的深入分析和对业务需求的全面理解，企业可以识别潜在的数据质量问题，并在业务系统和数据处理流程中进行相应的改造和优化。此外，针对这些改造措施，企业还需要对管理制度和数据质量规则进行优化，以确保新的数据处理流程能够有效防止问题的发生。事前防范的关键在于建立一个前瞻性的数据质量管理策略，通过预测和预防潜在问题，确保数据质量的长期稳定性和可靠性。

总体而言，企业数据质量治理的三个阶段——事后治理、事中监控和事前防范——共同构成了一个全面的数据质量管理框架。通过这三个阶段的协同作用，企业可以有效地提升数据质量，确保数据在决策支持、业务运营和战略规划中的有效性和可靠性。

二、数据质量治理策略

在企业数据质量治理的实践过程中，为了确保数据质量流程的有效实施，建立健全的数据质量治理制度和机制显得尤为重要。以下是企业需要重点关注和实施的几个关键方面，每个方面都蕴含着深刻的学术原理与实践价值[1]：

(1) 制定数据治理政策：企业应制定全面且严谨的数据治理政策，以确保组织内数据处理和管理的统一性和规范性。这些政策需明确界定与数据管理相关的角色、职责、标准和流程，为数据的收集、存储、处理和共享提供明确的指导方针。通过在组织内实施统一的数据治理政策，可以显著提升整体数据质量，减少数据不一致和数据冗余等问题，为企业的数据管理和利用提供坚实的制度保障。从学术角度看，这种政策框架的构建有助于形成组织内的数据文化，促进

---

[1] IBM.6 Pillars of Data Quality and How to Improve Your Data [EB/OL]. [2024-11-7]. https://www.ibm.com/products/tutorials/6-pillars-of-data-quality-and-how-to-improve-your-data

数据作为企业战略资产的价值实现[1]。

（2）开展数据质量培训：企业应为员工提供系统的数据质量管理培训计划，帮助他们掌握正确处理和管理数据的知识与技能。定期组织涵盖数据收集实践、错误检测技术以及数据质量评估方法等主题的培训课程和研讨会，能够有效提升员工的数据质量意识和专业素养。通过持续的培训，团队成员能够更好地理解和遵循数据质量管理要求，从而为维护高数据质量标准做出积极贡献。培训不仅提升了员工的技能，而且增强了他们对数据质量重要性的认知，这种认知转变对于构建数据驱动的组织文化至关重要[2]。

（3）维护数据文档的准确性和时效性：企业需要建立完善的文档管理系统，确保有关数据源、数据流程和数据系统的文档始终准确且最新。这些文档应详细记录数据的沿袭（即数据的来源和收集方法）、对数据进行的转换操作，以及在分析过程中所做的假设等关键信息。准确且详尽的文档不仅有助于用户全面了解数据的背景和使用方法，而且能有效防止因数据误解而导致的错误分析和决策，从而保障数据使用的正确性和可靠性。在学术研究中，数据透明度和可追溯性是确保研究结果可靠性的基石，这一原则同样适用于企业数据管理实践[3]。

（4）实施数据验证技术：为了确保进入数据库的系统输入的准确性，企业应广泛采用数据验证技术。这些技术包括格式验证（如验证电子邮件地址的正确格式）、范围约束（如年龄、收入等数值字段的合理范围）和参照完整性规则（如外键约束）等。通过在数据输入环节实施严格的验证检查，可以有效防止不准确或不一致的数据进入数据库，从而在数据源头上保障数据质量。数据验证技术的实施不仅减少了错误数据的产生，而且提高了数据处理的效率和系统的稳定性。

---

[1] Wang R Y, Strong D M. Beyond Accuracy: What Data Quality Means to Data Consumers [J]. Journal of Management Information Systems, 1996, 12 (4), 5-33.
[2] Redman T C. Data quality for analytics [M]. Newyork, USA: FT Press, 2008.
[3] Hurley A C, Bohn R E.& Rothenberg E. Data Quality Management [J]. Communications of the ACM, 2009, 52 (1), 137-140.

(5) 建立反馈循环机制: 反馈循环是数据质量治理的重要组成部分, 它涉及收集最终用户对数据集或报告输出中可能存在的不准确性的反馈意见。企业应积极营造一种开放式的沟通文化, 鼓励用户主动报告数据问题。通过及时收集和响应用户反馈, 组织能够迅速发现问题并主动实施必要的变革, 从而实现数据质量的持续改进, 避免数据质量问题对业务造成严重后果。反馈机制的有效性在学术研究中得到了广泛验证, 能够显著提升系统的适应性和响应速度。

(6) 运用数据清理工具: 数据清理工具是提升数据质量的重要技术手段, 能够通过将数据集与预定义的规则或模式进行比较, 自动识别数据集中的错误和不一致之处。这些工具还可以执行诸如删除重复记录、规范化数据值（如统一文本的大小写格式）等任务。企业应定期使用数据清理工具对数据库进行维护和优化, 以确保系统中仅存储和处理高质量的数据, 从而提高数据的可用性和可靠性。数据清理工具的应用不仅提高了数据处理的效率, 而且减少了人工干预的需求, 降低了数据管理的成本。

(7) 监控数据质量指标: 企业应建立数据质量指标的监控体系, 定期测量和分析关键的数据质量维度, 如完整性、准确性、一致性、及时性和唯一性等。通过对这些指标的持续监控, 企业能够及时发现潜在的数据质量问题, 并在问题对业务运营产生重大影响之前采取有效的纠正措施。此外, 数据质量指标的监控结果还可以为企业的数据治理决策提供重要依据, 帮助管理层识别数据质量改进的重点领域和优先级, 从而实现数据质量的精细化管理和持续优化。在学术研究中, 指标监控被证明是实现持续质量改进的有效方法, 它能够帮助企业实现数据质量的长期稳定性和可靠性。

综上所述, 企业通过制定数据治理政策、开展数据质量培训、维护数据文档、实施数据验证技术、建立反馈循环机制、运用数据清理工具及监控数据质量指标等多方面的努力, 可以构建一个全面且有效的数据质量治理体系。这一体系不仅能够提升企业的数据质量, 而且能增强企业的数据管理能力, 为企业的数字化转型和数据驱动决策提供坚实的基础。

三、数据质量管理技术

数据质量的治理应当采用"技术+制度"的综合性举措。除建立上述数据质量治理制度和机制之外，还可以利用一些技术手段来实现高效率治理。以下是一些可用于监控数据质量的常见数据质量监控技术[1]：

(1) 数据分析。数据分析是检查、分析和理解数据中的内容、结构和关系的过程。此技术涉及在列和行级别检查数据，识别模式、异常和不一致之处。数据分析通过提供有价值的信息（例如数据类型、长度、模式和唯一值）帮助人们深入了解数据的质量。数据分析主要有三种类型：列分析，检查数据集中的各个属性；依赖性分析，识别属性之间的关系；冗余分析，检测重复数据。通过使用数据分析工具，人们可以全面了解数据并确定需要解决的潜在质量问题。

(2) 数据审计。数据审计是通过将数据与预定义的规则或标准进行比较，来评估数据准确性和完整性的过程。此技术可帮助组织识别和跟踪数据质量问题，例如数据缺失、不正确或不一致。数据审计可以通过查看记录和检查错误来手动执行，也可以使用扫描和标记数据差异的自动化工具来执行。要进行有效的数据审计，首先应该建立一套数据必须遵守的数据质量规则和标准。接下来，可以使用数据审计工具将数据与这些规则和标准进行比较，找出差异和问题。最后，应该分析审计结果并实施纠正措施来解决已发现的数据质量问题。

(3) 数据质量规则。数据质量规则是预定义的标准，数据必须满足这些标准才能确保其准确性、完整性、一致性和可信性。这些规则对于维护高质量数据至关重要，可以使用数据验证、转换或清理流程来强制执行。数据质量规则的一些示例包括检查重复记录、根据参考数据验证数据，以及确保数据符合特定格式或模式。要实施有效的数据质量规则，首先应根据组织的数据质量要求和标准定义规则。接下来，可以使用数据质量工具或自定义脚本对数据强制执行这些规则，标记差异或问题。最后，应该持续监控和更新数据质量规则，以确

---

[1] IBM.8 Data Quality Monitoring Techniques & Metrics to Watch [EB/OL]. [2025-3-4]. https://www.ibm.com/think/topics/data-quality-monitoring-techniques

保其在维护数据质量方面仍然具有相关性和有效性。

（4）数据清理。数据清理，也称为数据擦洗或数据清洗，是识别和纠正数据中的错误、不一致和不准确的过程。数据清理技术涉及各种方法，例如数据验证、数据转换和重复数据删除，以确保数据准确、完整和可靠。数据清理过程通常涉及以下步骤：识别数据质量问题、确定这些问题的根本原因、选择适当的清理技术、将清理技术应用于数据并验证结果以确保问题已得到解决。通过实施强大的数据清理流程，可以维护支持有效决策和业务运营的高质量数据。

（5）实时数据监控。实时数据监控是持续跟踪和分析组织内生成、处理和存储的数据的过程。此技术使我们能够在数据质量问题发生时识别和解决，而不是等待定期的数据审计或审查。实时数据监控可帮助组织维护高质量数据并确保其决策过程基于准确、最新的信息。

（6）跟踪数据质量指标。数据质量指标是帮助组织评估其数据质量的定量指标。这些指标可用于跟踪和监控一段时间内的数据质量，识别趋势和模式，以及确定数据质量监控技术的有效性。一些常见的数据质量指标包括完整性、准确性、一致性、及时性和可信性。要跟踪数据质量指标，首先应定义与组织的数据质量要求和标准最相关的指标。接下来，可以使用数据质量工具或自定义脚本来计算数据的这些指标，从而对数据质量进行定量评估。最后，应该定期审查和分析数据质量指标，以确定需要改进的领域并确保数据质量监控技术有效。

（7）数据性能测试。数据性能测试是评估数据处理系统和基础设施的效率、有效性和可扩展性的过程。该技术可帮助组织确保其数据处理系统能够处理不断增加的数据量、复杂性和速度，而不会影响数据质量。要执行数据性能测试，首先应该为数据处理系统建立性能基准和目标。接下来，可以使用数据性能测试工具模拟各种数据处理场景，例如高数据量或复杂的数据转换，并根据既定的基准和目标衡量系统的性能。最后，应该分析数据性能测试的结果，并对数据处理系统和基础设施实施任何必要的改进。

(8) 元数据管理。元数据管理是组织、维护和使用元数据来提高数据质量、一致性和可用性的过程。元数据是关于数据的数据，例如数据定义、数据沿袭和数据质量规则，可帮助组织更有效地理解和管理其数据。通过实施强大的元数据管理实践，可以提高数据的整体质量，并确保组织可以轻松访问、理解和使用数据。要实施有效的元数据管理，首先应该建立一个元数据存储库，以一致且结构化的方式存储和组织元数据。接下来，可以使用元数据管理工具来捕获、维护和更新元数据，以适应数据和数据处理系统的发展。最后，应该实施使用元数据来支持数据质量监控、数据集成和数据治理计划的流程和最佳实践。

第四节 数据质量治理的保障体系

在数据要素市场领域，数据质量治理是一项复杂且关键的系统工程，其有效推进既依赖于市场主体通过强化内部管理机制、优化数据处理流程等举措来提升数据内在质量，也迫切需要政府积极发挥宏观调控职能，通过构建完善的法规制度框架、制定严谨的标准规范等手段，为数据质量治理提供坚实的外部保障。

一、构建数据质量标准体系

在当今数字化进程加速、数据资源战略价值凸显的时代背景下，社会各界对数据质量的关注度呈显著上升趋势。近年来，从国家层面到地方各部门积极行动，纷纷着手探索并制定一系列数据质量评估标准与导则。例如，具有普遍适用性的国家标准《信息技术 数据质量评价指标》（GB/T 36344—2018），该标准为信息技术领域数据质量的量化评估、精准衡量提供了关键依据；再如贵州地方标准《政务数据 第4部分：数据质量评估规范》（DB52/T 1540.4—2021），针对政务数据的特性，制定了贴合地方政务管理实际的评估细则。在国际层面，国际标准化组织（International Organization for Standardization，ISO）精心制定的《国际数据质量系列标准》（ISO 8000），为全球数据质量保障树立了权威标杆；中国标准化研究院牵头研制的国家标准《数据质量》（GB/T 42381），更是结合国内数据发展现状与需求，进一步细化了数据质量的衡量维度与判定准则，有力推动了国内数据质量标准化建设进程，为数据质量治理提供了科学、统一的衡量标尺。

二、优化数据质量评估服务体系

建立健全专业、高效的数据质量评估服务体系，对于精准评估数据及数据产品的真实质量具有不可替代的重要作用。这一服务体系能够凭借科学严谨的评估方法、客观公正的评估流程，为数据交易、数据资产化等数据要素市场核心活动提供坚实的支撑与保障，是数据要素市场健康、有序发展的重要基石。2023年9月，中国质量认证中心（China Quality Certification Center，CQC）凭借深厚的技术积累与专业实力，成功研发并推出了数据产品质量评价业务，为数据质量评估领域注入了新的活力。在地方实践层面，上海数据交易所积极发挥引领示范作用，向众多符合资质的机构颁发"数据质量评估服务商"证书，通过整合各方优势资源，加速推进了数据质量评估服务体系的规范化与专业化建设，为数据要素市场的蓬勃兴起奠定了坚实基础。

三、塑造高质量数据品牌

数据质量作为数据品牌的核心竞争力，其提升对于完善数据要素市场机制具有深远意义。数据品牌建设不仅有助于增强数据市场的透明度，降低信息不对称性，从而提升交易效率、削减交易成本，而且能有效激发市场主体提升数据质量的内生动力，形成良性竞争格局。基于此，全国各地对数据品牌建设给予了高度重视。以2023年7月上海发布的《立足数字经济新赛道推动数据要素产业创新发展行动方案（2023—2025年）》为例，其明确提出要加强数据产品新供给，全方位打响并精心打造上海数据品牌。通过制定科学合理的品牌建设导则，率先在工业、金融、航运、科创等关键领域培育出一批具有全国广泛影响力的上海数据品牌，为城市数据产业发展注入强大动力。在推进数据品牌建设的实践中，可聚焦三个关键方面：其一，编制系统性、前瞻性的数据品牌建设导则，借助政策扶持、宣传推广、专业培训等多元化手段，全方位提升市场主体的数据品牌意识与运营能力；其二，构建科学严谨的数据品牌标准体系，并配套建立完善的品牌评估、认定、推介机制，以此提升本地数据品牌在国际国内市场的知名度与美誉度，拓展品牌影响力；其三，强化对数据品牌的法律保护与监管力度，营造良好的品牌发展环境，确保数据品牌建设的可持续性。

四、加强数据质量培训

聚焦于专业人才队伍建设，大力推广数据管理能力成熟度模型（Data Management Capability Maturity Model，DCMM）注册数据管理师、数据资产入表、企业首席数据官（Chief Data Officer，CDO）等培训，旨在深化市场主体对数据质量重要性的认知共识，提升其在数据质量管理方面的专业素养与实践能力，为数据质量提升筑牢人才根基。同时政府相关部门应加大对数据质量培训的政策支持力度，通过财政补贴、税收优惠等方式，鼓励企业积极组织员工参加培训，搭建数据质量培训交流平台，促进企业之间、培训机构之间的经验分享与合作交流，共同探索创新培训模式和方法，推动数据质量培训工作不断深化发展。

第八章 数据要素市场建设中的信任问题

随着数字化进程的不断深入，数据作为一种新的生产要素，在国民经济和社会发展中的作用日渐突出。发展数据要素市场、促进数据价值释放，已成为当前我国发展改革中的重要任务。近年来中央和各地都出台了一系列政策法规促进数据要素市场发展，并已取得丰硕成果。但与此同时，建设全国统一数据大市场仍面临着确权难、定价难、互信难等瓶颈[①]。其中对于数据确权、数据定价等问题，"数据二十条"和财政部出台的《企业数据资源相关会计处理暂行规定》等给出了初步解决方案。但对于互信难的问题，目前相关的政策文件不多，研究也较少。为此本章拟围绕这一瓶颈，从理论上梳理数据要素市场中信任的概念、类型、模式，以及如何建立市场信任机制，为促进相关部门制定政策、促进数据要素市场更好更快地发展提供理论支撑。

第一节 概念界定与文献综述

随着中国市场运行机制的日趋完善，市场成为资源配置的决定性方式，但

[①] 杜壮.国家数据局成立恰逢其时意义深远[N].中国改革报，2023-10-27（1）.

作为匹配机制的市场规则体系尚未对市场行为主体的交易形成有效约束,故难以从根本上协调市场主体间的冲突[1]。我国数据要素市场处于发展之初,市场规则尚不成熟,建立市场信任机制显得更为紧迫。

一、信任的概念与作用

信任作为市场经济中的安全机制,是指交易一方对另一方的身份、履约行为及能力所持的认可态度及正向预期,进而依赖并接受对方,愿意与对方进行交易,并承担一定的风险[2][3]。信任是简化市场复杂性的机制之一[4],是一种可以减少监督与惩罚成本的社会资本形式[5],是很多经济交易必需的公共品[6]。

综上可知,数据要素市场中的信任是指市场主体对其他主体的意愿与行为产生认可和正向预期,愿意与之开展数据交易并承担风险。信任是数据要素市场的润滑剂,其作用包括微观和宏观两个层面:

从微观上讲,社会信任可以区分诚实和不诚实的成员来降低整个社会网络的道德风险,进而影响解决各种问题的激励和限制因素[7],是决定满意度、忠诚

---

[1] 赵文龙,张宁,代红娟.市场信任的逻辑及其影响因素初探:基于CGSS2010数据的实证分析[J].中国矿业大学学报(社会科学版),2019,21(1):54—66.

[2] 李道全,梁永全,张炜.电子商务系统信任管理研究综述[J].计算机应用研究,2010(4):1207—1211.

[3] 徐开勇,徐宁.基于特定网格计算环境的信任管理模型[J].武汉大学学报(理学版),2009(1):1—6.

[4] Niklas L. Trust and Power-Two Works by Nikas Luhmann [M]. Avon, Great Britain: John Wiley & SonsLtd. Pitman Press, 1979.

[5] Coleman J S. Foudations of Social Theory [M]. Cambridge, UK: Cambridge University Press, 1990.

[6] Hirsh F. Social Limits to Growth [M]. Massachusetts, USA: Harvard University Press, 1978.

[7] Guiso L, Paola S, Luigi Z. Does Culture Affect Economic Outcomes? [J]. Journal of Economic Perspectives, 2006 (2): 23 - 48.

度、风险感知和购买意愿的重要前导变量[1][2]。因此，信任会影响企业的经营决策活动，降低数据要素市场中的信息交互成本、完善合同契约执行、激励主体分享收益、停止敌意行为，是网络交易得以完成的基础。正如斯特芬·赫克（Steffen Huck）等指出，信任是信息不对称市场正常运转的关键，否则会出现"劣币驱逐良币"的现象，甚至极端情况下出现市场崩溃[3]。

从宏观上讲，信任作为一种社会资本能够有效提高市场运作效率、促进资源优化配置，将极大地促进数据要素市场发展和数字经济增长，进而为经济社会稳定繁荣保驾护航。同时，在当前我国普遍存在"数据孤岛""数据烟囱"等数据要素条线分割的背景下，要建立全国统一的数据要素市场，必须解决社会信任不足的困境，信任环境的建立对以企业间投资和合作式创新密度为代表的统一大市场形成具有重要作用[4]。

数据要素市场中至少包括数据供方、数据需方、交易场所（交易平台）、第三方服务机构等主体，各市场主体之间都存在信任关系。限于篇幅，本章主要研究数据交易双方之间的信任问题。

二、相关研究综述

由于国内外关于数据要素市场的研究还处于起步阶段，笔者通过对国内外数据库进行搜索，尚未发现专门研究数据要素市场信任问题的成果，但数字经

---

[1] Gefen D, Karahanna E, Straub D W. Inexperience and Experience with Online Stores: The Importance of TAM and trust [J]. IEEE Transactions on Engineering Management, 2003, 50 (3): 307–321.

[2] McKnight D H, Chervany N L. What trust means in e-commerce customer relationships: an interdisciplinary Conceptual Typology [J]. International Journal of Electronic Commerce, 2002, 6 (2): 35–59.

[3] Huck S, Lunser G K, Tyran J R. Price Competition and Reputation in Markets for Experience Goods: An Experimental Study [J]. The RAND Journal of Economics, 2016, 47 (1): 99–117.

[4] 李建成，陈强远，程玲，等. 地区信任与超大规模市场优势：基于区域经济互动的视角 [J]. 统计研究，2023，40 (3): 114—125.

济中的信任问题研究较多，包括：

(1) 电子商务中的信任问题。一些学者通过研究发现消费者有用性及安全感知[1][2]、电子商务的网站特征[3][4]、产品的匹配度[5]、直播电商的主播类型及行为[6][7][8]会影响消费者的信任倾向，并提出了完善网站内容、加强交流互动、加强用户信息保护等信任构建策略。另外一些成果建立了电商信任评价模型[9]，提出了电子商务企业的信任修复策略[10]。

(2) 共享经济中的信任问题。有学者提出共享经济依赖社会信任并催生社会信任[11]，发现共享主体个人特征[12]及制度、技术、认知、情感[13]是影响信任形成

---

[1] 万君，李静，赵宏霞. 基于信任转移视角的移动购物用户接受行为实证研究 [J]. 软科学，2015，29（2）：121—125.

[2] 李媛媛. B2C购物网站个性化推荐信息的用户信任机制及采纳研究 [D]. 成都：四川农业大学，2021.

[3] 项丹. 电子商务特性对消费者信任倾向和购买意愿的调节效应研究 [J]. 中国商论，2023（11）：51—54.

[4] 张均佳. 信任视角下消费者购物推荐采纳意愿影响机制：基于"小红书"测评帖的扎根研究 [J]. 中国市场，2022（32）：133—135.

[5] 代祺，崔孝琳. 直播购物环境中主播信任影响因素及调节效应 [J]. 中国科学技术大学学报，2022，52（2）：58—70、72.

[6] 周娇娇. 农产品户外直播中消费者信任的形成机制研究 [D]. 北京：北京外国语大学，2023.

[7] 弓杰. 承诺信任理论下短视频直播电商平台带货策略探究 [D]. 广州：广州体育学院，2023.

[8] 潘振武. 直播购物中互动对顾客信任的影响：基于社会临场感视角 [J]. 商业经济研究，2022（14）：79—82.

[9] 赵英姿. 新零售背景下社群电商信任机制及评价模型研究 [D]. 沈阳：沈阳工业大学，2023.

[10] 陈亚吉. 中小型电子商务企业数字信任修复策略探究 [J]. 企业改革与管理，2023（13）：32—34.

[11] 张鹤达，云鹤. 基于进化博弈的共享经济信任研究 [J]. 企业经济，2017（11）：102—106.

[12] 谢雪梅，石娇娇. 共享经济下消费者信任形成机制的实证研究 [J]. 技术经济，2016，35（10）：122—127.

[13] 牛阮霞，宋瑞，毛丽娟. 共享住宿平台房东信任建立机制研究 [J]. 旅游学刊，2023，38（8）：62—76.

的关键因素。据此，一些成果中提出构建共享经济信任策略，包括建立平台供应商会员制度[1]、政府部门加强行业监管[2]、应用区块链等可信技术[3]、建立评论反馈机制[4]等。

上述成果虽着眼于数字经济领域，但可为研究数据要素市场中的信任问题提供借鉴。与此同时，数据要素市场具有双向信息不对称（即买卖方之间相互信息不对称）、数据产品形态多样、数据流通环节多等特点，由此使得其中的信任影响因素更为复杂，建立信任机制更为困难，这也正是本章的研究价值所在。

第二节　数据要素市场中的信任问题

在数据要素市场中，由于数据自身的特殊性及要素市场的复杂性，数据信任问题主要体现在以下几个方面。

一、因数据特殊属性引发的信任问题

在数据要素市场这一复杂且充满活力的经济活动中，交易信任问题却成为制约市场进一步成熟与壮大的关键瓶颈。以下从数据价值的动态性与不确定性、数据的排他性与竞争性、数据隐私与安全问题三个方面进行分析。

一是数据价值的动态性与不确定性。数据的价值具有明显的动态性，会随多种因素的变化而不断改变。例如，数据在不同的应用场景中发挥的作用和产

---

[1] 郭柏良.基于构建共享与会员理论框架以消除共享经济信任缺失问题［J］.中小企业管理与科技，2023（19）：113—115.
[2] 龙东平，邢旭，王成荣，等.面向大学生的共享汽车押金信任问题研究［J］.时代汽车，2023（10）：28—30.
[3] 姚皓楠.基于区块链的网约共享出行信任机制研究［D］.镇江：江苏科技大学，2023.
[4] 孙玉玲，方向，李岸峰.共享住宿平台消费者信任的形成机制：基于扎根理论的案例探究［J］.管理案例研究与评论，2022，15（1）：1—9.

生的效益差异较大，其价值也随之变化。以用户消费数据为例，在电商场景下，可用于精准营销，价值较高；而在市场调研机构进行消费趋势分析时，其价值又有所不同。此外，数据的新鲜度、准确性、完整性等质量因素也会影响其价值。随着时间的推移，数据可能过时或出现误差，价值便会降低。同时，数据还存在先行者优势现象，即早期获得和利用某类数据的主体，能够凭借其先发优势获取更多利益，这也增加了对数据定价的难度，难以用统一的标准来衡量其价值。

二是数据的排他性与竞争性。数据具有排他性和竞争性，一旦数据被一方购买并使用，其价值可能会因数据的独占性而降低，或者在一定程度上影响其他潜在买家对该数据的需求和价值判断。例如，某家企业购买了一组具有独特商业价值的用户数据后，可能会采取措施防止其他企业获取和利用类似数据，从而导致该数据在市场上的可交易性和竞争性下降。这种排他性和竞争性使得数据交易价格的确定不仅要考虑数据本身的价值，而且要考虑市场竞争格局和潜在的排他性影响，增加了价格评估的复杂性和不确定性，也影响了买卖双方对交易的信任。

三是数据隐私与安全问题。数据隐私和安全是数据交易中至关重要的问题，也是影响交易价格信任的重要因素。数据往往包含个人隐私、商业机密等敏感信息，在交易过程中一旦发生数据泄露或滥用事件，不仅会给数据主体带来损失，而且会使数据的价值大打折扣，甚至可能导致交易失败。因此，买卖双方在确定交易价格时，需要考虑数据隐私和安全保护的成本和风险，这使得价格评估更加复杂。同时，由于数据隐私和安全问题的潜在风险难以准确量化和预测，买方可能会对交易价格的合理性产生质疑，担心支付了高价却无法获得有效的数据保护，从而降低了对交易的信任度。

二、数据市场复杂性带来的信任问题

当前，数据交易价格的形成机制受制于权属模糊、规则缺失、市场波动等深层挑战，导致供需双方难以建立稳定的价值共识。这些矛盾不仅制约数据要素的高效流通，更可能引发市场失灵与资源错配。本节从权属合规、交易复杂性、信息透明度及市场成熟度四维视角，剖析数据交易价格信任危机的根源，以期为构建可信定价体系提供理论参照与实践路径。

一是权属与合规信任缺失。一方面，数据确权模糊，数据涉及多方主体（个人、企业、政府），但所有权、使用权、收益权的法律界定尚不清晰。例如，企业数据和个人数据的权属划分争议频发，导致交易双方对数据合法性存疑；另一方面，数据交易合规风险高，数据流通需应对国家和地方层面的各种法律，而国内政策（如《数据安全法》）虽逐步完善，但动态调整的合规要求增加了企业信任成本，部分企业因担忧违规风险而限制数据共享流通。

二是数据交易的复杂性与非标准性。数据交易通常较为复杂且缺乏统一的标准和规范。数据的形式多样，包括结构化数据、半结构化数据和非结构化数据等，不同类型的数据在内容、格式、规模等方面差异巨大，难以进行直接比较和定价。例如，一份详细的用户画像数据与一段视频数据，在价值评估和交易定价上很难找到共同的衡量标准。而且数据交易往往涉及多方主体，如数据提供方、数据需求方、数据交易平台、数据处理者等，各方的利益诉求和风险偏好不同，也会导致交易价格的确定变得更加复杂和多样。

三是信息不对称与信任缺失。数据交易中存在着严重的信息不对称问题，数据卖方通常对数据的来源、质量、用途等信息掌握得更为充分，而买方则处于相对劣势地位。这使得买方在交易过程中难以准确判断数据的真实价值，从而对交易价格产生怀疑。例如，卖方可能夸大数据的完整性和准确性，而买方由于缺乏有效的验证手段，无法确定数据的实际质量，进而对价格的信任度降低。此外，数据交易市场的信用体系尚不完善，缺乏权威的第三方评估和认证机构，买卖双方之间的信任基础薄弱。在缺乏信任的情况下，买方往往会对交易价格的合理性持谨慎态度，担心支付了过高的价格却无法获得预期的数据质量和价值。

四是数据交易市场的不成熟与波动性。数据要素市场仍处于发展初期，市场规模较小，交易活跃度不高，缺乏稳定的价格形成机制和历史交易数据作为参考。全国50多个数据交易所中，半数交易量低迷，场外交易合规风险高。企业更倾向于私下交易，进一步削弱市场透明度[①]。与成熟的商品市场不同，数据交易价格的波动性较大，容易受到市场供需关系、政策法规变化、技术发展等多种因素的影响。例如，某一新兴技术的出现可能会使相关数据的需求突然增加，导致价格短期内大幅上涨；而政策法规的调整又可能限制某些数据的交易，使其价格下跌。这种市场的不成熟和价格的不确定性，使得买卖双方在确定交易价格时面临较大的风险和困难，也进一步削弱了对数据交易价格的信任。

第三节　数据要素市场中信任的内涵与层次

信任是市场经济的基础，也是培育和发展数据要素市场的基础。但数据要素市场作为一个新型市场，需要新的信任体系。尤其是随着我国数据要素市场不断发育和壮大，其中的市场信任已超越了数据确权、数据安全等传统课题，变得更加复杂。为此，本节首先明确数据要素市场中信任的内涵与层次。

一、数据要素市场信任的内容

如前文所述，本节将数据要素市场中的信任限定为数据交易双方的信任，据此可将信任内容分为两个方面。

（一）数据买方对数据卖方的信任

根据一般市场中信任的基本内容及笔者的实地调研，目前买方对卖方的信任主要体现为以下内容：

---

① 张军红. 构建统一数据要素市场正当时 访中国科学院预测科学研究中心主任汪寿阳[J]. 经济, 2022（12）：21—24.

一是对数据产品权属的信任。因数据具有可无限复制性、非竞争性、非排他性等特征，数据确权一直是数据要素市场发展中的难题。中央发布的"数据二十条"提出了数据资源持有权、数据开发使用权、数据产品经营权的"三权分置"方案，一些数据交易机构也开展了数据产品登记试点，但数据确权仍缺乏细化并得到各方认可的模式。在此情况下，数据权属的不确定性常常影响买方对卖方的信任，不敢与之开展数据交易。

二是对数据产品合规性的信任。根据阿罗的信息悖论，数据的需方在获得数据前无法获知数据的详细内容，而一经交易后数据无法"退货"，如果数据中涉及非法信息，则买方也难逃其咎[1]。特别在当前发展阶段，可交易数据源的范围尚不明晰，场内交易场所也未对厂商和数据产品提供合规保障[2]，导致买方难以充分信任数据产品的合规性。

三是对数据产品质量的信任。数据具有服务品和体验品特征，买方无法事先通过肉眼或技术手段对数据质量进行验证，无从得知拟交易的数据情况如何[3]，而只有使用之后才能明确其质量。但使用数据意味着数据交付完成，即使买方不满意卖方也无法"收回"数据。虽然这一矛盾可以通过数据试用、提供数据"样品"等方式加以缓解，但难以得到根本解决。

四是对数据交易价格的信任。数据的价值是随着不同因素变化而变化的动态值，同时还存在先行者优势现象，对其定价更加困难，难以用统一的标准来衡量[4]。因此实际中的数据交易价格往往因人而异、因场景而异。在此情形下，数据买方甚至第三方专业机构都难以确定数据交易价格是否完全合理。

---

[1] 熊巧琴，汤珂. 数据要素的界权、交易和定价研究进展 [J]. 经济学动态，2021（2）：143—158.
[2] 田杰棠，刘露瑶. 交易模式、权利界定与数据要素市场培育 [J]. 改革，2020（7）：17—26.
[3] 陈勇新，彭飞荣. 数字经济时代数据要素交易的困境与对策分析 [J]. 中国商论，2023（22）：49—52.
[4] 周德胜，陆相林. 数据要素市场化面临的挑战与对策研究 [J]. 时代经贸，2023，20（11）：5—9.

五是对数据交付能力的信任。许多数据交易中的数据交付并非一次性完成，而需要借助云平台等手段进行持续交付。其中涉及两方面信任问题：一方面，数据卖方是否能够持续维护和更新数据源，保障提供及时完整的数据；另一方面，数据卖方是否能持续维护数据交付平台或网络，保障其正常运转。

（二）数据卖方对数据买方的信任

传统市场中的信息不对称往往是单向的，即卖家比买家掌握更多信息，俗称"买的没有卖的精"。但数据要素市场的特殊之处在于：一方面，由于目前数据要素市场机制、法律规范都不成熟，数据卖家也未必完全知晓数据的合规性、价格及价值；另一方面，数据交易只是数据开发利用链中的一个环节，交易之后的数据使用及再流通环节中，买方是否能遵守相关法规及与卖方的约定，卖方也难以确定。

一是对买方使用合规的信任。我国《数据安全法》《个人信息保护法》等都规定了各类数据的使用方式，同时数据交易中双方通常都会对数据使用的目的、范围、方式、期限等进行约定，以保护卖方及其他利益相关者的合法权益。买方在数据使用过程中能否遵守这些法规和约定，是卖方十分关注的内容。

二是对再流通合规性的信任。许多数据交易完成后，买方会对所购买的数据产品进行进一步加工处理，形成新的数据产品后再次向市场销售或与其他主体共享。在这种再流通过程中，对数据加工处理方式不当，或者再流通对象或范围越界，都极容易侵犯原始数据卖方的利益，因此卖方必须对买方有充分信任才愿意开展交易。

二、数据要素市场信任的层次

信任不是一成不变的静态模式，其会受到社会文化、环境制度等影响而不断演化，是一种动态发展的过程[1]。关于信任的演化研究，较为著名的是三阶段

---

[1] 徐尚昆. 社会转型、文化制度二重性与信任重建 [J]. 中国人民大学学报, 2018, 32 (2)：152—161.

模型论[1]：第一阶段是计算型信任，以市场主体对交易过程中可能得失所做出的精确计算为基础；第二阶段是制度型信任，以市场主体严格遵守完善成熟的市场规则和制度为基础；第三阶段是认同型信任，以市场主体彼此间产生情感上的信任并愿自觉遵守市场价值观和道德准则为基础。

计算型信任是一种低层次信任，更成熟的市场应当建立制度型信任，而只有进入认同型信任阶段，交易双方之间的关系才达到亲密无间的程度，并建立起真正的相互信任。但从当前数据要素市场实际来看，数据交易主体之间多是计算型信任关系，如数据交易机构多采取免佣金模式甚至给予补贴的方式来吸引各主体入场交易，数据买卖双方之间也更多考虑单笔交易是否获利而且较少考虑长期合作关系的建立，而基于成熟制度的信任关系较少，基于情感认同的信任关系则更为罕见。

三、数据要素市场信任的影响模型

信任本质上就是一种信念[2]，是主观与客观、行为与环境、理性与感性多方面作用的结果。分析数据要素市场中影响信任的各种因素，对于加强信任十分重要。

（一）影响市场信任的五类因素

市场信任的形成是一个复杂的过程。美国加州大学朱克（Zucker）教授将信任分为三种[3]：一是基于过程的信任，即信任是由过往经验或持续交易累积而产生的；二是基于特质的信任，即信任是由家庭背景、种族、性别等特质相同而

---

[1] Kollock P. The Emergence of Exchange Structures: An Experimental Study of Uncertainty, Commitment and Trust [J]. The American Journal of Sociology, 1994, 100 (2): 313-345.

[2] 向国成，邓明君. 信任行为：从理性计算到认知博弈的范式转变 [J]. 南方经济, 2018 (5): 69—84.

[3] Zucker L G. Production of Trust: Institutional Sources of Economic Structure, 1840—1920 [J]. Research in Organizational Behavior, 1986 (8): 53-111.

产生；三是基于制度的信任，即信任是由正式社会结构所产生的。美国另一位著名学者夏皮罗（Shapiro）[1] 则将信任分为三类：以权威为基础的信任是由权威压力而来的；以知识为基础的信任是由收集被信任者行为的知识所获得的；以认同感为基础的信任是由伙伴间共同认同的价值而来的。综合相关专家观点，传统市场上的信任机制主要分为四种类型[2]：家族式的信任机制、知识性的信任机制、专家式的信任机制和规则式的信任机制。而在网络市场中，由于各参与主体彼此往往互不相识，因此他们之间主要采用规则式的信任机制，具体可分为中介信任模式、交托信任模式和担保信任模式等[3]。

关于网络环境下信任的成因，比较有代表性的观点来自美国得州大学教授基尼和乔宾纳，他们研究了电子商务环境下信任的来源，认为信任源自信息环境、系统安全和可靠性、个人特质及任务风险程度[4]。根据这些思路并结合数据要素市场的特点，笔者认为影响信任的因素主要包括：

（1）交易主体因素。一是作为信任方的交易主体的自身特质，如市场信任偏好；二是作为被信任方的交易主体的特点，包括其自身特质如成立时间、规模实力、行业地位、市场信誉等，以及其社会资本，相关研究已证明社会网络关系的数量和质量在信任形成过程中发挥着重要作用[5]。

（2）交易过程因素。一是交易形式，如是点对点交易还是场内交易？是否借助第三方服务机构？二是信息展示，如数据产品相关信息的展示是否完整清晰，

---

[1] Shapiro D L, Sheppard B H & Cheraskin L. Business on a Handshake [J]. Negotiation Journal, 1992 (4): 365-377.
[2] 张宝明."诚信危机"下网络市场信任机制的完善 [J]. 中国流通经济, 2013, 27 (8): 82—87.
[3] Azderska T.Co-Evolving Trust Mechanisms for Catering User Behavior [J]. IFIP Advances in Information and Communication Technology, 2012 (374): 1-16.
[4] Kini A, Choobineh J. Trust in Electronic Commerce: Definition and Theoretical Considerations [J]. Thirty-First Annual Hawaii International Conference on System Sciences, Volume 4, 1998: 51-60.
[5] 陈冬宇, 赖福军, 聂富强. 社会资本、交易信任和信息不对称：个人对个人在线借贷市场的实验研究 [J]. 北京航空航天大学学报（社会科学版）, 2013, 26 (4): 75—83.

各类数据产品是否进行了很好的组织等;三是交易频度,相关研究表明,交易频度是影响信任的重要因素,交易频度越高,信任度就会越高[1]。

(3) 交易任务因素。指具体每笔数据交易的性质,一是作为交易对象的数据是否涉及个人隐私、商业机密或国家秘密等敏感内容;二是数据交易流程是否安全可信,是否会滋生较大的安全或经济风险等。

(4) 交易平台因素。如果数据交易是依靠专业交易场所、交易中心或交易平台(简称交易平台)完成的,那么这些交易平台也会影响交易双方的相互信任。其中较重要的因素包括:场所或平台是否提供了清晰和成熟的交易规则?是否对交易进行严格和实质性审查?是否提供了风险规避机制?

(5) 市场环境因素。一是政策、法规、标准等制度的完备度与成熟度;二是这些制度因素的稳定性,政府政策的持续性和稳定性必然影响市场行为主体对市场运行的判断,对政府的信任是市场信任的先决条件和关键因素[2]。

(二) 影响因素之间的相互作用

上述五类影响因素之间不是相互离散的,而是具有相互作用,具体如图 8-1 所示。

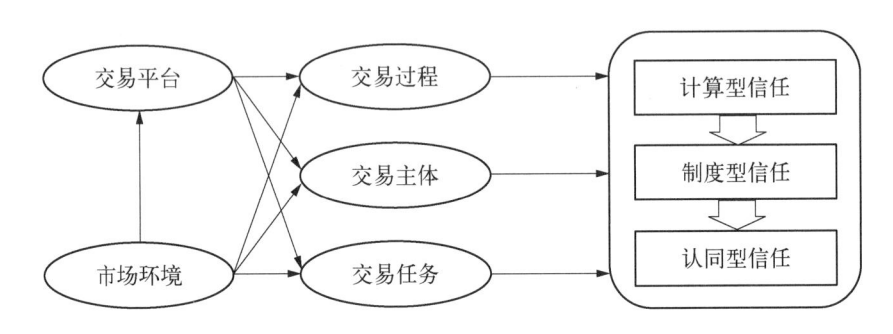

图 8-1 数据要素市场的信任模型

---

[1] 张维迎,柯荣住.信任及其解释:来自中国的跨省调查分析 [J].经济研究,2002 (10):59—70、96.

[2] 赵文龙,张宁,代红娟.市场信任的逻辑及其影响因素初探:基于 CGSS2010 数据的实证分析 [J].中国矿业大学学报(社会科学版),2019,21 (1):54—66.

上述模型中主要有以下几方面的相互作用：

(1) 市场环境对其他因素的作用。数据要素市场的法规、制度、文化等环境因素会影响交易平台的设立、运作及监管规则，并间接对其他因素产生影响：一是影响场内或场外市场的进入门槛，决定哪些市场主体能参与数据交易；二是影响交易主体对交易方式的选择、数据交易的信息展示方式及参与交易的频度等；三是影响数据交易的安全等级及风险程度。

(2) 交易平台对其他因素的作用。数据交易平台的运作规则及其提供的服务也会影响数据交易主体的行为，包括其是否进入场内交易、以何种方式展示数据产品并提供相关信息等；同时交易平台对数据交易合规性和安全性的审核能力和保障水平也在很大程度上决定了数据交易的风险程度。

(3) 五类因素对信任进化的作用。上述各类因素在相互作用的过程中，将不断推动市场环境的完善及交易平台的成熟，形成系统而健全的法规制度和交易规则，促进更多市场主体更频繁地开展数据交易，从而推动交易主体信任关系不断演进：由计算型信任逐步迈向制度型和认同型信任，最终形成一个公平高效可信的市场生态。

第四节 数据交易主体的信任管理

对于任何交易而言，离开一方对另一方的信任，交易都将无法进行下去。与电子市场等传统市场相比，数据要素市场是一个低信任度、高不确定性的市场[1]，交易双方加强信任管理显得更为重要。

---

[1] 李金璞，汤珂. 论数据要素市场参与者的培育 [J]. 西安交通大学学报（社会科学版），2023，43 (4)：78—89.

一、信任管理的动态过程

在网络经济条件下,信任不是一个静态的而是一个动态的现象[1],是一种随着时间变化而变化的、复杂的动态认知过程,其包括三个阶段,即初始信任的建立、信任的维持和信任的修复[2]。因此,信任管理是一个动态过程。

首先,信任建立。初始信任是客户首次与商家交互或者以前没有交互经历而产生的信任[3]。初始信任是信任建立的起点,影响持续性信任和客户忠诚,在信任管理中有着极为重要的地位。只有建立初始信任,才可能开展首次交易。第一次交易是划分初始信任和持续信任的分界点,初始信任对第一次交换关系的形成起到了重要的作用[4]。因此,建立初始信任是企业或机构进入数据市场的关键一步。

其次,信任维持。在初始信任阶段网络交易具有一定的盲目性、暂时性及不稳定性,而维持阶段的顾客信任则呈现出稳定性特点,网络交易是顾客多次选择后理性思考的结果[5]。但进入维持阶段并不意味着企业可以一劳永逸地享受信任红利,因为数据要素市场环境、交易相对方认知及数据产品供需都在不断变化之中,同时许多竞争对手也会不断涌现,为此企业必须采取措施不断保持和增强市场对自身的信任。

最后,信任修复。数据要素市场中的信任并非永久的,而是容易遭到破坏。信任违背发生后,交易主体之间的信任水平便会降低,并引发许多负面后果,

---

[1] 潘勇. 电子商务市场中信任战略的建立与实施:基于案例的分析 [J]. 商业经济与管理,2007 (2):23—27.
[2] Walczuch R, Lundgren H. Psychological Antecedents of Institution-Based Consumer Trust in E-Retailing [J]. Information and Management, 2004, 42 (1): 159-177.
[3] 林家宝,鲁耀斌. 移动证券用户的初始信任模型研究 [J]. 管理评论,2011 (11):59—68.
[4] Lee J N, Choi B. Effects of Initial and Ongoing Trust in IT Outsourcing: A Bilateral Perspective [J]. Information & Management, 2011, 48 (2-3): 96-105.
[5] 夏永林,胡风华. C2C网络交易中维持阶段顾客信任前因研究 [J]. 西安电子科技大学学报(社会科学版),2009, 19 (5):56—62.

甚至导致双方关系完全破裂。信任违背可分为能力型违背和正直型违背[1]。前者是指一方相信另一方有能力完成约定的事，但最后被信任方因为能力问题未能按约定完成任务而导致信任破坏；后者是指一方相信另一方会遵守道德准则来完成约定的事，但最后被信任方违反道德准则而导致信任破坏。

二、信任管理的主要策略

（一）信任建立策略

初始信任是个体对陌生方的信任[2]。在这种情况下，市场主体要针对交易相对方对自己信息缺失、信任缺乏的特点，从交易主体、过程和任务等维度采取措施：

从交易主体维度，一方面，自身要通过企业宣传、建设品牌等方式，促进市场对自身的了解；另一方面，可以优先选择对数据交易风险敏感度相对较低的市场主体（如中小企业、非知名企业等）开展交易，寻找市场突破口。

从交易过程维度，可以优化数据产品的信息展示，增加更详细的产品说明和更有说服力的质量保证；优先开展场内交易，借助交易场所背书以降低交易风险、增强市场信任；引入第三方专业服务机构进行交易合规性、数据质量、交易价格评估以提升可信度。

从交易任务维度，包括建立数据安全分级分类制度，开展信息系统安全等级保护测评；优先开展安全风险程度较低的交易，从而积累交易频度；在交易合同中增加事后责任条款，交易完成后因卖方原因导致的数据安全问题由卖方

---

[1] Kim P, Dirks K T, Cooper C D, et al. When More Blame Is Better Thanless: The Implications of Internal vs. External Attributions for the Repair of Trust after Acompetence vs. Integrity-Based Trust Violation [J]. Organizational Behaviorand Human Decision Processes, 2006, 99 (1): 49–65.

[2] Mcknight D H, Choudhury V, Kacmar C. The Impact of Initial Consumer Trust on Intentions to Transact With a WebSite: A Trust Building Model [J]. Journal of Strategic Information Systems, 2002, 11 (3): 297–323.

承担责任。

(二) 信任维护策略

借鉴有关电子商务[①]和供应链[②]等领域中的信任维持研究，数据要素市场中的信任维持可分为自我维持和客户锁定两种策略：

自我维持策略的核心是建立自我可信任的形象，通过信号传递获取交易相对方的深度信任。从长期来看，交易主体应当不断扩大企业规模、增强核心竞争力、提升行业地位和美誉度，从而获得和巩固市场信任；从短期来看，交易主体可以通过加强企业形象宣传、推介成功交易案例、展示优质社会关系等方式，更好地维持市场信任。

客户锁定策略的核心是提高交易相对方的转移成本，包括增加违约或中止合作的损失，以及提高长期合作的预期利益。具体措施包括提高沉没成本（如共同投资进行数据产品开发或应用场景建设）、共享机密信息（如在合作中设法获得对方的关键数据、客户资料或核心技术）、忠诚顾客奖励（对长期客户给予更优惠的交易条款）等。

(三) 信任修复策略

负面事件发生后企业采取的信任修复策略，主要有语言修复与行为修复：前者包括否认、道歉、辩护、解释等，后者指企业选择性地承认错误并采取弥补行动[③]。

语言修复策略，典型措施包括[④]：道歉：承认信任违背行为是自己的过错并感到后悔，希望得到对方谅解；否认：不承认信任违背行为与自己有关，而将其

[①] 夏永林，胡风华. C2C 网络交易中维持阶段顾客信任前因研究 [J]. 西安电子科技大学学报（社会科学版），2009，19 (5)：56—62.
[②] 李晓明，张海梅，段连兵. 供应链联盟企业间信任关系的维持机制 [J]. 长春工程学院学报（社会科学版），2009，10 (4)：57—59，73.
[③] 李建良，李冬伟，张春婷，等. 互联网企业负面事件信任修复策略的市场反应研究：基于百度"魏则西"与"竞价排名"事件的案例分析 [J]. 管理评论，2019，31 (9)：291—304.
[④] 韩平，宁吉. 基于两种信任违背类型的信任修复策略研究 [J]. 管理学报，2013，10 (3)：390—396.

归因于其他原因；承诺：宣示不再发生类似错误，如再次犯错愿意采取更大的弥补措施。

行为修复策略可分为两类：仪式型行为和实质型行为[1]。前者强调企业正面属性以提振企业形象，如开展公益性捐赠、提供免费数据服务等；后者则实质性解决负面事件的成因及后果，如对内部责任人进行惩处、改革制度和流程、补偿对方损失等。

同时诸多研究[2][3]发现，各种信任修复策略对不同信任违背产生不同的效果。针对能力型信任违背，企业应优先采用行为修复策略，增强对方对自己的能力认可；针对正直型信任违背，企业应优先采用语言修复策略，给予对方充分的心理安慰。

第五节　交易平台和政府部门的信任治理

除数据交易双方之外，数据交易平台和制度环境也会影响数据要素市场信任。尤其是在市场发育之初，交易平台和制度环境创造者——政府部门，更是对市场信任体系的建立和维护发挥着主导作用。

一、交易平台的作用

数据交易平台不仅具有数据交易撮合功能，而且发挥着数据交易规范的职能，

---

[1] Zavyalova A, Pfarrer M D, Reger R K, et al. Managing the Message: The Effects of Firm Actions and Industry Spillovers on Media Coverage Following Wrongdoing [J]. Academy of Management Journal, 2012, 55 (5): 1079–1101.

[2] 潘冰倩. 共享出行平台信任修复策略对用户信任修复意愿的影响研究 [J]. 经济研究导刊, 2020 (36): 139—141.

[3] 韩平, 宁吉. 基于两种信任违背类型的信任修复策略研究 [J]. 管理学报, 2013, 10 (3): 390—396.

对数据交易双方的信任建立具有重要影响。根据对电商平台的研究[①],将数据交易平台的信任治理分为市场服务策略与企业规制策略:

(一) 市场服务策略

数据交易平台的市场服务策略旨在通过降低信息不对称、增强交易信任、优化资源配置,构建良性竞争生态。其核心是通过中介服务降低交易摩擦,激励数据供应方提升产品质量、需求方优化采购决策,最终推动市场效率提升。交易平台的市场服务策略具体包括以下手段:

1. 供需信息发布:构建精准匹配的"数据桥梁"

借助网络、媒体或数据库向市场发布有关数据供应主体、数据产品、数据需求主体的信息,促进数据交易双方的相互了解,实现数据供需对接。

(1) 多维信息整合与标准化呈现。平台需建立统一的数据产品目录,涵盖数据来源(如政府、企业、科研机构)、数据类型(结构化/非结构化)、应用场景(如金融风控、医疗健康)、更新频率等维度,并采用标准化标签(如 ISO 8000 数据质量认证)。例如,上海数据交易所上线"数据产品登记大厅",通过可视化界面展示数据产品的合规性、适用场景及用户评价,降低供需双方筛选成本。

(2) 智能匹配与需求预测。利用大数据分析与 AI 算法,实现供需智能撮合。例如,贵阳大数据交易所基于历史交易数据,构建行业需求热度模型,向供应商推送潜在需求方画像(如中小银行对征信数据的需求激增趋势),反向引导数据产品优化。

(3) 数据开放专区。针对政务数据、企业数据分散问题,平台可联合政府部门搭建公共数据开放专区(如北京国际大数据交易所的"数据资产登记中心"),推动跨部门、跨行业数据资源池整合,形成规模化供给能力。

2. 交易合规审查:全流程风险防控机制

对数据产品及交易合同进行形式、实质上的合规性审查并且动态跟踪审查,通过"三重审查"机制帮助数据交易双方规避法律或经济风险。

---

① 汪旭晖,王东明.市场服务还是企业规制:电商平台治理策略对消费者信任影响的跨文化研究[J].南开管理评论,2020,23(4):60—72.

(1) 形式审查。验证数据产品权属证明（如数据来源授权链）、隐私保护声明（如 GDPR 合规承诺）、数据质量检测报告（如完整性、一致性指标）。

(2) 实质审查。通过技术手段检测数据内容合法性，例如利用 AI 筛查是否存在侵犯个人隐私（如身份证号未脱敏）、涉密信息泄露风险。

(3) 动态跟踪审查。对已上架数据产品定期复检，确保其符合最新法规（如《生成式人工智能服务管理暂行办法》对训练数据的追溯要求）。

3. 提供合规背书

交易平台可以通过建立市场信任基金、购买交易保险等方式，建立数据交易风险补偿机制，因场内交易的数据产品存在侵权等情形导致承担民事赔偿责任的，交易平台可以按照约定给予买方相应补偿，以降低场内交易风险，消除数据主体不愿交易、不敢交易的瓶颈。

(1) 市场交易保障基金。市场信任基金作为一种专门的资金储备，其来源可以包括交易平台自身的资金投入、部分交易费用的提取，以及可能的外部资金支持等。在数据交易过程中，一旦出现因场内交易的数据产品存在侵权等违反法律法规或合同约定的情形，导致买方需要承担民事赔偿责任时，市场信任基金能够迅速启动，按照预先约定的规则和标准，向买方提供相应的补偿，以缓解买方因侵权事件而面临的经济压力，保障其合法权益。

(2) 场内交易保险机制。通过与专业的保险公司合作，针对数据交易过程中可能面临的各种风险，如数据泄露风险、数据侵权风险、数据质量不达标风险等多种情况，设计专门的保险产品。当发生保险条款中规定的保险事故，导致买方遭受经济损失时，保险公司将依据保险合同的约定，对买方进行赔偿，从而进一步降低买方的交易风险。例如，2024 年 11 月，上海数据交易所联合太平科技保险股份有限公司为浙江潮鹰科技有限公司落地全国首个基于场内数据交易的综合保险方案，为数据交易过程的风险防控提供新的思路与解决办法[1]。再

---

[1] 张瑾. 国内首个"场内数据交易"保险产品在沪落地 [EB/OL]. [2025-2-9]. http://www.cbimc.cn/content/2024-11/18/content_534244.html

如，西部数据交易中心与中国平安财产保险股份有限公司重庆分公司推出了数据交易中的数据安全险，可以补偿企业因数据安全事件造成的损失，有效降低企业维权成本。

4. 交易信息披露

数据交易平台可以定期或不定期地按行业、领域、类别等维度，对交易主体、数据产品、交易过程等进行披露，促进市场对交易规模、数据产品分布、成交价格等的了解，最终形成"信息披露→信任构建→交易活跃→创新加速"的良性循环，推动数据要素市场的规范化与规模化发展。

（1）交易主体信息。在保障交易主体企业机密和商业秘密的前提下，按行业、地区、规模等披露交易主体的资质认证状态、历史交易信用评级、数据合规审计等汇总信息。

（2）数据资产图谱。按照行业标准分类展示数据产品的技术规格、质量评估指标、应用场景适配度，以及数据更新频率与版本迭代记录。

（3）交易行为分析。实时发布交易规模热力图、价格波动指数、跨行业交易渗透率等量化指标，结合区块链技术存证关键交易环节。

（4）市场趋势预警。通过大数据分析预测供需关系变化，定期发布数据产品供需匹配度报告、新兴领域交易活跃度指数，为市场主体提供前瞻决策参考。

（二）企业规制策略

企业规制策略是指交易平台通过履行平台管理职能，监督数据交易行为、处罚违规交易方及对交易差错进行公正处理，减少违规交易或投机行为，维护市场竞争秩序。

建立客户奖惩机制，对于交易活跃而又无安全事故和交易纠纷的数据交易主体，通过交易佣金减免、优先进行推介、交易流程简化等方式给予奖励；对安全事故和交易纠纷频发的交易主体，则可采取增加交易佣金、缴纳交易保证金、延长交易审查程序等措施。

建立纠纷调解机制。交易平台可以设立由政府管理人员、专家学者、行业人士等组成的交易纠纷调解委员会，制定公平、公正、公开的纠纷调解制度和流程，在出现数据交易纠纷后，根据相关方的申请开展纠纷调解，给出纠纷处理意见，并为可能的数据交易仲裁或诉讼提供具有法律效力的证据。

二、政府的作用

由于我国数据要素市场尚处于起步阶段，政府不仅是市场的监管者，而且是市场的培育者，建立和促进市场信任是政府的重要职责；同时在国家治理体系和治理能力现代化的背景下，信任被赋予新的内涵和使命，信任治理也是国家治理的重要内容[1]。政府的作用包括：

一是制定法律规范。政府部门要进一步健全数据要素市场的法规体系，特别是针对数据权属、交易规则、数据定价、数据使用方式、不同主体的责任等关键问题，制定更加明确、具体、可操作的法律规范，让各类数据交易活动都有法可依，减少数据交易规则中的模糊空间，遏制市场主体的投机主义行为倾向。

二是加强市场监管。社会信任要通过对守信者的奖赏来表明遵守信任规约是值得的，反之背叛信任规约则需要通过对失信者进行惩罚来证明是要付出代价的[2]。数据要素市场主管部门要对数据交易双方及交易平台的行为进行严格监管和约束，通过行政处罚、建立"黑名单"等手段，严厉打击机会主义行为、投机取巧行为和不守信用行为。

三是健全信用体系。虽然信用与信任在产生来源、发生时序和影响方式上存在差异[3]，但健全的信用体系无疑有助于消除数据交易双方的信息不对称、增加违法违规和不守信成本，从而促进双方之间的互信。为此政府应指导行业组

---

[1] 杨煜，胡伟. 生态治理体系中的信任治理网络研究［J］. 青海社会科学，2017（1）：47—52.
[2] 马德芳，邱保印. 社会信任、企业违规与市场反应［J］. 中南财经政法大学学报，2016（6）：77—84.
[3] 马本江. 经济学中信任、信用与信誉的概念界定与区分初探——兼论信任问题与信用问题的一致性［J］. 生产力研究，2008（12）：14—16.

织和信用机构建立健全针对数据要素市场的信用体系，一方面建立守信激励机制，给予守信主体税收优惠、财政补贴等，增强其市场竞争力，同时在行政审批、金融服务等方面，为守信主体提供优先办理、简化程序等便利；另一方面建立失信惩戒机制，对失信主体依法依规实施限制市场准入、停止优惠政策等措施，增加其失信成本，同时公开曝光失信行为，通过各类行业网站和平台，向社会公开失信主体的不良信息，接受社会监督，从而鼓励市场主体诚信经营和诚信交易。

四是推广新型技术。由于数据流通交易存在周期长、环节多、隐蔽性强等特点，政府部门应当积极采用和推广区块链等新型数字技术，建立数据流通交易应用链，实现对各种数据活动的精确存证与全过程监管，形成不可篡改的电子证据链。区块链技术不仅构建了一个自由的要素流动体系，而且增加了行为人之间的信任联系，提升了整个市场的信任程度[①]。在发生纠纷时，这些存证信息可以作为有效的证据，为纠纷的解决提供有力支持，同时也为监管部门的执法工作提供了便利。

五是建立公证服务。公证机构通过其专业的审查和证明职能，可以在一定程度上替代诉讼，使一些潜在的纠纷在萌芽阶段得到解决，从而避免了繁琐的诉讼程序。在数据要素市场建设中，公证机构也可以探索建立与数据流通交易相适应的公证机制，拓展现有的公证服务，将数据交易公证纳入其中，以发挥公证在预防数据交易纠纷、保护交易主体权益、替代诉讼降低司法成本等方面的作用。例如，江西省司法厅从数据确权登记管理入手，指导直属公证机构——江西省赣江公证处联合工程师、律师、会计师，打造数据资源公证登记模式，为数据交易提供了有力的信用保障，促进了当地数据要素市场的健康发展[②]。

---

① 郭广珍，黄金萌，赵绪帅.区块链信任、市场失灵治理与高质量发展［J］.财经问题研究，2022（8）：33—40.
② 饶传平，洪民杰.用公证制度保障数据交易［EB/OL］.［2025-2-12］.http://epaper.jxxw.com.cn/html/2024-05/13/content_144399_787585.htm

六是建立容错机制。为进一步推动数据交易市场的健康发展与创新活力，建立容错机制显得尤为重要且必要。相关政策部门可以积极探索并制定针对数据交易过程中轻微违法行为的依法不予行政处罚清单，明确界定哪些轻微违法行为可适用不予处罚的规定，为执法提供明确依据，同时也给市场主体一定的试错空间。例如，初次违法且危害后果轻微并及时改正的行为，可纳入清单范围。而对于不予处罚的市场主体，改用批评教育、指导约谈等柔性措施，促使其认识并纠正错误，引导其依法合规开展数据交易活动。这种方式有助于平衡监管与创新的关系，既维护了数据交易市场的正常秩序和法律法规的权威性，又充分激发了市场主体的创新活力，鼓励其积极探索数据交易的新模式、新技术，促进数据要素市场的繁荣发展。

第九章 数据要素市场中的数据安全与合规

数据要素市场的目标是促进数据高效流通和深度开发，充分释放数据价值，而数据安全与合规是数据价值实现的前提，也是数据要素市场建设与发展的基础。从社会层面上讲，数据安全合规体系不健全，可能引发国家机密、企业秘密和个人隐私泄露，损害公共利益和社会主体合法权益；从市场层面上讲，数据市场运行的安全风险是导致数商和用户"不愿入场、不愿互信"的重要因素[1]，也是阻碍数据要素市场成长壮大的主要瓶颈。因此，数据安全与合规治理是数据要素市场治理体系中十分重要的组成部分。

第一节 数据要素市场中的数据安全新挑战

近年来我国政府先后出台"数安三法"（即《网络安全法》《数据安全法》《个人信息保护法》）及相关法律规范，明确规定了数据的权利义务、处理行为规范，有效保障了国家机密、个人隐私和企业秘密安全。但数据创新与应用仍

---

[1] 马乐存，裴雷，李白杨. 数据要素流通安全治理：体系架构与实践进路 [J]. 农业图书情报学报，2024，36（3）：46—58.

然面临着复杂和严峻的安全形势，除传统的计算机病毒、数据泄露、网络攻击等问题仍然存在之外，数据应用场景的变化、新型数据技术的出现，带来了许多新的数据安全挑战。

一、新型数据场景催生数据安全新难题

在数据要素化的进程中，数据的状态发生了根本性转变，从传统的静止状态演变为动态流动，从单一的分散状态发展为多源融合。这种变化使得敏感数据的分布更加分散，数据的使用权和责任界定变得模糊不清；同时，数据流向及数据访问行为的跟踪和监控难度显著增加，从而导致数据在后续多个处理环节中面临的风险变得难以控制。特别是数据交易活动的日益频繁，进一步延伸了数据价值链，数据要素需要在复杂的业务场景及移动互联环境下进行交互和流转。然而，数据流通的过程极为复杂，涉及的主体众多且背景各异，这使得数据遭受攻击、泄露、被盗取、被滥用的风险大幅加剧。

在这一全新的数据应用场景下，传统的数据安全体系暴露出明显的局限性。以往的数据安全策略主要以系统和数据库为核心，以隔离和封闭为主要手段，以保障内部数据安全为重点。然而，这种静态的数据安全体系已无法满足当前数据流通和数据融合所带来的新的数据安全需求。因此，迫切需要构建一种新型的数据安全体系，这种体系应以数据为中心，全面覆盖数据的全生命周期，从数据的产生、采集、存储、处理、传输、共享到最终的销毁，每一个环节都要纳入安全管控的范畴。同时，该体系还需要能够对数据价值链上的所有参与主体进行规范和约束，确保数据在复杂的流通和融合环境中的安全性、合规性及隐私性，从而为数据要素化的发展提供坚实可靠的安全保障。

二、新型数据技术引发数据安全新挑战

在第四次工业革命浪潮的推动下，云计算、人工智能、物联网等新兴技术的飞速发展，极大地强化了各行业的数据处理能力，带来了更为精准和多维度

的商业洞察。然而，技术的双刃性也导致数据合规管理面临前所未有的挑战。尤其是人工智能技术，凭借其卓越的洞察能力与深度分析潜力，使得传统的去标识化数据处理方式面临新的风险。例如，高度发达的人工智能算法与大数据分析技术相结合，可通过数据集中的相关性信息重新识别出个体身份，从而威胁到个人隐私。

同样地，经过隐私化处理的数据，在智能化加工和深度分析后，也可能重新暴露出隐私特征，增加了隐私泄露的风险。这种风险的不可控性，使得传统的数据安全标准逐渐变得模糊不清。以前那些侧重于去隐私化、去标识化的静态数据安全策略，现在已无法充分适应当前数据流通与融合环境下的安全需求。

在这种复杂的情境下，数据安全体系亟须转型。传统的以系统和数据库为中心、以隔离和封闭为导向、以内部数据安全为重点的静态安全模式，已经无法应对数据要素化带来的挑战。因此，迫切需要构建一种新型的数据安全体系，这种体系应以数据为中心，覆盖数据的全生命周期——从数据的生成、采集、存储、处理、传输、共享到最终的销毁。同时，该体系应规范数据价值链上的所有主体，确保数据在复杂多变的业务场景和移动互联环境下的交互流转中的安全性与合规性。为此，必须融合多学科知识，运用先进的技术手段，如区块链技术来保证数据的不可篡改与可追溯性、联邦学习技术来实现数据的协同分析而不泄露隐私、数据沙箱技术来提供安全的数据分析环境等。同时，建立严格的数据访问控制、数据加密传输、数据使用审计等机制，形成全方位、多层次、动态化的数据安全防护体系，以适应数据要素化时代对数据安全的严格要求。

三、新型数据类型产生数据安全新风险

在第四次工业革命的推动下，智能识别技术的广泛应用使得人脸、指纹、声纹等个人生物特征数据成为一种重要的数据类型。然而，这些数据的采集与处理伴随着一系列独特且严峻的安全挑战。

一方面，生物特征数据的采集通常依赖智能设备的无感化自动采集技术，

这种采集方式具有高度的隐蔽性和非干预性，使得数据主体难以察觉数据的收集行为，从而难以履行先行告知同意这一基本义务，这在一定程度上削弱了数据主体对其个人生物特征数据的控制权和知情权。另一方面，生物特征数据具有不可更改性和唯一性的特点，一旦泄露，数据主体将面临无法挽回的永久性风险，这与传统可更换的认证信息（如密码）有着本质区别，大大增加了数据的安全风险。

在传统的数据安全风险模型中，风险往往集中在数据存储、传输、共享等环节，各环节都有相对成熟的安全机制进行防护。然而，个人生物特征数据的采集本身就存在很大的风险。由于其高度敏感性和不可替代性，采集过程中的任何疏漏都可能导致严重后果。例如，生物特征数据的采集设备可能存在安全漏洞，攻击者可以利用这些漏洞在数据采集阶段就窃取数据；或者，采集到的数据在存储和传输过程中，由于缺乏有效的加密和保护措施，容易遭到未授权访问和恶意篡改。

四、新型数据业务赋予数据安全新内涵

随着数字空间对物理世界产生的影响、带来的安全风险越来越大，数据安全的内涵与外延正在不断地扩展[1]。在数据要素市场中，数据价值化主要通过数据流通交易而非传统的数据开发利用来实现。在这种新型数据业务模式下，数据权益保障、数据质量维护等都成为数据安全的重要内涵。然而，现实中数据权益保障面临诸多困境。一方面，非法信息交易犯罪活动日益猖獗，呈现明显的产业化趋势，其交易模式甚至发展到订单化程度，使得犯罪效率提高、手段更加隐蔽，查处难度也随之增大。另一方面，数据质量参差不齐，"脏数据""假数据"难以识别和区分。数据具有体验品的特点，即在交易之前很难发现其质量问题，而一旦交易完成，往往是"买定离手"，买方即使发现数据质量差，也难以进行有效的维权。这些问题的存在严重制约了数据要素市场的健康发展，

---

[1] 艾龙. 数据要素市场背景下的数据安全协同治理体系 [J]. 数字经济，2023 (7)：74—78.

亟须从技术、法律、监管等多方面入手，构建更加完善的数据安全体系和权益保障机制，以促进数据要素市场的良性发展。

五、新型数据安全观导致数据安全新问题

在大数据时代背景下，数据深度融入人类经济、社会、政治、文化及生活等各类活动之中，与人身安全、财产安全、国家安全等紧密相连，这种深度融合致使数据安全的界限逐渐模糊。例如，局部数据在独立状态下可能是安全的，但当数据进行汇总整合后，就可能引发潜在的安全风险；数据用于特定目的时可能是安全的，但一旦用于其他目的，则可能带来安全隐患。

在数据要素市场的实际运作中，安全界限的模糊化导致数据供需双方的交易风险显著增加。由于难以准确评估数据的安全性和合规性，交易双方的不信任感加剧，这使得数据交易的达成变得困难重重。此外，即使是政府数据市场监管部门，也面临难以准确判断数据交易安全性的挑战，往往不得不采取保守的监管策略。这种保守监管虽然在一定程度上降低了风险，但也抑制了数据交易的活力，使得许多潜在的数据交易难以顺利开展，限制了数据要素市场的健康发展。

第二节 数据要素市场中的数据安全风险

在数据要素市场中，数据安全面临多方面的风险，如数据泄露、数据篡改、非法交易及法律法规风险等。这些风险相互关联，可能对个人、企业和社会造成严重后果，需要通过技术、管理和法律等多方面的措施进行防范和控制。根据数据要素市场中的数据安全问题产生的领域，可以将其分为以下几类：

一、数据管理中的安全风险

在数据要素市场蓬勃发展的当下，数据管理中可能出现的数据泄露、数据欺诈等风险成为制约其健康发展的关键因素。这些风险不仅威胁着个人、企业的重要权益，更对数字经济的稳定与国家整体安全构成挑战。具体包括以下几个方面：

(1) 数据泄露。近年来国内外非法访问、篡改或敏感数据泄露等事件频发，涉及的机关单位和群众数量陡增，引发了大量的数据灰色交易，导致数据流向非法市场。美国身份盗窃资源中心 2022 年第一季度数据显示，美国 90% 以上的数据泄露与网络攻击有关，网络钓鱼和勒索软件是两大根本原因。根据 IBM 发布的《2022 年数据泄露成本报告》(*Cost of a Data Breach Report 2022*) 调查，世界 550 家企业和组织在 2021 年 3 月—2022 年 3 月的数据泄露平均损失额达 435 万美元，创历史新高，较同期增长近 13%。在参与调查的企业中，有 60% 的企业因数据泄露相关费用的上涨而上调了服务和产品价格[①]。由于数据要素市场涉及多个市场主体和多个流通环节，数据泄露风险剧增。

(2) 数据欺诈。数据欺诈是指故意伪造、篡改或者虚构数据信息以达到欺诈目的的行为。这不仅对企业和个人的利益造成了严重影响，而且给整个数字经济体系的稳定性带来了威胁。在数据要素市场中最常见的是虚假交易行为，指恶意欺诈者通过虚假数据交易行为获取经济利益。数据具有体验品特点，也就是只有在使用后才能准确判断其真正价值。虽然在数据交易中，可以通过数据集介绍、数据摘要、数据样本等手段让数据买方初步了解数据内容，但不可能完全明确其真伪与质量。因此，一些不法数据主体可能会利用数据的这一特点，在销售数据产品和服务时，使用或掺入伪造、虚假或低质量的数据，以谋取不正当利益。

(3) 数据勒索。数据勒索是一种新型的网络犯罪活动，勒索者通过勒索软件对企业造成攻击事实或攻击威胁，然后向企业提出金钱要求以避免或停止攻击行为。与一般计算机病毒或网络攻击不同的是，它通常不会直接破坏数据，而是将数据进行加密锁定，然后要求被勒索者支付赎金，否则不予解密或者威胁将

---

① 王娟娟.加快发展以安全为底色的数据要素市场 [J].中国电信业，2022 (12)：30—33.

数据公开或销毁[1]。近年来，数据勒索成为全球网络攻击的主角，对全球多个国家造成了重要数据泄露、社会系统瘫痪等重大危害，严重威胁国家安全[2]。2021年美国首次因网络攻击宣布进入国家紧急状态，并将数据勒索攻击提升至与"9·11"恐怖袭击同等级别，英国、澳大利亚、日本、加拿大等国纷纷公开宣告将勒索攻击纳入当前面临的最大网络威胁[3]。数据勒索是近年来新兴的网络犯罪形式，由于参与交易的数据资源都是经过组织加工的高质量数据集，一旦发生针对交易所、企业或数据本身的勒索行为，将给企业和用户带来巨大的财产利益损失。

二、数据侵权风险

在数据要素市场快速发展的进程中，数据安全风险问题日益凸显，尤其是数据侵权现象成为制约市场健康运行的重要因素。数据侵权行为不仅威胁市场主体权益，更可能动摇数据要素市场化配置的法治根基。具体而言，数据侵权主要体现在以下几个方面：

（1）侵犯隐私权。数据要素富含用户隐私数据且贯穿数据流通的全过程。涉及个人信息的数据流通交易，除了法定例外情形和经过匿名化处理后，都需要经过个人信息主体单独同意，但实际中不少数据处理者既有认为通过去标识化处理或基于科研目的就可以豁免取得同意义务的误读，也有仅取得数据加工或存储授权却进行对外提供的违规现象，这些都会带来数据侵权纠纷[4]。数据流通的频繁性会增加数据泄露或非法使用的可能性，产生数据安全风险[5]，因此管控

---

[1] 高荣伟. 黑客网络勒索犯罪悄然升级 [J]. 边缘法学论坛，2021 (2)：44—46.
[2] 孟庆莉. 面对愈演愈烈的网络勒索，美国怎么破？[J]. 廉政瞭望，2021 (15)：52—54.
[3] 王伟洁. 全球数据勒索攻击威胁新特点及防范对策研究 [J]. 保密科学技术，2022 (6)：37—41.
[4] 周辉，孙牧原. 我国的数据治理挑战及其应对 [J]. 信息安全研究，2023，9 (7)：612—617.
[5] 唐林垚. 关系合同视角下数据处理活动的技术流变与法律准备 [J]. 法学家，2023 (1)：42—56、192.

侵犯隐私风险是构建统一数据要素市场、实现数据跨地域、跨层级、跨系统归集交易的重要保障。然而当前我国个人隐私侵权犯罪仍呈高发态势。据报道，2020年全国检察机关起诉侵犯公民个人信息犯罪6 000余人，2021年起诉9 800余人，2022年起诉9 300余人，2023年1—11月起诉7 300余人，近三成被告人被判处3年以上有期徒刑[1]。

(2) 侵犯财产性权益。在大数据时代背景下，数据资源已深度融入企业的运营与发展战略之中，成为其核心竞争力的关键构成要素。企业通过对数据的系统性收集、深度分析及精准处理，能够挖掘出隐藏在数据背后的市场趋势、消费者偏好和运营效率提升点，进而构建起独特的竞争优势。然而，这一过程也伴随着数据侵权的潜在风险，部分企业可能利用技术手段，未经授权非法抓取其他企业或网站上具有商业价值的数据。这类非法数据爬取行为，不仅直接侵害数据控制者的财产性权益，更因突破《反不正当竞争法》第12条确立的"三重授权"原则，引发市场竞争秩序的"公地悲剧"——个体理性导致集体非理性的资源耗竭现象，还可能导致数据泄露、隐私侵犯等一系列连锁反应。随着技术的不断进步和互联网经济的深入发展，数据爬取案件呈现出频发、多发的趋势，给监管和治理带来了巨大挑战。例如2016年发生的"新浪微博诉脉脉不正当竞争案"，作为中国首例数据不正当竞争案件，引起了社会各界的广泛关注。这起案件不仅为数据权益保护提供了司法实践的范例，而且为后续相关法律法规的完善奠定了基础。此后，国内几乎所有互联网巨头都曾因数据爬取问题诉诸法律，这些案件的频发凸显了数据权益保护在数字经济时代的重要性，也反映了当前数据要素市场在法律规范和技术防护方面的不足。这种现象的存在，不仅给被侵权企业造成了直接的经济损失，而且可能削弱市场创新动力，破坏行业的可持续发展前景。

---

[1] 王琴. 依法严惩侵犯公民个人信息犯罪 2022年检察机关起诉9 300余人 [EB/OL]. [2024-9-2]. https://www.hi.jcy.gov.cn/webSite/module/M101/view/791761/00500008

(3) 侵犯知识产权。尽管并非所有数据都天然具有知识产权属性，但在数据要素市场中，确实存在大量涉及知识产权的数据产品和服务。国家知识产权局于 2022 年启动了数据知识产权试点工作，旨在探索数据产权制度的构建路径，这进一步凸显了数据知识产权保护的重要性。在数据流通交易过程中，原始数据需经过收集、筛选、加工、处理等多个环节，逐步转化为具有经济价值的数据资源和数据资产。这些环节不仅为数据赋予了新的价值，而且带来了复杂的产权问题，尤其是在数据来源不明确、涉及多个数据贡献者的情况下，知识产权侵权风险显著增加。因此，数据要素市场中的知识产权保护成为亟待解决的重要课题，需要从法律、技术、管理等多方面入手，构建完善的保护机制，以促进数据要素市场的健康发展。

三、数据流通中的违规风险

在数据要素市场化配置加速推进的背景下，数据流通交易作为释放数据价值的关键枢纽，正面临合规性失控与使用边界模糊的双重安全挑战。这些风险不仅侵蚀市场信任基础，更可能引发系统性数据安全危机。

(1) 非法交易风险。数据交易应遵循我国《民法典》《个人信息保护法》《数据安全法》等相关规定，不得损害他人隐私权、个人信息权益、商业秘密、知识产权及公共利益等基本权益。虽然在数据交易中，数据平台（交易机构）通常需要对数据交易的合规性进行审核，但限于能力和成本，许多交易平台对于入驻数商的主体资质和进场交易数据难以进行实质性审核，致使部分不法数商通过场内交易在平台购买数据，后通过场外交易多次转手倒卖数据以牟利[①]。同时在司法实践中，与数据纠纷相关的民事案件通常涉及侵权纠纷、不正当竞争纠纷及合同纠纷，对于这些案件，《民事诉讼法》规定案件的管辖应由侵权行为发生地或者被告住所地人民法院管辖，但数据交易多在网络中进行，出现案件

---

① 刘星.数据交易平台的刑事风险与合规治理：以信息网络安全管理义务扩充为视角[M].上海市法学会.新兴权利研究文集.上海：上海市法学会，2023：18—29.

纠纷可能无法明确管辖范围而出现延后失效或无法处理的情形[1]。

（2）数据滥用风险。在数据要素市场中，数据交易只是众多业务环节之一，即使数据交易本身合法且安全，但数据购买者在获取数据后，仍可能将数据用于歧视性营销、信用评分或在缺乏透明度的情况下影响用户决策等非法目的，从而引发数据安全风险。因此，在数据交易过程中，数据供需双方通常会对数据的使用目的和范围进行明确约定。然而，在实际操作中，由于数据供方及相关监管机构受到技术能力和管理成本的限制，难以对数据购买者的后续数据使用行为及再交易行为进行有效跟踪和监管，导致数据购买者的数据滥用行为往往难以被及时发现。数据交易的复杂性与数据使用行为的多样性，使得确保数据在交易后的合规使用成为一个重大挑战。这不仅涉及数据购买者的诚信与责任，还与监管机构的技术手段和管理效率密切相关。有效的数据使用监管需要先进的技术工具来追踪数据流向，以及完善的法律法规来明确各方的权利和义务，从而确保数据交易的合法性和安全性。

第三节　数据交易合规的主要内容

数据交易合规有两种不同理解：从狭义来看，数据交易合规是指交易主体为防控数据交易过程中的各种合规风险而构建的治理体系；从广义来看，数据交易合规是指以数据交易主体合规责任落实为核心，以第三方服务机构与数据交易场所运营机构的合规服务为防火墙，以数据交易监管部门的合规激励为指引的场内外全流程数据交易治理体系[2]。不论是场外交易还是场内交易，市场主体

---

[1] 张学和，王晨晨. 数据知识产权交易安全的信任风险与保护［EB/OL］.［2024-7-31］. http://ipri.ustc.edu.cn/2023/1219/c30345a625747/page.htm
[2] 王青兰，王喆. 数据交易动态合规：理论框架、范式创新与实践探索［J］. 改革，2023（8）：42—53.

都需要从交易主体合规性、交易客体合规性、交易过程合规性等方面进行数据合规评估。

一、交易主体合规

为保证数据交易的合规合法，首先需要数据交易的供需主体具备相应的资质、能力和信用。因此数据交易合规的第一步是进行交易主体的合规审查，具体包括数据供方和数据需方两个方面[①]，如表9-1所示。

表9-1 交易主体的合规审查内容

审查对象	审查要点	审查内容	审查目的
数据供方	合法性与责任能力	是否依法成立并有效存续，具有承担民事责任的能力	确保交易合法性与稳定性
	商业信誉与财务状况	是否有良好商业信誉，无重大财务风险	保障数据质量和供应连续性，降低交易风险
	违法违规与失信记录	近一年是否存在违法违规和失信记录	降低法律风险和信用风险
	网络和数据安全事件	近一年是否发生相关安全事件	确保数据安全性和可靠性
	数据安全能力与管理架构	是否具备相应数据安全能力和管理架构	保障数据交易安全性
	合法经营目的与业务范围	经营目的是否合法，交易标的是否在业务范围内	确保数据来源合法、用途正当
数据需方	合法性与责任能力	是否依法成立并有效存续，具有承担民事责任的能力	确保交易合法性与稳定性
	商业信誉与财务状况	是否有良好商业信誉，无重大财务风险	建立信任，保障交易顺利进行

---

① 曾维宇，黄怡敏．问渠哪得清如许：场内及场外数据交易之合规要点研析［EB/OL］．［2024-7-3］．https：//mp.weixin.qq.com/s?__biz=Mzg4MDEyMzM0Mg==&mid=2247739759&idx=2&sn=06197d9cab4807a643fa3d3d0985aa0d&chksm

续　表

审查对象	审查要点	审查内容	审查目的
数据需方	违法违规与失信记录	近一年是否存在违法违规和失信记录	降低信用风险和法律风险
	网络和数据安全事件	近一年是否发生相关安全事件	确保数据安全
	数据安全能力与技术手段	是否具备相应数据安全保障能力	防止数据泄露、篡改或滥用
	跨境数据传输场景	是否涉及跨境数据传输	确保跨境数据流动安全与合规

（一）针对数据供方的合规审查要点

为保障数据交易的顺利进行，降低潜在风险，对数据供方进行全面的合规审查至关重要。以下是对数据供方的合规审查要点：

（1）合法性与责任能力：数据供方是否依据相关法律法规合法成立并持续运营，是否具有承担相应民事责任的能力，这是其参与数据交易的基本前提，确保其能够独立承担法律责任，保障交易的合法性与稳定性。

（2）商业信誉与财务状况：审查数据供方是否具有良好商业信誉，是否存在重大财务风险，财务状况稳健的数据供方更可能遵守数据交易规则，确保数据质量和供应的连续性，避免因财务问题影响数据交易的正常进行。

（3）违法违规与失信记录：过去一年内数据供方是否存在违法违规行为或失信记录，良好的合规记录表明其在经营活动中能够遵守法律法规，尊重市场秩序，从而降低数据交易中的法律风险和信用风险。

（4）网络和数据安全事件：数据供方在过去一年内是否发生过网络和数据安全事件，数据安全事件可能表明其在数据保护方面存在漏洞，影响数据的安全性和可靠性，进而对数据交易产生负面影响。

（5）数据安全能力与管理架构：数据供方是否具备与数据要素市场地位相适应的数据安全防护能力，是否建立了专门的数据安全管理部门，完善的数据安全管理和技术防护体系能够有效保障数据免受泄露、篡改等安全威胁，确保数据交易的安全性。

（6）合法经营目的与业务范围：数据供方是否具有明确的合法经营目的，挂牌交易标的是否在供方的业务范围内或与自身业务直接相关，这有助于确保数据来源合法、用途正当，防止数据被非法获取或用于不正当竞争等违规行为。

（二）针对数据需方的合规审查要点

在数据要素市场中，数据交易的合法性和安全性不仅取决于数据供方的合规性，而且与数据需方的行为密切相关。数据需方在获取数据后，若缺乏有效监管，可能会出现数据滥用、泄露等风险，严重损害供方及数据主体的权益，破坏市场秩序。因此，对数据购买者进行合规审查具有重要意义，以下是针对数据需方的合规审查要点：

（1）合法性与责任能力：数据需方是否依法成立并有效存续，是否具备承担民事责任的能力，以确保其能够合法合规地使用数据，并在必要时承担相应的法律责任，保障数据交易的合法性和稳定性。

（2）商业信誉与财务状况：审查数据需方是否具有良好商业信誉，是否存在重大财务风险。良好的商业信誉有助于建立交易双方的信任，而健康的财务状况则能确保需方具备履行数据交易合同的能力，按时支付数据交易款项，保障数据交易的顺利进行。

（3）违法违规与失信记录：过去一年内数据需方是否存在违法违规或失信行为，合规记录反映了需方在经营活动中的诚信度和法律意识，避免与有不良记录的需方进行交易，有助于降低数据交易中的信用风险和法律风险。

（4）网络和数据安全事件：数据需方在过去一年内是否发生过网络和数据安全事件，若需方发生过安全事件，可能表明其数据安全防护措施存在不足，无法有效保障所获取数据的安全，可能导致数据泄露或滥用，损害供方及数据主体的权益。

（5）数据安全能力与技术手段：数据需方是否具备与拟交易数据规模、敏感程度相适应的数据安全保障能力，能否采取有效的技术和管理措施，防止数据在使用过程中发生泄露、篡改或滥用等情况，确保数据的安全性和保密性。

(6) 跨境数据传输场景：数据需方在使用数据过程中，是否涉及跨境数据传输等特殊场景，跨境数据传输需遵循国家相关法律法规和国际条约的规定，确保数据在跨境过程中的安全与合规，防止因跨境数据流动引发的法律和安全问题。

二、交易客体合规

交易客体合规是数据交易合规的关键所在。无论是场内交易还是场外交易，参与数据交易的数据产品和数据服务必须是合法的、可交易的。根据《上海市数据条例》《深圳经济特区数据条例》等规定，涉及以下方面的数据不得进行流通交易：

(1) 危害国家安全、公共利益的，侵害个人隐私的；

(2) 未经合法权利人授权同意的；

(3) 包含未经依法开放的公共数据的；

(4) 法律、法规规定禁止交易的其他情形。

交易客体合规的重点是数据来源合规，这关乎用户主体、上下游企业、数据合作方、社会团体、政府部门等多方主体的在先权利，对在先权利的合规保护是数据产品后续交易的基石[①]。因此各地的数据交易场所都对此制定了较为详细的规定，如上海数据交易所在《上海数据交易所数据交易安全合规指引》中，对交易数据依其来源分为收集公开数据、自行生产数据、协议获取数据等类型，并对每种来源的数据都提出了详尽的合规要求。如对于收集公开的数据，其合规要求如下：

(1) 不得以不正当竞争为目的，违反诚实信用获取数据；

---

① 张冰，林奕. 促进数据资产交易合法合规，我们需要关注什么？[EB/OL]. [2024-9-13]. https://mp.weixin.qq.com/s?__biz=MzI5MTA3MzU5OA==&mid=2650777385

（2）不得违法侵入涉密网站和计算机信息系统获取数据；

（3）不得以非法获取内部访问、操作权限等方式，未经授权或超越授权范围获取数据；

（4）不得干扰被访问网站的正常运营或者妨碍计算机信息系统正常运行；

（5）不得以技术破解方式突破网站、计算机信息系统为保护数据而设置的技术保护措施；

（6）未征得相关主体同意的，不得收集涉及他人知识产权、商业秘密或者非公开的个人信息的数据。

由于许多数据都在多个市场主体之间流转，数据处理活动十分复杂，对这样一些数据源的合规审查需要穿透至上层甚至底层，审查数据收集和流通过程中获得授权同意等的完整性、连续性。例如，业务交互场景下收集和产生的数据是否可以用于其他目的，就需要通过审查协议文本等确认数据源对数据所享有权益的具体范围[1]。

同时，在进行数据流通交易时，对于一些特殊类型的数据，相关法规中往往进行了特殊规定。如对于涉及个人信息的流通交易，《个人信息保护法》第23条规定："个人信息处理者向其他个人信息处理者提供其处理的个人信息的，应当向个人告知接收方的名称或者姓名、联系方式、处理目的、处理方式和个人信息的种类，并取得个人的单独同意。接收方应当在上述处理目的、处理方式和个人信息的种类等范围内处理个人信息。接收方变更原先的处理目的、处理方式的，应当依照本法规定重新取得个人同意。"

在实际中，由于数据合规本身存在一定的不确定性，因此在场内交易中数据交易场所往往对交易对象会有更严格的要求，以最大化规避潜在的风险。例如，上海等地的数据交易机构提出了"无场景不交易、个人数据不交易"的基

---

[1] 陈际红，吴佳蔚. 行笃知明：数据要素流通中的合规审查与交易设计［EB/OL］.［2024-8-15］. https://mp.weixin.qq.com/s?__biz=MjM5ODI5MzI0NA==&mid=2651581704

本原则，不仅要求数据本身合规，而且数据购买者必须提出明确的数据使用或开发场景，同时只要数据涉及个人信息，无论是否取得个人同意或进行了去隐私化处理，都不允许交易。

三、交易过程合规

数据流通交易中，市场主体应当依法开展数据流通交易活动，尊重社会公德和伦理，遵守商业道德、职业道德，这也是数据交易合规的重要组成部分。在目前我国数据要素市场中法律制度、标准规范等尚不健全、不成熟的情况下，相关数据交易合同及数据产品和服务规则等协议性文件是明确和保障交易主体权益的重要依据，也是关乎各方合规责任的重要依据。因此，数据交易双方准备交易文件时，需要重点从以下方面进行合规性审查：

（一）交易标的

在数据交易过程中，为确保交易标的的合规性，交易双方需对涉及的数据产品或服务的多方面内容进行详细约定。具体而言，应明确数据的来源，确保其合法性和可靠性；界定数据的类型，以便于双方对数据的性质和用途有清晰的认识；确定信息内容，确保数据的准确性和完整性；限定数据的时空范围和行业范围，以符合特定的交易需求和法规要求；明确数据的数量和规模，以便于评估交易的价值和影响；规定数据的格式，确保数据的兼容性和可用性；评估数据的质量，以保证数据的可靠性和有效性；提供元数据（数据摘要），以便于对数据进行快速了解和初步评估；确定是否提供样本数据，以及样本数据的数量和代表性，以帮助需方更好地理解数据的特性和价值。通过这些约定，可以为数据交易的顺利进行提供有力保障，降低潜在的法律风险和交易风险，促进数据要素市场的健康稳定发展。

（二）授权范围

在数据交易活动中，由于数据的特殊属性，交易通常涉及的是数据的使用权而非所有权。鉴于数据的使用可能对第三方权益产生影响，交易双方有必要就数据授权范围作出明确约定。具体而言，授权范围应涵盖数据购买者使用数据产品的时间范围与期限，明确界定数据使用的地理区域限制，详细说明数据加工处理的目的与方式，同时明确授权性质是独占、排他还是普通授权。此外，还需约定是否允许数据购买者进行再授权或开展数据再销售活动等。通过这些细致的约定，可以有效规避数据使用过程中的权益纠纷，确保数据交易的合法性与合规性，保障数据市场的稳定与健康发展。

（三）交易价格

在数据要素市场建设中，数据定价是一个具有挑战性的关键环节，目前尚未形成统一且权威的定价标准。在实际操作中，数据定价主要采用以下两种方式：

其一，交易双方自主协商定价。在此过程中，双方可以依据数据的自身属性（如数据的数量、质量、及时性、稀缺性、成本等）进行评估，并参考同类数据的历史成交价格。同时，还需综合考虑交易双方的意愿、经济实力及供需关系等多方面因素，通过平等协商确定一个双方均能接受的合理价格。

其二，第三方定价，部分地方政府部门会出台数据交易的指导性定价，为市场提供参考标准。此外，数据交易场所及一些行业组织（例如资产协会、数商协会等）也制定了相应的数据定价导则。交易双方可以依据这些导则，并经过多轮协商，最终确定数据交易价格。然而，无论采用哪种定价方式，都应确保定价过程的公平性、合理性和透明度，以促进数据要素市场的健康发展。

同时，在近年来国家推动的公共数据授权运营中，政府主管部门对数据定价进行了更严格的规定，包括明确公共数据授权运营中的定价应遵循依法合规、普惠公平、收益合理的原则，并要求用于公共治理、公益事业的公共数据应免费提供，用于产业发展、行业发展的，可收取运营服务费。运营服务费实行政府指导价管理，分级设立中央、地方定价目录体系。

（四）交付方式

在数据交易过程中，数据交付是至关重要的环节，涉及数据销售者如何合规且安全地向数据购买者提供数据产品或服务。数据交付的方式通常受到多种因素的影响，主要包括以下方面：

（1）交易标的类型：当交易标的是数据产品时，可以采用线下或线上交付的方式。如果是数据服务，则一般采用线上交付，以确保服务的连续性和可访问性。

（2）数据交付的持续性：对于一次性的数据产品或服务，可以使用线下数据包的方式进行交付。而对于持续性的数据服务，为了保证数据的实时更新和持续可用，通常倾向于使用线上平台或 API 接口的方式进行交付，从而确保购买者能够及时获取最新的数据。

（3）数据安全级别：对于不同安全级别的数据，需要采用不同的交付方式。尤其是对于安全性要求较高的数据，通常会使用加密平台、隐私计算平台或专业的第三方平台来进行交付，以确保数据在传输和交付过程中的保密性和完整性。

常见的具体数据交付方式包括：

（1）线下数据集交付：适用于数据量较大且对实时性要求不高的场景，通常采用物理存储介质进行交付。

（2）在线平台交付：通过安全的在线平台提供数据下载或访问服务，适用于大多数数据产品和服务。

（3）API 交付：通过 API 提供数据访问，适用于需要实时数据更新和交互的场景。

（4）镜像网站交付：在特定情况下，为了提高数据的可用性和访问速度，可能会使用镜像网站进行数据交付。

（5）第三方交付：对于某些特殊数据或需要额外安全保障的数据，可能会委托专业的第三方服务提供商进行交付。

每种交付方式都有其适用场景和优势，数据销售者应根据具体的数据交易需求、数据特性及安全要求，选择合适的交付方式，以确保数据交付的合规性、安全性和有效性。

（五）支付方式

在数据交易领域，数据作为典型的体验品，其价值和质量只能在使用过程中得以验证，加之数据交付往往并非一次性完成，而是呈现出持续性或分阶段的特征，这就导致数据交易中的付款方式呈现出多样化的特点。常见的付款方式包括一次性付款和多次付款。对于需要持续交付的数据产品或服务，鉴于其交付周期较长且数据的完整性和质量需要在不同阶段进行验证，数据购买者通常偏好采取多次付款的方式，以此来降低自身风险，确保在每个交付阶段的数据都符合预期后再支付相应款项。即使对于一次性交付的数据产品或服务，购买者也往往出于谨慎考虑，要求在交易完成后仅先支付部分款项，待对数据进行全面检验或初步使用并确认符合预期后，方才支付剩余尾款。这种做法有助于保障购买者的利益，避免因数据质量问题而遭受损失。与此同时，为了兼顾双方利益，平衡风险，交易双方可以选择借助第三方平台进行付款操作，这些第三方平台可以是专业的数据交易场所或信誉良好的金融机构等，通过第三方平台付款能够有效降低违约风险，增加交易的透明度和可信度，为数据交易提供更加可靠和安全的支付环境。

（六）安全及权益保障

为保障数据交易完成之后的数据安全及相关数据权益，交易双方还需要进行相关的约定，包括签署数据安全协议，要求数据购买者开展数据安全培训、网络数据安全测评、网络数据安全演练，并制定网络数据安全事故处置办法等。涉及个人信息的，数据购买者应当按照《个人信息保护法》第 54 条的规定，制定个人信息合规审计制度，并由内部独立审计部门或者由委托的外部第三方定期开展个人信息合规审计。另外，交易双方还应约定数据产品和数据购买者对数据产品进行二次加工后形成的衍生数据产品的相关知识产权的归属。同时，交易双方还应约定发生网络数据安全事故、数据及知识产权侵权或者违约造成侵犯第三方权益的事故之后，双方应承担的责任。

四、合规成本

在数据要素市场的制度性演进中，场内交易规模受限的核心症结可追溯至交易成本理论框架下的合规性摩擦，数据产品的合规审核流程实质上构成了市场参与者的制度性交易成本。目前一个数据产品要在交易场所挂牌，所需要的合规成本少则数千元，多则数万元甚至数十万元，而一个数据供应商往往有多个数据产品，总合规成本很高，合规成为市场主体入市交易的"负向激励"。虽然当前许多数据交易场所和第三方合规服务机构出于培育市场的目的，通过阶段性费用补贴机制（如浙江大数据交易所的"首年合规服务包减免政策"）暂时缓解成本压力，但此类行政化调节手段难以突破制度性成本刚性，终非长久之计。而若不做合规审核，或者降低第三方合规评估的标准，的确会显著降低合规成本，数据商的入场意愿也会极大提高，但随之而来的交易风险不容忽视[1]。

因此，如何解决合规与成本之间的矛盾，既保障数据交易充分合规，又不会给市场主体造成过多负担，是数据要素市场治理体系中必须重点规划的内容。这需要政府、企业和社会各方共同努力，通过政策引导、技术创新和市场机制等多种手段，实现数据要素市场的高质量发展和高水平安全的良性互动。政府和社会可以从以下五方面着手，降低数据交易中的合规成本：

一是优化政策与法律规范。政府应制定明确、具体、可操作的数据流通安全合规细则与标准，降低因政策要求不明确带来的制度性交易成本；梳理和简化现有法律规范，避免企业因理解不准确或执行不到位而增加合规负担；清晰界定数据交易中各方的责任与义务，特别是数据提供方和接收方在不同场景下的安全责任，这有助于减少因责任不清导致的合规成本增加。

二是加强技术创新与应用。加大数据安全治理技术和产品服务的研发支持，如可信数据空间、区块链、隐私保护计算、匿名化等技术。政府可以通过提供研发补贴、税收优惠等方式鼓励企业进行技术创新，同时培育一批面向数据流通安全治理的技术创新型企业，推动数据流通安全应用产品的创新和应用，降低数据流通安全治理的创新成本。

---

[1] 王青兰，王喆. 数据交易动态合规：理论框架、范式创新与实践探索[J]. 改革，2023(8)：42—53.

三是探索创新模式。采取差异化监管措施，在保障安全的前提下降低数据流通安全治理的行政负担。探索建立数据流通安全保险机制，利用市场化手段合理分散企业风险成本。鼓励各级政府、大型企业面向中小型企业提供有助于提升企业风控能力、降低企业安全成本的数据流通安全治理服务，推动具备条件的部门和地区建立中小企业数据流通安全补贴制度，降低中小企业参与数据流通的合规成本。

四是建立互认互通机制。推动数据交易机构之间的互认互通，共同构建统一的数据产品合规标准、产品描述格式、命名规则等，降低数据交易中的重复合规成本。例如，通过数据产品"一地上架，全国互认"、数据需求"一地提出，全国响应"等方式，提高数据流通和交易效率。

五是加强政策宣传贯彻。强化对相关方案、法规的政策宣传贯彻，降低数据流通治理的协调沟通成本。通过培训、研讨会、宣传资料等多种形式，加强对企业、政府机构等市场主体的政策解读和宣传贯彻，凝聚各方共识、稳定市场预期，避免因理解不深入、认知不统一、配合不到位带来的沟通协调成本。充分发挥行业协会、标准化组织等的作用，制定和推广数据交易的行业标准和最佳实践指南，引导企业规范操作，降低合规成本。

第四节 数据交易合规治理体系

发展和安全是数字化转型的一体两翼，培育数据要素市场要坚持以安全为底色，以新安全格局保障新发展格局，建立一套既能强化数据安全保护又可促进数据要素价值释放的数据交易合规治理体系。

一、政府层面

面对数据要素化带来的新型数据安全难题，我国需要构建"法律＋规约＋

技术""政府监管＋社会监督＋机构自律"两个"三位一体"的数据安全体系架构，形成与数据融合、流通场景相适应的数据安全保障能力。

（一）建立"法律＋规约＋技术"的数据合规治理体系

在数据要素市场治理的范式重构中，构建"法律＋规约＋技术"三位一体的协同治理框架，已成为破解数据流通安全与效率悖论的核心路径。基于制度经济学与数据主权理论，该体系通过制度约束、契约自治与技术赋能的交互作用，实现治理效能的帕累托优化。

（1）完善数据安全法律框架：在构建数据合规治理体系的过程中，法律层面的完善是基础且关键的一步。数据要素市场相关法规应当明确数据市场主体在开展数据活动时所应遵循的安全和合规准则。这些准则需要全面且具体，充分体现出"安全为本、促进流通、知识增值"的核心导向。在确保数据安全的基础上，推动数据的合法流通与有效利用，从而实现数据价值的最大化。同时，法律必须明确规定，任何数据活动均不得侵犯他人的合法权益，包括个人隐私、商业秘密等，从法律层面为数据交易划定清晰的底线与边界，为数据市场的健康发展提供坚实的法律保障。

（2）落实数据安全规约机制：在数据流动交易过程中，严格落实"契约原则"是保障交易双方权益、规范数据使用的关键环节。数据市场主体在进行数据交易时，双方应当通过详尽且严谨的合同条款，对后续的数据加工、使用、共享、交易等行为的目标、用途、范围等进行明确而具体的约定。这些约定应当具有法律效力，约束双方在后续所有数据活动中的行为。交易双方必须严格遵循这些约定，确保数据的使用与处理符合双方的预期和法律规定，避免数据被滥用或用于未经授权的目的，从而维护数据市场的信任与秩序。

（3）创新数据安全技术应用：技术是推动数据合规治理的重要力量，鼓励和引导各类机构在数据流通交易中积极采用先进的隐私计算技术，如区块链、多方安全计算等。利用区块链技术的去中心化、不可篡改、可追溯特性，实现数据所有者对数据开发利用全生命周期的跟踪监控，有效防止数据被滥用、泄露或非法共享、转让，确保数据的使用过程透明、可控。同时，借助同态加密、联邦计算等前沿技术，实现数据的所有权和使用权分离。数据所有人在保留对该数据要素资产的产权的前提下，将加密后的数据进行交易，数据使用者购买的仅是数据的使用权。在数据加密的状态下，使用者可以利用数据获取所需的分析结果，而原始数据本身不会被泄露，从而保障了交易双方的合法权益，为数据要素的大规模交易和大范围流通提供了坚实的技术支撑，确保数据安全与价值释放的双重目标得以实现。

(二) 建立"政府监管＋社会监督＋机构自律"的数据合规保障机制

在数据要素市场治理的范式转型中，构建"政府＋社会＋机构"三元协同的合规保障机制，通过多中心治理结构的制度设计，实现监管刚性、监督弹性与自律能动性的动态均衡。

(1) 强化政府监管职能。政府部门应加速推进数据安全和数据质量等相关标准规范的完善工作，制定数据流通、共享、交易等活动中的数据安全保障一般准则，为企业和机构提供明确的行为规范和合规指引，确保数据活动的合法性与规范性。同时，政府部门需督促相关行业主管部门、行业协会、重点企业和机构加强数据安全保障工作，通过政策引导、监督检查等手段，推动各方落实数据安全责任，形成政府主导、多方参与的数据安全监管格局，提升整个数据要素市场的安全水平。

(2) 充分发挥社会监督力量。鼓励行业协会、数据安全领域第三方服务机构及数据交易场所积极发挥作用，制定数据流通交易行业性数据安全标准规范。这些标准规范能够结合行业特点和实际需求，对数据安全进行更细致、更具针对性的规范。行业协会等组织应积极开展数据安全宣传、数据安全评估、数据安全技术推广等活动，提高社会各界对数据安全的重视程度和认知水平，增强数据市场主体的合规意识，促进数据安全技术的应用和普及，营造良好的数据安全生态环境。

(3) 加强机构自律管理。对于从事数据交易、数据经纪及第三方专业服务机构，应当完善内部数据治理规则和数据安全保障体系，从数据的采集、存储、处理、共享到销毁等全生命周期环节，制定严格的管理制度和操作流程，确保数据活动的合法性和安全性。对于规模较大、占有或交易数据较多、涉及重要敏感信息的机构，应建立首席数据官、首席隐私官等制度，设立专职的数据安全组织和人员，制定完善的数据安全规章，加强数据安全管理和风险防控。首席数据官、首席隐私官作为机构数据管理的核心人物，能够统筹协调机构内外的数据资源和数据安全事务，确保数据安全战略与机构整体业务战略的有效融合，提升机构的数据治理能力和数据安全防护水平。

（三）建立"人才＋信用＋沙盒"的数据合规服务体系

构建"人才＋信用＋沙盒"三位一体的合规服务体系，通过专业化人才供给、信用资本激励与沙盒容错机制的协同作用，实现数据流通安全与创新效率的动态平衡。

（1）加强人才培养。深圳律师协会数据合规法律专业委员会的调研显示，截至2022年底，全国具备3年以上数据合规评估经验的律师占比不足0.2%，我国数据合规第三方评估市场几乎处于空白状态[①]。为此，我国应大力培育数据交易合规师队伍，为数据交易的合规性提供专业人才保障。同时，大力发展能够比肩OneTrust、TrustArc等国际知名第三方评估或认证机构的本土企业，提升数据合规评估市场的整体水平和竞争力。可依托数据交易所，先行探索构建场内数据交易合规师认证体系，确保数据交易从业人员具备专业的合规知识和技能。在此基础上，建立标准化的合规第三方评估培训体系及能力指数认证，规范数据合规评估市场，提高评估结果的可信度和权威性。

（2）构建信用体系。将市场主体信用工具引入数据交易合规体系之中，形成覆盖事前、事中、事后的全过程动态监管机制。事前对交易主体的信用状况进行评估和审查，预防潜在风险；事中依据信用记录实施差异化监管，对信用良

---

① 王青兰，王喆. 数据交易动态合规：理论框架、范式创新与实践探索［J］. 改革，2023（8）：42—53.

好的主体给予激励，对信用不佳的主体加强监督；事后对违规行为进行信用惩戒，并对守信行为进行褒奖，促使交易双方形成遵规守法、保障安全的正向激励。通过这种方式，促进市场主体在数据交易过程中自觉遵守法律法规和市场规则，增强合规交易的意识和动力，营造良好的数据交易市场信用环境。

(3) 打造"监管沙盒"。沙盒在数据监管领域，指通过限制应用程序的代码访问权限，为一些来源不可信、具备破坏力或无法判定程序意图的程序提供试验环境。在数据交易监管中，划定数据交易的"监管沙盒"具有重要意义，可以有效避免数据交易中的问题扩散到"沙盒"之外，防止风险的蔓延和扩大。同时，在可控的范围之内实现创新容错，为数据交易的创新发展提供相对宽松的环境，鼓励市场主体在合法合规的前提下进行数据交易模式和技术创新，推动数据要素市场的健康发展。

二、企业层面

市场主体进行数据安全与合规治理，既是依法落实数据安全责任，也是对自身数据资产进行盘点、确认、管控和管理的过程，解决"有哪些数据合规可用""数据资源怎样形成数据资产"等问题[1]。因此各类市场主体，包括数据供方、数据需方、交易平台、第三方专业服务机构等，都需要建立企业级的数据合规体系。这套管理体系的目的是为组织提供系统化和规范化的手段，以识别、评估并有效管理各类安全风险[2]。其主要内容如下：

(1) 构建全面的合规体系。企业需确保各业务领域的数据处理活动，涵盖数据的收集、存储、处理、共享及使用等环节，严格遵循相关法律法规。应制定详尽的合规政策与操作规程，明确数据分类、风险评估及信息主体权利保护等

---

[1] 天元律师事务所. 从数据资源到数据交易流通中的合规要点 [EB/OL]. [2024-10-9]. http://www.databanker.cn/info/354328
[2] 王小乾. 数据要素合规流通的风险评估与防范 [J]. 信息通信技术与政策, 2024, 50 (4): 41—46.

关键环节的具体执行标准。

(2) 强化合规管理团队建设。组建一支由法律、技术和业务专家构成的合规管理团队，负责监督合规政策的执行、评估合规风险并提出改进措施。为团队提供持续的专业培训和支持，包括最新的合规知识、技术工具和预算，以提升团队的专业性和响应效率。

(3) 运用先进的数据合规技术。依据数据类型和合规要求，采用适当的数据合规技术，如差分隐私、数据脱敏、加密技术等。利用自动化流程优化数据管理，特别是对数据主体权利请求的响应，确保及时且合规的处理。在数据收集和处理阶段，运用隐私计算技术，如多方安全计算和联邦学习，以保护个人隐私。同时，实施严格的访问控制和身份验证，确保仅有授权人员能够访问敏感数据。

(4) 促进外部交流与合规更新。与监管机构、行业协会建立定期沟通机制，及时掌握并响应行业合规动态和政策变化。借助客户反馈和市场调研，持续优化合规政策，确保企业在不断变化的市场环境中保持竞争力。此外，建立合规更新机制，定期审查和调整合规政策，以适应法律法规和技术发展的最新要求。

(5) 培育合规文化和员工意识。通过全面的培训、内部宣传和案例分享，提升员工对合规的认识，增强其在工作中识别和预防合规风险的能力。建立合规激励和惩戒机制，鼓励员工积极参与合规建设，同时对违反合规规定的行为进行严格处理。通过企业文化的塑造，将合规理念融入企业价值观，形成全员参与、共同维护的合规文化氛围。

第十章 数据要素市场的垄断与规制

近年来中共中央、国务院陆续出台《关于构建更加完善的要素市场化配置体制机制的意见》《关于构建数据基础制度更好发挥数据要素作用的意见》等，加快数据要素市场发展、促进数据生产要素价值释放，已成为全社会共识。数据作为互联网时代涌现的新型生产要素，具有非竞争性的特点，意味着从效率上要求全社会所有需要这个数据的人都能够使用它，因此非竞争性在效率上的引申含义是数据应该充分地流通和共享[①]。但现实中广泛存在的数据垄断，扰乱市场环境、破坏公平竞争、阻碍行业创新，是建设数据要素市场、完善市场治理体系必须破解的问题。

第一节 文献综述与概念界定

一、相关研究综述

随着全球进入大数据时代，数据资源总量迅猛增长，重要性也不断提升，随之而来的是不同社会机构、社会个体对数据资源的占有能力、控制能力、利用能力开始加速分化，数据垄断问题由此产生。目前学界对数据垄断的研究成

[①] 程华，武玙璠，李三希. 数据交易与数据垄断：基于个性化定价视角[J]. 世界经济，2023，46（3）：154—178.

果十分丰富，但几乎都集中在平台企业的数据垄断问题上，这显然是因为平台企业掌握的数据资源多、数据粒度细而潜在风险高。具体而言，相关研究可分为以下方面：

一是关于平台企业数据垄断的判定。诸多文献指出，数据垄断不同于传统市场中的垄断，也难以用传统方法进行判定。一方面，传统市场支配地位认定存在缺陷：传统市场份额计算方法在平台领域失灵、数据垄断认定标准过于模糊、传统方法忽视平台的数据支配力、平台"零价"模式使得价格控制认定法失效[1][2]；另一方面，传统"滥用行为"认定难以适应平台企业，因为平台滥用数据行为具有很强的隐蔽性，而且滥用行为往往难以与数据权益保护行为相区分[3]。

二是平台企业数据垄断的成因。客观上，数据自身特征，如算法和数字技术优化天然具有的技术壁垒、数据价值释放中的正反馈循环、数据的用户黏性不断强化、数据在关联市场中的价值传导放大市场势力差距等都可能引发垄断[4][5]；而在主观上，大型平台通过设置技术障碍、法律障碍及市场障碍等制造数据壁垒[6]，并通过半开放软件联盟、软硬件封闭体系构建竞争"护城河"以强化垄断地位[7]。

三是平台企业数据垄断的法律规制。虽然数据垄断广受关注，但现实中对其规制仍存在不少难题：理论层面上，传统价格理论不适用、互联网平台法律

---

[1] 郭少飞，郭一丹.社交平台数据垄断认定困境及超越[J].哈尔滨工业大学学报（社会科学版），2023，25（5）：65—72.
[2] 丁国民，叶姝洁.基于数据要素考量的平台市场支配地位认定[J].大连海事大学学报（社会科学版），2023，22（5）：27—35.
[3] 陈兵，徐文.规制平台经济领域滥用市场支配地位的法理与实践[J].学习与实践，2021（2）：87—96.
[4] 张蕴萍，翟妙如.数据要素的价值释放及反垄断治理[J].河南师范大学学报（哲学社会科学版），2022，49（6）：59—65.
[5] 程恩富，余晓爽.数字经济时代的数据垄断与掠夺路径分析[J].理论月刊，2023（9）：76—83.
[6] Daniel Rubinfeld, Michal Gal. Access Barriers to Big Data [J]. Arizona Law Review, 2017（2）：339-381.
[7] 田锋.数据资本化视域下"平台垄断"生成路径探究[J].社会科学动态，2023（3）：68—73.

关系发生嬗变①；操作层面上，具体规制体系不完善、处罚中心主义忽视监管善后效果、平台自律效果欠佳等②。为此，规则对象要由价格规制转到多元规制，规则思路要适度干预与综合规制并行，规制手段上要推动数据共享与协同共治③，同时还可以探索采用"必要设施"原则④。

平台企业数据垄断与数据要素市场垄断之间具有紧密联系，但两者在垄断主体、垄断方式、垄断后果及反垄断规制等方面也存在较大差异，具体将在后文展开论述。总之，为促进数据要素市场公平公正、健康有序地发展，我们需要在平台企业数据垄断相关研究基础上，根据数据要素市场的内涵与特点，开展更深入和系统的研究，明确数据要素市场垄断的内涵、成因、特点及治理方式。

二、数据要素市场垄断的概念与类型

世界主要经济体对于大型互联网平台的监管和反垄断规制的探索多聚焦于传统垄断，近几年才将着力点转向"数据垄断"。换言之，"数据垄断"是近期出现的概念，学界仍存在理论分歧⑤。

（一）数据垄断的概念

根据《中国大百科全书》的解释，垄断又称独占，是指企业独占或若干企业联合控制生产和市场以获取高额垄断利润的行为。顾名思义，数据垄断就是数据要素市场中相关企业独占或联合控制数据生产和流通的行为。然而实际情况远较此复杂，因为数据生产和流通往往并非一个独立过程，而是作为一种

---

① 郝国恒.统一大市场背景下平台数据垄断法律规制问题研究［J］.河北企业，2023（3）：157—159.
② 孙海涛，周奇锜.平台数据垄断的监管困境与共享机制探析［J］.江苏社会科学，2023（3）：131—139、243.
③ 孙海涛，周奇锜.平台数据垄断的监管困境与共享机制探析［J］.江苏社会科学，2023（3）：131—139、243.
④ 孙浩.数据迁移的反垄断法规制探析［J］.天津法学，2023，39（1）：13—22.
⑤ 梅夏英，王剑."数据垄断"命题真伪争议的理论回应［J］.法学论坛，2021，36（5）：94—103.

"副产品"被生产出来，或作为其他商品或服务交换的"附属物"进行转让；同时数据要素具有高黏合性的特征，其利用过程往往必须与商品、资金、技术、人力等其他要素相结合，才能实现数据要素的应有价值。在这种情况下，数据垄断往往与其他垄断相伴生，如金融、交通、通信、电子商务等垄断行业都催生了相应的行业数据垄断；或隐藏在其他非垄断行为背后而变得更为隐蔽，如互联网平台企业向用户提供免费服务，这一行为本身并非垄断，但其结果是大量用户转向该平台，最终形成平台对用户数据的垄断。

因此在实际中，数据垄断是一个内涵较为宽泛的概念。综合各方对其的描述，笔者认为数据垄断有两种理解：一是对数据本身的垄断；二是基于数据的垄断。前者是指传统意义上的市场垄断在数据产品市场中的表现形式，是指数据资源拥有者借助数据相对优势，增强对数据资源的控制力，进而排除或限制市场竞争的现象，也包括以巩固数据优势地位为目标的经营者集中行为；后者是指数据资源拥有者利用自身的数据垄断优势操纵市场、实施非正当竞争手段而获取高额利润的行为，如利用数据优势实施数据垄断协议、附加不合理交易条件、实施歧视性交易或拒绝交易等[1]。

由此来看，数据要素市场垄断与平台企业数据垄断既有紧密联系又有一定区别。许多平台企业在所在行业具有市场垄断地位，往往也能形成对相应行业或领域的数据垄断。但从实际来看，平台企业出于自我利益保护、强合规偏好等因素，很少直接参与数据交易，更多的是利用其数据优势扭曲和破坏市场竞争秩序，形成基于数据的垄断；而数据要素市场垄断主要指对数据本身的垄断，而且除平台企业之外，许多传统行业如金融、电信、交通、公用事业单位及政府部门都可能形成数据垄断。同时从垄断规制来看，平台数据垄断的规制重点是防止其利用垄断地位实施不正当竞争、侵害个人信息权利，促进所在行业自由平等竞争、提高经济运行效率；而数据要素市场垄断的规制重点是消除流通

---

[1] 孙丽君，尉宇航.数据垄断的法律规制[J].重庆邮电大学学报（社会科学版），2023，35（4）：76—87.

壁垒、打破数据孤岛，繁荣数据流通交易。

（二）数据垄断的类型

数据要素市场是一个由数据供方、数据需方、交易平台、第三方服务机构等主体组成的生态系统[1]。在数据要素价值释放的每个环节，尤其是汇集、流通过程中，都可能存在形式各异的竞争壁垒，由此引发数据垄断[2]。从数据要素市场主体角度，可以将数据垄断分为：

(1) 数据供方垄断，指只有一个或少数几个数据供给者而数据需方很多的数据要素市场。由于数据类型众多，通常数据供方只能垄断一个行业或领域的数据，不可能对所有数据进行垄断。数据供方垄断的形成原因主要在于数据采集环节。由于海量数据采集需要巨大的成本且存在诸多法规限制，而且数据通常作为日常业务的副产品而产生，那些具有行业龙头地位的企业或在某一领域具有特殊权力的机构，能更便利而低成本地获得大量数据，而其他行业和机构则很难进入这些行业或领域获取数据，从而形成供方垄断的市场格局。

(2) 数据需方垄断，指数据需方只有一个而供方很多的数据要素市场。在这种市场中，需方垄断者希望通过购买数据而使其利益最大化，那么将购买较少的数量并付出较低的价格。相比于供方垄断，需方垄断比较少见，较为典型的是国内某著名学术期刊平台，由于其在学术信息服务行业具有垄断地位，因此其几乎不用支付任何费用就可以从各学术期刊及作者获得学术成果，另外在舆情、征信等行业也存在一定程度的需方垄断现象。需方垄断的形成往往来源于后续市场环节中的垄断地位，也就是说，这些主体在面向上游的数据供应商时是需方垄断者，而在面向下游的数据服务用户时又是供方垄断者。

(3) 交易平台垄断。数据交易平台是场内数据交易的枢纽，其服务水平决定

---

[1] 丁波涛.基于信息生态理论的数据要素市场研究［J］.情报理论与实践，2022，45（12）：36—41、59.

[2] 张蕴萍，翟妙如.数据要素的价值释放及反垄断治理［J］.河南师范大学学报（哲学社会科学版），2022，49（6）：59—65.

了数据交易的效率甚至成败，因此数据交易平台可能存在数据垄断的行为，这也是间接限制数据交易发展的原因之一[①]。当然目前国内的数据交易机构众多，据相关统计已有不下于30家并仍在新增[②]，数据交易双方可以有很多选择。但这种过度分散化的市场显然并非长久之计，未来我国数据交易机构必然走向整合。随着数据交易机构数量减少，加之国内数据交易机构几乎都是国企控股并具有官方背景，同时更多场外数据交易向场内转移，导致交易平台在数据要素市场中的地位上升，引发潜在的垄断风险。

(4) 第三方服务机构垄断，指从事数据经纪、数据合规评估、数据资产评估、数据技术服务的第三方服务机构在数据要素市场中处于市场支配地位，决定数据交易是否能完成。这种地位的形成通常来自行业管制及相应的行政授权。第三方服务机构垄断在传统行业中十分常见，例如房地产、国有资产及汽车等特殊装备的交易，都需要通过由政府部门指定的某家或某几家机构评估或审核过后，才能完成交易流程。目前数据要素市场中对于第三方服务机构的规定较少，但不排除随着数据交易规模的扩大及潜在风险的增加，政府部门会对第三方服务机构进行更严格的限制，催生一定程度的垄断现象。

由于当前我国的数据要素市场尚处于起步阶段，数据的市场供给并不丰富，仍呈现卖方市场的特征，因此在未来较长一段时期内，卖方垄断将是数据要素市场垄断的主要形式，也将是本章研究的主要内容。

(三) 数据要素市场垄断的成因

根据产业组织理论的划分方式，垄断成因可分为行政垄断、经济垄断与自然垄断三类[③]。相应地，数据要素市场垄断的成因也可分为三类：

---

① 邢张睿. 数据交易模式研究中困境与对策文献综述 [J]. 四川职业技术学院学报, 2023, 33 (3): 88—93.
② 梁宇, 郑易平. 我国数据市场治理的困境与突破路径 [J]. 新疆社会科学, 2021 (1): 161—167.
③ 周绍东, 陈艺丹. 论社会主义市场经济中的垄断与反垄断 [J]. 中国经济问题, 2023 (5): 30—42.

(1) 行政垄断。政府凭借公共权力限制或妨碍竞争，从而使特定主体形成对市场排他性控制的特定垄断，具体形式包括地区封锁、地方保护、设立行政性垄断公司、政府限定交易等。典型例子就是政府部门对公共数据的垄断。以往政府掌握的公共数据仅限于内部使用、不对外开放；近年来各地探索推进公共数据授权运营，但同时成立了地方性的数据集团并获得公共数据授权运营的专营权，形成一家独大的完全垄断；即使有些地方的公共数据授权运营向多个市场主体进行授权，但主体数据有限，也形成了一定的寡头垄断。

(2) 自然垄断。自然垄断指某些行业因其固有的资源稀缺性、成本沉淀性与网络效应特征而形成的天然垄断，常见于金融、电信、航空、铁路，以及水、电、燃气、城市公交等领域，这些行业也自然形成了对相应行业数据资源的垄断。由于各行业的市场垄断程度不同，相应行业数据资源垄断程度也有差异，金融、电信、交通等垄断性行业往往是多头并立的寡头垄断状态，而水、电、燃气、城市公交等公共事业领域则往往是完全垄断状态。这些市场主体可能会利用自身对数据要素的垄断地位，限制数据要素市场化流通，阻碍数据要素与各行业的融合与创新。

(3) 经济垄断。指市场主体通过竞争达成的生产和资本集中状态，是市场机制自发运行的必然产物。典型例子是互联网领域，一些平台企业利用垄断协议、技术手段等方式排除或限制竞争，形成对特定领域数据资源的垄断。虽然在许多自由竞争的行业中都会自然演化出行业垄断现象，但在平台经济领域，数据资源垄断更为严重。一方面，平台经济独有的特性强化了其对数据的控制，包括双边市场更能聚集平台用户，网络效应增强了平台的数据竞争优势，锁定效应提高了数据市场的进入壁垒；另一方面，数据要素的独有属性也强化了平台的市场支配地位，包括数据一定程度的排他性加剧了平台市场控制力，数据获取的高成本减弱了其可获得性[1]。

---

[1] 丁国民，叶姝浩. 基于数据要素考量的平台市场支配地位认定 [J]. 大连海事大学学报（社会科学版），2023，22（5）：27—35.

第二节　数据要素市场的反垄断规制对象

数据垄断无论是对数字经济还是对实体经济都会产生巨大的负面影响，一方面，数据垄断扩大了资本的增值空间，加强了资本的统治力度，破坏竞争秩序、阻碍创新发展；另一方面，数据垄断挤压传统经济空间，造成数字经济与实体经济的失衡[1]。因此，随着数据要素在国民经济体系中的战略地位不断提升，数据市场中的反垄断也引起社会的日益重视。

一、数据反垄断规制的基本对象

垄断既可以是一种状态，也可以是一种行为。与其他要素市场类似，数据要素市场垄断也可分为垄断状态和垄断行为。

(1) 垄断状态，指经济力高度集中，即企业的资本、生产经营规模和市场占有份额的大规模化，既包括单个企业的大规模化，也包括多个企业通过协议、联盟的形式已经形成或正在形成的大规模化[2]。由于数字网络具有网络效应、规模经济、锁定效应等特征，使得互联网平台更易形成垄断并造成"赢者通吃"[3]，因此数字经济各领域最终几乎都会演化为一家或少数几家企业垄断市场的局面，芯片、操作系统、数据库及通信服务、互联网服务等行业概莫能外。因此，垄断状态是数据要素市场的常态。

(2) 垄断行为。根据我国《反垄断法》第3条的规定，垄断行为包括：经营者达成垄断协议、经营者滥用市场支配地位、具有或者可能具有排除或者限制

---

[1] 程恩富，余晓爽.数字经济时代的数据垄断与掠夺路径分析[J].理论月刊，2023(9)：76—83.
[2] 孟雁北.竞争法[M].北京：中国人民大学出版社，2004.
[3] 鲁铮.互联网平台垄断治理的研究进展与展望[J].经营与管理，2024(2)：1—10.

竞争效果的经营者集中。但在数字技术条件下，数据要素市场的垄断行为更具隐蔽性，相关企业并不常用上述容易被监管的手段，而是通过标准规范、产业生态、算法共谋①、保护隐私②等手段或借口实现垄断并获得高额利益。

综观各国的反垄断法，其立法主旨都表现出这样的共性，即严厉禁止依靠市场支配地位限制竞争的不当行为，而不反对微观经济主体通过技术创新等合法手段取得市场支配地位并获得超额利润③。例如我国《反垄断法》第6条规定"经营者可以通过公平竞争、自愿联合，依法实施集中，扩大经营规模，提高市场竞争能力"，也就是说，其主要是规制垄断行为，而不是规制垄断状态。例如，一个企业即使是超大型平台企业，如果具有庞大的数据资源而形成市场支配地位并不违法，只有滥用市场支配地位才构成违法④。因此，数据市场反垄断规则的主要对象是数据垄断行为。

二、数据垄断行为的特殊性

如上文所述，我国《反垄断法》规定的垄断行为包括垄断协议、滥用市场支配地位、影响竞争的经营者集中行为等三类，具体还可细分为多种形式。然而在数据要素市场中，由于数据具有非竞争性、非排他性、可无限复用性、依赖性等特性，出于保障数据安全、保护数据利益、防止不当得利等考虑，数据主管部门、数据交易场所及数据交易双方往往会对数据的交易及使用环节有一些限制，产生了类似垄断行为的结果，例如：

(1) 拒绝交易，指具有市场支配地位的企业在没有任何正当理由的情况下，

---

① 周围. 算法共谋的反垄断法规制 [J]. 法学，2020 (1)：40—59.
② 张巍. 反垄断视阈下的数据隐私保护 [J]. 大连理工大学学报（社会科学版），2024，45 (2)：93—101.
③ 刘志彪，孔令池. 从分割走向整合：推进国内统一大市场建设的阻力与对策 [J]. 中国工业经济，2021 (8)：20—36.
④ 郭大磊，刘东，曹瑞璇. 数据霸权："大数据杀熟"等滥用用户数据行为的检察之治 [EB/OL]. [2023-12-4]. https://www.163.com/dy/article/GILHIJC50521BN7Q.html

拒绝与交易相对方开展交易的行为。该行为并不属于垄断者主动施加的行为，而是在其他经营者提出欲与其进行交易的被动情况下所实施的一种排斥性行为[①]。当前的数据要素市场中拒绝交易现象十分常见。许多掌握着大量优质数据资源的企业，出于维护既得利益、维护公共安全、保护个人隐私、防范泄露风险等方面的顾虑，拒绝向市场提供数据。

(2) 差别对待和价格歧视。差别对待指处于市场支配地位的企业没有正当理由，对条件相同的交易对象，就其所提供的商品的价格或其他交易条件给予明显区别对待的行为，其最常见的形式是价格歧视。然而在数据要素市场中价格歧视十分常见：一方面，数据供方所销售的往往不是原始数据集而是数据产品，供方会根据需方的需求，对原始数据加工形成不同精度、频度、质量的数据产品并采取差异化定价；另一方面，即使是针对相同的数据集或数据产品，无论采取经济模型定价还是博弈定价策略，数据价格往往都与购买者特征（如自身规模、支付能力、市场信誉等）及使用过程（如使用时间、使用范围、使用方式等）密切相关，必然造成同一数据集或数据产品对不同购买者的价格具有差异。

(3) 搭售行为。数据要素市场中的交易对象常常以数据服务的形式出现，包括采用网络平台或 API 接口提供在线数据服务，或者借助隐私计算等技术实现"可用不可见"的加密数据服务，或者通过第三方可信交付平台实现数据的持续交付。这意味着数据产品与相应的云服务平台高度绑定，需方要购买数据产品必须首先接入相应的云平台。由于节省成本及保护安全的目标，数据供方往往只会指定特定或少数云平台提供服务，因此要求购买方必须采购相应云服务，形成产品搭售。

三、数据垄断行为的合理性判断

从理论研究与实践分析的视角出发，深入探讨数据要素市场所呈现出的独

[①] 王俊，杨朋霖. 超级平台利用数据实施自我优待行为的规制研究 [J]. 厦门大学法律评论，2023（1）：117—141.

特属性,可以发现该市场中垄断行为与数据保护行为之间的界限往往呈现出较为模糊的特征。在对数据供应者实施的众多限制性举措及附加条件进行细致且深入的剖析过程中,我们注意到,尽管其中部分限制行为确实可能基于对数据安全风险、个人隐私泄露隐患及合法商业利益受损等合理因素的考量,但不可忽视的是,部分企业可能出于维护自身在市场中的垄断地位的动机,通过精心策划的数据垄断策略,在相关业务环节中攫取高额且不合理的利润。鉴于数据要素市场的复杂性与特殊性,在对垄断行为进行准确认定时,必须摒弃仅凭表象进行简单判断的思维模式,而应当深入探究数据垄断企业相关行为背后的真实动机与潜在影响,对其行为的合理性进行全面、客观且深入的辨析。这一过程所面临的诸多挑战与难题,已成为当前数据要素市场反垄断实践的关键性障碍之一。

(一)数据垄断行为判断的基本原则

综合笔者所开展的一系列案例研究,在此提出,在判定数据垄断企业行为合理性时,可以遵循以下三个核心原则:

一是必要性原则。即数据供方所实施的数据保护或限制行为,是否真正出于保护数据安全、维护数据主体合法权益、确保市场稳定运行的客观需求。具体而言,需要对数据保护行为的合理性和必要性进行严格审查,判断其是否为实现上述目标所不可或缺的手段,是否存在更为合理、对市场干预更小的替代性措施。例如,依据《欧盟基本权利宪章》(*The Charter of the Fundamental Rights of European Union*)第52条确立的比例原则三重审查标准,数据控制者如要对数据获取进行限制,必须证明限制措施旨在实现《网络安全法》第21条规定的"维护网络数据完整性"等法定目标。再如欧盟法院在"谷歌购物案"(Google Shopping)中明确指出,数据访问限制必须以"保护用户隐私的客观需要"为前提。

二是公平性原则。数据供方的数据保护或限制行为是否遵循非歧视性原则,平等地适用于所有市场参与者,而不应仅仅针对特定范围的企业。在实际操作中，需要对数据供方的行为是否存在选择性适用、差异化对待等情形进行详细调查，以确保市场环境的公平性，避免因不公平对待而扭曲市场竞争格局。例如，2020年美国联邦贸易委员会（Federal Trade Commission，FTC）诉Facebook案中，FTC指出Facebook在2015年以190亿美元的价格收购了移动消息应用程序WhatsApp，收购完成后，Facebook限制WhatsApp只能提供移动通信服务，限制其在美国市场推广，同时Facebook屏蔽竞争对手应用访问其API，非法维持Facebook在美国个人社交网络市场的垄断地位，为此FTC请求法院禁止Facebook实施反竞争行为，并撤销此前Facebook对Instagram和WhatsApp的收购，将它们从Facebook剥离出去①。

三是公正性原则。数据供方的数据保护或限制行为是否导致其在数据交易过程中获取了超出合理范围的超额利润，进而对市场竞争秩序和消费者福利产生负面影响。具体分析时，应当综合考虑数据供方的成本投入、市场贡献及行业平均利润水平等因素，对其所获得的利润进行合理评估，判断是否存在利用数据垄断地位进行不正当牟利的情况。

（二）数据垄断行为判断方法

利用上述原则，可以对上节中提及的数据市场行为是否属于垄断行为进行判定。

一是不合理的拒绝交易。不合理的拒绝交易主要体现在两个方面。首先，若数据本身并不涉及国家机密、企业商业秘密或个人隐私等敏感信息，或者企业本可以通过去隐私化和去秘密化技术对数据进行处理从而实现安全共享，然而数据供应方却依然不愿意提供数据，这种情况下拒绝交易行为便具有不合理性。其次，当数据供应方将数据选择性地提供给子公司、关联企业或少数特定企业，却不愿意向与自身没有任何关联关系的其他企业提供数据时，就会形成市场歧视现象。这种现象在一些大型平台企业中较为常见。这些平台企业常常

---

① 袁嘉. 美国FTC诉Facebook案对我国反垄断的启示 [EB/OL]. [2023–11–30]. https://baijiahao.baidu.com/s?id=1728652238028255283&wfr=spider&for=pc

将其掌握的大量数据在子公司和关联企业之间进行共享，构建起封闭性的数据生态系统，导致生态系统之外的企业难以获取数据资源，严重扭曲了市场竞争环境，阻碍了数据要素的合理流动与高效配置，对数据市场的公平竞争和创新发展构成了负面影响。

二是不合理定价。不合理定价是一种典型的垄断定价行为。具体而言，数据垄断者如果没有正当理由，凭借其在市场中的支配地位，使得所销售数据的价格长期、稳定且大幅度地超过行业平均利润率水平，即可被认定为不合理定价。例如，在对一些数据交易所开展的调研中发现，电力等具有垄断属性行业的数据平均价格，往往是其他非垄断行业数据价格的近 10 倍。显然，这种价格差异已经超出了合理的市场范围，严重损害了数据购买者的利益，破坏了数据市场的价格形成机制，抑制了数据需求方的积极性，对数据要素市场的健康发展产生了不利影响。

三是不合理搭售。数据搭售行为是否合理，其认定主要考虑搭售行为与数据之间的关联性，如果企业利用市场支配地位提供与数据产品无直接关系的服务，那么该行为将构成数据搭售行为[1]。例如，一些学术数据库厂商要求购买者必须订阅纸质期刊或订购新产品[2]，再如，英国竞争执法机构的一份报告曾指出，一些拥有高价值数据资源的企业将数据与自己的数据分析服务捆绑出售[3]。在这两个案例中，所搭售的纸质期刊或数据分析服务与所销售的数据产品本身并无直接关联，也并非购买者获取数据产品时所必需的服务内容。销售者通过强制捆绑销售的方式，迫使购买者接受额外的产品或服务，这不仅损害了购买者的自主选择权和经济利益，而且通过不合理搭售行为限制了其他企业在相关市场的公平竞争机会，扭曲了市场竞争格局，阻碍了数据要素市场的创新与发展。

---

[1] 李扬，袁振宗.数字经济背景下互联网平台滥用市场支配地位行为的认定［J］.知识产权，2023（4）：78—107.
[2] 陈康璟.学术数据库搭售的反垄断研究［D］.成都：西南财经大学，2023.
[3] 王贝贝.从数据垄断的视角看腾讯是否存在滥用市场支配地位的行为［EB/OL］.［2024-7-1］.https://baijiahao.baidu.com/s?id=16457011127278055252

第三节 数据要素市场的反垄断规制手段

由于数据垄断产生的原因不同,对不同类型的数据垄断者,应当采取不同的反垄断规制办法。

一、行政垄断的规制

自2012年上海推出我国首个地方政府数据开放平台以来,各地数据开放平台逐步上线,数据开放利用水平不断提升,但仍面临着国家层面法规缺失、运营服务水平不高、数据供给不足、经济社会赋能成效不佳等问题[1]。其背后的核心原因还是在于公共数据资源的行政垄断。

(一)行政垄断的表现形式

数据领域的行政垄断包括两种情况,一是政府为了自身利益而拒绝开放数据,二是大数据企业在为政府提供数据采集、存储和分析服务的过程中掌握这些公共数据,最终在公共数据开放和再利用阶段实现垄断[2]。这反映出数据行政垄断的二元结构及其制度困境,一方面表现为体制性数据封闭,政府机构基于"数据主权"的扩张性解释,将《政府信息公开条例》第14条规定的"三安全一稳定"例外情形(即公开后可能危及国家安全、公共安全、经济安全、社会稳定的政府信息不予公开)泛化适用。另一方面表现为市场化垄断传导,在政府数据服务外包过程中,头部科技企业通过"政府—企业"数据闭环形成结构性垄断。这种"行政授权—市场垄断"的传导机制,实质上构成《反垄断法》第8

---

[1] 郑磊,刘新萍. 我国公共数据开放利用的现状、体系与能力建设研究[J]. 经济纵横,2024(1):86—92.
[2] 曾彩霞,尤建新. 大数据垄断对相关市场竞争的挑战与规制:基于文献的研究[J]. 中国价格监管与反垄断,2017(6):8—15.

条规制的"行政性垄断",但受制于第37条适用范围的模糊性,司法救济存在制度真空。

(二)行政垄断的破解方式

破除数据要素市场中行政垄断的难点在于,由于公共数据开放并不经由反垄断法进行规制,同时我国反垄断法中关于行政垄断的规定难以适用于政府垄断公共数据问题。现行《反垄断法》第五章对行政垄断的规制聚焦于"滥用行政权力排除、限制竞争",但公共数据封闭往往以"安全保障""公共利益"等正当化事由规避审查。最高人民法院第78号指导性案例表明,司法机关对行政性数据垄断的审查存在"双重谦抑"——既受制于行政审判权限,又缺乏数据垄断的专业判断标准。

未来我国可从两个维度深化公共数据开放打破行政垄断:

一是从广度上拓展,应尽快出台国家层面的公共数据开放法规,以及相关的标准规范和评估考核机制。这将为各地区提供统一的行动指南和规范框架,使其能够依据统一的要求来开放公共数据。这样的法规和标准有助于确保数据开放的一致性和互操作性,避免因地区间标准不一致而导致的数据碎片化问题。

二是从深度上推进,需要加快推动公共数据授权运营及公共数据入市交易等创新机制的落地实施。公共数据授权运营可以通过引入市场竞争机制,提高数据运营的效率和服务质量,同时确保数据的安全性和隐私保护。而公共数据入市交易则可以为数据的市场化配置提供一个公平、透明的平台,有助于平衡数据的安全性与市场化开放的需求,促进数据资源的优化配置和高效利用。具体做法上,可以借鉴英国开放数据研究所(Open Data Institute, ODI)经验,设立省级公共数据运营中心,构建"政府—受托人—用户"三方信托架构。在权责配置上,政府保留数据主权,受托机构(如数交所)行使管理权,用户获得使用权;在收益分配,实施分成模型(例如政府50%、运营方30%、开发方20%);在技术保障,采用"联邦学习+区块链"双链架构,实现数据调用全程留痕。同时建立公共数据资产登记制度,通过"三权分置"实现公共数据的市场化流通，其中，所有权永久归属国家，运营权通过特许经营授予市场化主体（并规定一定期限，例如不长于 5 年），而使用权则采用"用益物权"模式进行交易。

通过这两个维度的共同努力，有望有效打破行政垄断，释放公共数据的价值，推动数据要素市场的健康和可持续发展。

二、自然垄断的规制

在我国，数据领域的自然垄断企业几乎都是国有企业。对这些企业的数据垄断，可以采用两种思路进行规制：

（一）针对公共事业单位

在上海、深圳、四川等地，公共数据开放工作已取得显著成效。上海通过《上海市数据条例》《上海市公共数据开放实施细则》等法规，将供水、供电等公共服务组织的数据纳入公共数据范围，并明确公共数据的定义、范围及开放原则。《深圳经济特区数据条例》要求公共管理和服务机构在提供服务过程中产生、处理的数据均属公共数据，且应最大限度地平等开放，不得收取任何费用。四川等地也有类似规定，通过地方立法扩展公共数据范围，将公共服务事业单位和企业在公共服务过程中产生的数据纳入其中。但目前数据开放仍以政府数据为主，公共事业单位数据的开放程度相对滞后。公共数据开放不仅涉及政府数据，还应涵盖供水、供电等公共服务组织的数据。这些数据与民众生活和经济社会发展密切相关，具有重要的应用价值。因此，各地在推动公共数据开放工作中，应逐步将公共事业单位数据纳入开放范围。这有助于完善公共数据治理体系，优化公共资源配置，促进经济社会发展。同时，要建立统一、高效的公共数据开放平台，组织公共管理和服务机构通过平台向社会开放公共数据，提高开放数据的完整性、准确性、及时性和机器可读性。

（二）对垄断性国有企业

对于金融、航空、铁路、电信等自然垄断类的国有企业，可以通过政策引导、国企考核、体制改革等手段，促进这些企业通过开放、共享或交易的方式，对外提供数据。一方面，通过建立国企数据资产管理运营考核等机制，督促国有企业加强数据增值开发和流通交易；另一方面，从长远来看，可以借鉴以往我国推动铁路网运分离、电力发输配分离等经验，探索推动国企"数实分离"，将数据业务从国企中剥离出来成为专业企业，并由国企和当地数据集团共同控股。这种政企分开、环节分离的模式，有助于在自然垄断行业中引入竞争机制。具体做法上可借鉴欧盟《数据治理法案》(Data Governance Act)的数据中介制度，构建"三权分置"改革模型，其中所有权保留于母企业（如国铁集团持有列车运行数据所有权），而运营权剥离至专业数据公司（如中铁数据有限公司），收益权则通过《企业国有资产法》第45条规范收益分配。

三、经济垄断的规制

经济垄断多存在于互联网平台经济领域，其主体基本是民营企业，垄断往往是市场机制运行自发形成的必然产物。因此，其垄断行为合理性的判断及反垄断规制手段的选择十分复杂。从目前各方的研究来看，主要有两类反垄断规制的路径：一是从数据来源角度赋予数据主体数据携带权；二是从数据利用角度引入"数据必要设施原则"[1]。

一是以数据可携带权打破平台企业数据垄断。在数据要素确权的基础上，赋权平台内消费者和经营者部分数据要素的可携带权，降低数据要素资产的专用性，不仅降低了转移成本，推动了数据要素的有序流通，而且改变了数字经济红利的分配规则，具有一定反垄断效果[2]。从国外相关立法实践来看，数据可携带权是大势所趋。如2022年7月18日欧盟理事会通过了《数字市场法》(Digital

---

[1] 刘妍，陈天雨，陈烨，等. 互联网平台数据垄断主要表现及治理路径 [J]. 情报理论与实践，2023, 46 (11)：52—59.
[2] Graef I, Wahyuningtyas S Y, Valcke P. Assessing Data Access Issues in Online Platforms [J]. Telecommunications Policy, 2015, 39 (5)：375 - 387.

Markets Act），根据该法，只要某一平台企业被认定为"守门人"，应当以保障数据有效携带的方式，免费提供由最终用户提供的或者通过最终用户在相关核心平台服务中的活动生成的数据；2021年6月1日，美国众议院下属的司法委员会公布的《美国创新和在线选择法案》（The American Innovation and Choice Online Act）、《终止平台垄断法案》（Ending Platform Monopolies Act）中也规定，一旦某一平台构成"覆盖平台"（Covered Platform），就需要保证平台上用户的数据可携带，提供透明的、可供第三方使用的界面，保证用户可以安全地将其数据转移至其他平台，并实现与其他平台的互操作性[1]。

二是以必要设施理论促进平台企业开放数据。随着反数据垄断成为全球反垄断执法的重点，必要设施理论作为遏制数据垄断、促进数据开放的潜在手段受到了广泛关注。2021年2月7日出台的《国务院反垄断委员会关于平台经济领域的反垄断指南》指出平台可能滥用市场支配地位，应适用"必要设施原则"破除平台数据垄断。但是目前理论界对于必要设施原则的可行性及适用范围有很大争议，如认为必要设施理论及其引申而成的数据互联互通带有鲜明的反垄断结构主义色彩，极易背离激励竞争和鼓励创新的规制目标[2]，而且数据的产生与管理需要大量成本，一旦强制要求具有垄断地位的主体公开自身数据以削弱其竞争力量，那将没有任何经营者愿意为数据工作投入成本，数字经济也将难以存续[3]。因此，必需设施理论可作为一种反数据垄断的潜在方案，当前阶段可以进行一些个案探索，尚不宜作为一种通用性手段。

本章分析了数据要素市场垄断的内涵、类型、成因，以及反垄断规制的对

---

[1] 王磊.反垄断视角下促进大型平台开放数据的三重路径 [J].地方立法研究，2023，8（1）：33—50.
[2] 杨帆.论个人信用市场中的数据必需设施 [J].华东政法大学学报，2023，26（6）：77—89.
[3] 孙丽君，尉宇航.数据垄断的法律规制 [J].重庆邮电大学学报（社会科学版），2023，35（4）：76—87.

象与手段。研究表明，数据要素市场垄断不同于平台企业数据垄断，更多表现为对数据的垄断，而非基于数据的垄断。同时其具有较多类型，从主体上可分为供方垄断、需方垄断和第三方服务机构垄断，从成因上可分为行政垄断、自然垄断和经济垄断。数据要素市场的反垄断规制主要对象是垄断行为，但由于数据要素具有的非排他性、非竞争性、无限复用性等特征，垄断行为的判断不能直接采用传统标准，而需要结合必要性、公平性、公正性等原则进行综合分析，并根据其成因采取相应的反垄断规制手段。

限于篇幅，本章主要研究了当前较受关注的数据供方垄断问题，而未对所有垄断进行全面分析；同时，当前我国的数据要素市场尚处于发育之中，许多垄断问题还没有完全暴露出来，因此，未来我们还需要对数据要素市场中的垄断问题进行持续跟踪和深入研究。

后　　记

在全球数字化浪潮的推动下，数字经济已成为经济增长的新引擎，而数据作为其核心生产要素，正重塑着社会经济的运行逻辑与竞争格局。数据要素市场的建设与治理，已然成为各界瞩目的焦点，对推动经济高质量发展、促进社会创新及提升国家竞争力具有不可替代的关键作用。如何构建一个高效、公平、安全、可信的数据要素市场，已成为各国政府、企业与学界亟待解决的时代命题。

本书系统梳理了数据要素市场的发展脉络，剖析了其建设进展、面临的瓶颈及治理目标，并对数据要素市场的生态系统、治理模式、价格机制、质量保障、安全合规及垄断规制等关键议题进行了全面阐述。通过对数据要素市场全方位的剖析，试图为相关领域研究者和从业者提供系统的理论框架与实践路径，助力数据要素市场高质量发展。

本书的创作源于笔者前期承担的一系列研究课题，是相关研究成果的系统性整合与提炼。在此，衷心感谢上海市经济和信息化委员会、上海市浦东新区科技和经济委员会、上海数据交易所、上海市数商协会等单位领导和人员的支持与信任，他们的委托与指导，为本书的研究提供了坚实的实践基础与广阔的视野。

同时，在笔者的前期研究中，张晓娣、顾洁、陈隽等同事付出了大量的心血与智慧，本书中的许多内容都直接或间接引用了他们的研究成果。他们的专业见解与辛勤努力为本书增色不少,在此一并致以诚挚的谢意。

本书得以付梓面世,还要感谢上海社会科学院信息研究所对本书的出版支持,感谢上海社会科学院出版社钱运春社长及熊艳、孙宇昕老师在本书出版过程中给予的帮助。

本书力求为相关政府部门、数据企业、数据交易机构及该领域的专家学者提供有益的启示与借鉴,为我国数据要素市场治理研究与实践贡献一份力量。然而,受研究水平与时间所限,书中难免存在谬误,恳请各位读者批评指正。

图书在版编目(CIP)数据

数据要素市场治理 / 丁波涛著. -- 上海 : 上海社会科学院出版社, 2025. -- ISBN 978-7-5520-4800-1

Ⅰ. F49

中国国家版本馆 CIP 数据核字第 2025A8S440 号

数据要素市场治理

著　　者：丁波涛
责任编辑：孙宇昕
封面设计：杨晨安
出版发行：上海社会科学院出版社
　　　　　上海顺昌路 622 号　邮编 200025
　　　　　电话总机 021 - 63315947　销售热线 021 - 53063735
　　　　　https://cbs.sass.org.cn　E-mail:sassp@sassp.cn
照　　排：南京展望文化发展有限公司
印　　刷：浙江天地海印刷有限公司
开　　本：710 毫米×1010 毫米　1/16
印　　张：14.75
字　　数：214 千
版　　次：2025 年 9 月第 1 版　2025 年 9 月第 1 次印刷

ISBN 978 - 7 - 5520 - 4800 - 1/F·825　　　　定价：88.00 元

版权所有　　翻印必究